저는 학생부종합전형을 하나도 모르는데요?

1판 1쇄 펴냄 2017년 6월 30일

지은이 고민혁
펴낸이 정현순
디자인 신은경, 신진경

펴낸곳 ㈜북핀
등록 제2016-000041호(2016. 6. 3)
주소 서울시 광진구 천호대로 572, 5층 505호
전화 070-4242-0525 / 팩스 02-6969-9737

ISBN 979-11-87616-21-4 13370

값 15,000원

선배가 알려주는 학생부종합전형 멘토링

저는

학생부
종합 전형을
하나도
모르는데요?

고민혁 지음

북핀

66 저는 3년 내내 전교 1등이었지만,
학생부종합전형을 제대로 알지 못했습니다. 99

저는 고등학교 3년 평균 1.19등급으로 높은 내신 성적을 가지고 있는 학생이었습니다. 그뿐만 아니라 각종 교내대회에 참가하여 수상하고 임원 활동, 동아리 회장, 영어 청해 클러스터, 방과 후 활동, 멘토링 활동, 독서 활동 등 수많은 활동을 했습니다. 고액의 컨설팅이나 사교육을 받진 못했지만, 입시 관련 카페에 가입하고 학생부종합전형 관련 도서들을 읽고 공부하며, 누구보다 고등학교 생활을 열심히 하며 철저히 준비했다고 자부했기에 당연히 합격할 것이라는 자신감으로 가득 차 있었습니다.

하지만 학생부종합전형으로 원서를 넣은 대학 3곳에서 모두 불합격했습니다. 납득할 수 없었습니다. 옆에서 터져 나오는 합격자 친구들의 기쁨에 찬 고함을 들으며 알 수 없는 패배감에 휩싸이기도 했습니다. 고등학교 3년간의 모든 생활이 부정당하는 기분이었습니다. 다행히 교과 성적이 높았기 때문에 학생부교과전형으로 합격하여 대학에 진학할 수 있었지만, 여전히 결과에 승복할 수 없었습니다.

대학에 입학한 후에도 학생부종합전형에 관한 의문감이 쉽게 가시질 않았기 때문에 직접 학생부종합전형의 합격 기준을 알아보기로 했습니다. 제 주변의 친구들을 포함하여 인터넷에 올라온 학생부종합전형으로 합격한 학생들의 학생부, 자기소개서를 구해서 반복해 읽었습니다. 그리고 결론을 내렸습니다. 제가 탈락한 것은 합리적인 결과였습니다.

저는 학생부종합전형에 대해 하나도 몰랐던 것입니다. 학생부종합전형의 본질을 제대로 이해하지 못했고, 그로 인해 잘못된 방향으로 3년간 열심히 달렸다는 것을 깨달았습니다. 억울했습니다. 엉뚱한 방향으로 땀 흘리며 달리는 동안 누구 하나도 저에게 '너는 학생부종합전형에 대해 잘 모르고 있어. 네가 가는 방향은 잘못됐어.'라고 말해주지 않았습니다. 소위 금수저라고 불리는 친구들은 고액의 컨설팅을 받고, 특목고·자사고 학생들은 학교의 정보력과 도움으로 생활기록부와 자기소개서를 A부터 Z까지 관리받을 텐데 저를 비롯한 평범한 가정의 평범한 일반고 학생들은 그렇지 못하다는 것도 화가 났습니다.

그래서 직접 학생부종합전형을 공부해서 저와 같은 후배들에게 컨설턴트가 되어주고자 마음먹었습니다. 방대한 자료와 독자적인 컨설팅 방법을 가진 사설 컨설턴트들과 달리 평범한 대학생인 저에게 쉽지 않은 일이었지만, 맨땅에 헤딩하는 식으로 합격자 사례를 파면서 생활기록부와 자기소개서 관리 방법을 생각해냈고 이를 바탕으로 모교에서 컨설턴트이자 멘토로 활동했습니다. 열심히 저를 믿고 따라와 준 다수의 학생이 평소 본인의 성적으로 갈 수 없었던 학교에 합격하는 것을 보고 뿌듯함을 느꼈습니다. 그리고 모교의 후배들뿐만 아니라 고액의 사교육을 받을 수 없는 모든 평범한 고등학생을 도와주고 싶었습니다.

앞서 말했듯 저도 혼자서 입시공부를 하기 위해 학생부종합전형 관련 도서들을 많이 읽어봤지만, 학생의 관점에서 궁금한 점, 필요한 점을 제대로 설명해주는 책이 없었습니다. 전형에 대한 소개나 딱딱한 방법론, 합격자 자기소개서 짜깁기 등

학생의 관점에서 봤을 땐 모호하기만 했습니다. 학생부종합전형의 본질, 올바른 방향성, 학생이 정말로 궁금해하는 것을 알려주는 책은 없었습니다.

저는 학생부종합전형을 최근에 직접 경험하고 뼈아프게 실패해본 여러분의 선배로서 이 점을 극복할 수 있다는 생각이 듭니다. 학생부종합전형에서 떨어진 사람이 무슨 책을 쓰느냐는 말을 할 수도 있겠지만, 그만큼 이후에 치열하게 공부하고 가르쳐왔다고 자부합니다. 겉만 번지르르한 지엽적 지식이 아니라 본질을 알 수 있도록, '진짜' 학생부종합전형이 무엇인지 알려드리겠습니다.

> **❝한 권의 책이 나오기까지 수많은 사람의
> 노력과 애정이 필요하다는 것을 알았습니다.❞**

소중한 분들에게 감사의 인사를 전하고 싶습니다.

먼저 저를 세상에 존재케 하시고 키워주신 부모님(김길자, 고호원), 고등학생과 학종러의 눈으로 책을 바라보고 조언해준 동생(고준혁)에게 감사하다고 말하고 싶습니다. 학생부종합전형 합격자로서 자기소개서와 소논문을 제공해준 친구들(김민주, 김태겸, 조준형, 김수진, 박은민, 이혜림, 조재진, 소재형, 함승호, 최수호 등)과 수주고등학교의 선생님들에게도 감사드립니다.

또한, 현업에 종사하고 있는 컨설턴트나 학교 선생님이 아니라 다소 부족하다고 여겨질 수 있는 어린 작가의 방법론과 포부를 믿고 출판을 결정해주신 북핀 출판사, 함께 고생하신 고수인 편집자님, 신은경, 신진경 디자이너님께도 진심으로 감사의 말씀을 드립니다. 저를 믿고 인내하고 관용으로 포용해주신 많은 분들이 있기에 이 책이 존재할 수 있었습니다. 책을 잘 마무리 지을 수 있어서 기쁩니다. 감사합니다.

차례

여는 말 #004

감사의 말 #007

Intro 제대로 알자. 학생부종합전형

제1장 지금 여기 학종

학종이 대체 뭐야? #013

왜 학종을 노려야 하죠? #015

학종은 경쟁이 치열하지 않나요? #020

학종을 준비하면 가능성 있을까요? #021

제2장 학종에 관한 오해와 진실 7

학종은 입학사정관의 주관에 달린 것 아닌가요? #023

학종은 내신이 좋은 상위권만 합격하는 전형 아닌가요? #025

일반고가 특목고에 비해 불리하지 않나요? #026

학종은 사교육비를 조장하는 금수저 전형 아닌가요? #028

학종은 특별한 스펙이 필요하지 않나요? #030

선생님께서 합격자 자기소개서는 마지막에 보라고 하셨어요. #031

담임선생님만 믿고 따라가면 학종 합격은 문제없겠죠? #032

Part 1 내 손으로 설계하는 학교생활기록부

제1장 학교생활기록부가 뭐야?

학교생활기록부 Q&A #037

제2장 학교생활기록부의 항목은 어떤 의미를 가지고 있을까?

학교생활기록부 항목별 의미 #041

제3장 학교생활기록부 실전 메이킹

들어가기에 앞서 #057

융합적 사고는 필수! #058

놓치지 말자! 진로희망사항 #067

학교생활의 꽃, 동아리활동 #072

알고 보면 쉬운 소논문 #076

세특을 화려하게 만들어주는 자율보고서 #086

Part 2 잘 키운 자기소개서, 열 스펙 안 부럽다

제1장 자기소개서는 어떻게 이루어져 있을까?

자기소개서 공통 문항 #095

자기소개서 자율 문항 #101

제2장 자기소개서 실전 트레이닝

들어가기에 앞서 #107

자기소개서 0점 처리항목 #108

대학의 인재상 #109

활동 분류법 #111

자기소개서 흐름도 #114

자기소개서 실습 #127

전공을 정하지 못한 고3을 위한 마지막 실습 #144

자기소개서 독해법 #150

제3장 합격자 자기소개서 vs 불합격자 자기소개서

합격자 자기소개서 분석 #163

불합격자 자기소개서 분석 #205

Part 3 막판 스퍼트! 학종 FINAL

제1장 성공적인 면접을 위한 팁

면접을 준비하는 자세 #213

면접 당일 주의할 점 #216

면접 예상 질문지 작성하기 #217

면접 후기 작성하기 #220

제2장 수시지원도 전략이다! 내게 맞는 학생부전형은?

학생부교과전형 지원 전략 #225

학생부종합전형 지원 전략 #230

닫는 말 #232

"

INTRO
제대로 알자.
학생부종합전형

"

제1장
지금 여기 학종

학종이 대체 뭐야?

대학에 진학하는 데에는 '정시(정시선발전형)'와 '수시(수시선발전형)'라는 두 가지 방법이 있습니다.

먼저 정시는 수능(대학수학능력시험)의 성적으로 가, 나, 다 3개 군으로 분류된 대학에 지원하는 전형을 말합니다. 정량적인 성적만으로 대학의 합격과 불합격을 결정하기에 매년 바뀌는 배치표(사실 크게 달라지지 않는 점수 커트)가 중요하게 여겨지는 전형입니다.

수시는 정시 모집 이전에 대학에서 학생의 고등학교 내신 성적과 생활을 위주로 평가하여 입학생을 뽑는 전형입니다. 크게 학생부교과전형, 학생부종합전형, 논술전형으로 나뉘며 본 책은 학생부종합전형에 초점을 맞추었습니다. 우리는 학생부종합전형을 편의상 '학종'이라고 부르겠습니다.

학종은 3년간의 고등학교생활을 토대로 판단하여 입학생을 선발합니다. 학교생활의 증거가 되는 자료는 '생활기록부(학교생활기록부)', '자소서(자기소개서)', '추천서', '포트폴리오' 등이 있는데요. 포트폴리오나 추천서는 일부 학교가 참고하지만, 요즈음엔 대부분 대학이 요구하지 않습니다. 그러므로 가장 중요한 학교생활의 척도는 생활기록부와 자소서이며 이를 잘 관리한 학생만이 학종으로 선발됩니다.

그렇다면 학종의 취지는 무엇이며 어떤 프로세스로 평가하는 것일까요? 간단하게 말하자면, 학생을 평가하는 기준이 '공부를 잘하는가, 못하는가?'라는 평면적인 잣대를 벗어나 '이 학생이 ○○학과에서 파급력을 낼 수 있는가?'라는 입체적인 기준으로 바뀌었다는 점입니다. 대학은 학생을 '학업 능력'만으로 평가하지 않고, '잠재력, 열정, 인성, 리더십, 자기 주도성, 창의성, 전공 적합성' 등 다양한 평가의 지표를 도입하여 정량평가(점수, 등수, 표준점수, 백분위 등 수치화된 기준으로 평가하는 방식)가 아닌 정성평가(학교생활기록부, 자기소개서와 등 수치화되지 않은 기준으로 평가하는 방식)를 하게 되었습니다.

그러므로 우리는 "나는 전공에 관한 이러한 열정과 계획을 지니고 있고 희망 대학의 희망 전공에 들어갔을 때 누구보다 잘해낼 수 있다!"는 점을 생활기록부와 자소서를 통해 충분히 보여줘야 합니다.

왜 학종을 노려야 하죠?

⟫1 수능 절대평가제 도입으로 인한 대학의 전폭적인 '수시 확대'

2018학년도 입시부터 수능 영어 영역 절대평가가 시행됩니다. 더 나아가 2021학년도부터는 수능 전 과목이 절대평가로 치러집니다. 대학은 수능의 변별력이 떨어질 것으로 우려하였고 이는 자연스레 정시 축소, 수시 확대라는 결과를 낳게 되었습니다. 그렇다면 확대된 수시 인원은 어떤 수시 전형에 배치가 되었을까요?

아래 자료는 한국대학교육협의회에서 발표한 학생부 전형의 증가 추이입니다. 대학 전체 선발 인원 중 60% 이상을 뽑을 만큼 학생부 전형의 중요성은 날로 증가하고 있습니다. 자료를 보면 교과전형의 비율이 약 40%에 육박하는 것에 비해 종합전형의 비율은 20% 정도에 그칩니다. 이를 보고 여러분은 '종합전형보다 교과전형에 집중해야겠다.'고 생각할 수 있습니다.

【 대입 학생부 전형 증가 추이 】

구분	수시		정시		합계
전형유형	학생부 (교과)	학생부 (종합)	학생부 (교과)	학생부 (종합)	
2016학년도	14만181 (38.4%)	6만7631 (18.5%)	434 (0.1%)	1412 (0.4%)	20만9658 (57.4%)
2017학년도	14만1292 (39.7%)	7만2101 (20.3%)	437 (0.1%)	671 (0.2%)	21만4501 (60.3%)
2018학년도	14만935 (40.0%)	8만3231 (23.6%)	491 (0.1%)	435 (0.1%)	22만5092 (63.9%)

자료: 한국대학교육협의회

하지만 여러분이 일반적으로 가고 싶어 하는 서울 소재 상위 대학의 모집 인원 비율은 조금 다릅니다. 2017년 발표된 서울 소재 주요 15개 대학 수시 전형 모집 인원 비율을 살펴보면 교과전형이 7.2%, 종합전형이 34.5%, 논술전형이 17.5%를 차지하고 있습니다. 수시전형에서 종합전형이 차지하고 있는 비율이 얼마나 높은지 알 수 있습니다.

자료를 보면 2018학년도 학생부종합전형 모집 인원 비율이 2017학년도에 비해 최대 32%나 증가한 것을 알 수 있습니다.

[학생부종합전형 모집 인원 상승 비율]

대학	2017	2018	상승 비율
서울대	77%	78%	+1
고려대	30%	62%	−32
연세대	14%	24%	+10
서강대	41%	55%	+14
성균관대	38%	49%	+17
동국대	21%	47%	+26
건국대	40%	44%	−4
경희대	40%	43%	+3
한양대	38%	39%	+1
이화여대	22%	30%	+8

자료: 한국대학교육협의회

2018학년도 종합전형 선발 인원은 서울 소재 11개 대학이 16,441명으로 2017학년도에 비해 3,609명이 늘어날 계획입니다. 약 40%의 학생들이 학생부종합전형을 통해 서울 주요 대학에 입학하게 될 예정이지요. 또한, 논술전형과 특기자 전형이 폐지됨에 따라 입시전형이 단순화되면서 학생부종합전형의 비율은 더욱 높아질 전망입니다. 학생부종합전형은 대입의 대세입니다.

⧽2 대한민국은 지금 '방향성을 찾아가는 입시'로 나아가는 중

학종에 대한 논란은 끊이지 않습니다. '도대체 왜 수시를 70%나 확대하여 정시 인원을 줄이느냐.', '학생이 공부만 잘하면 됐지 어디까지 바라는 것이냐.', '수능만이 개천에서 용이 날 수 있는 길이다.' 등등 말입니다. 저 또한 고등학생 시절에는 학종이 왜 이렇게 확대되는지 이해할 수 없었습니다.

하지만 학종에 대해서 공부하다 보니 보이지 않던 것들이 보였습니다. 대학들은 수십 년간 '일회성 시험으로 인한 선별방식'에 대한 회의감을 쌓아왔고, 학생들은 '점수에 맞춰서 전공을 선택'하느라 대학에 입학한 후 뒤늦게 전공에 대한 회의감을 가졌지요. 이는 고쳐 나가야 할 부분입니다.

'천재는 노력하는 사람을 이기지 못하고, 노력하는 사람은 즐기는 사람을 이기지 못한다.'는 말이 있습니다. 대한민국에서 가장 공부 잘하는 학생만 뽑아온 서울대학교에서 학종으로 입학생의 80% 가까이 선발한다고 발표했습니다. 심지어 교과전형은 없습니다. 바로 저 '즐기는 사람의 가능성'을 보자는 것이 아닐까요?

전공을 즐길 수 있는 사람, 공부능력이 조금 떨어지더라도 훗날 커다란 파급력을 낼 수 있는 사람을 뽑기 위해 대학은 정령적인 평가방식이 아닌 정성적인 평가방식이 필요했습니다. 그에 대한 방법론으로 '서울대학교 학생부종합전형'이 나왔고 국내 여러 대학에 벤치마킹 되어 전국적으로 확대된 것입니다.

그리고 이 방법론은 일본 오사카 대학교의 입시전형으로 채택되기까지 했습니다. 수시전형이 학생부교과전형과 종합전형으로 단순화될 예정인 것만 보아도 학종은 앞으로 확대되었으면 확대되었지 절대 축소될 것 같지는 않습니다. 만약 축소된다고 하더라도 더욱 내실화되고, 즐기는 사람을 뽑겠다는 방향성은 변하지 않을 것입니다. 이것이 21세기 교육의 트렌드이며 아직은 미숙하지만 제 방향성을 찾아가고 있는 우리의 대입정책입니다.

3 교과전형으로 갈 수 없는 대학, '학종으로는 갈 수 있다!'

아래 표는 학생부교과전형과 종합전형의 합격자 내신 등급을 비교한 자료입니다. 표를 보면 종합전형의 합격자 평균 등급이 교과전형의 합격자 평균 등급보다 약 한 등급가량 낮다는 것을 알 수 있습니다.

【 2017년 학생부종합전형 합격자 내신 등급 커트라인 】

대학	학생부 교과전형		학생부종합전형		비고
	인문	자연	인문	자연	
고려대(안암)	1.16	1.19	2.39	1.83	최종 평균
국민대	2.07	2.37	2.64	2.91	최종 평균
상명대(서울)	2.82	2.34	3.05	3.66	최종 평균
세종대	1.57	2.08	2.65	3.13	최종 평균
숭실대	1.87	2.01	3.04	3.00	입학자평균/최종 평균
아주대	1.93	1.87	2.56	2.42	최종 평균
연세대(신촌)	1.15	1.15	1.49	1.4	최종 80%
이화여대	1.28-1.38	1.48-1.59	1.46-4.89	1.48-4.02	최초 평균-최종 80%(교과) 등록자 최소-최대(종합)
인하대	1.97	1.86	2.84	2.5	최종 평균
중앙대(서울)	1.38	1.98	3.35	2.73	최종 평균 탐구형 인재 (학생부종합전형)

자료:『수박 먹고 대학 간다(2018)』

교과전형은 정량적인 평가를 합니다. 만약 교과전형으로 이화여대 인문 계열에 지원하고 싶다면 전년도 합격 커트라인(최종 80%)인 1.38등급 근처의 내신 성적은 가지고 있어야 합격 가능성을 볼 수 있습니다. 내신 성적이 절대적으로 중요한 전형이며 비교과가 일정 비율 반영되더라도 내신의 차이를 넘어서기 힘듭니다.

하지만 종합전형은 다릅니다. 종합전형에서는 교과(내신 성적)보다 비교과에 더 비중을 두고 있습니다. 이화여대의 경우 종합전형 인문계열의 등록자 최대 등급이 4.89등급으로 교과전형과 비교해보았을 때 3.5등급 정도나 차이가 납니다. 해당 학생이 내신 3.5등급의 차이를 상쇄할 수 있을 정도로 비교과에서 존재력을 드러냈고 대학은 이를 알아보았다는 얘기입니다.

다른 학교들도 예외는 아닙니다. 제시된 자료는 대부분 '최종 평균'입니다. 예를 들어 최종 평균이 2.5등급이라면 등록자 최소 등급은 1등급대이며 최대 등급은 4등급, 5등급 그 이상일 수도 있다는 이야기입니다. 실제로 7등급의 내신 성적으로 국민대학교에 합격한 친구도 있습니다. 또한 내신이 1.19등급이였던 저는 한양대학교 종합전형에서 떨어진 반면 내신 3등급대의 친구는 종합전형으로 장학금 혜택까지 받으며 합격했습니다.

결국, 학생부종합전형에 지원할 때 합격자 평균 내신 등급에 얽매일 필요가 없다는 말입니다. 다시 말하면 합격자 평균 등급보다 높은 내신 성적을 가졌다고 해서 낮은 내신의 학생보다 합격 가능성이 높은 것이 아니며, 낮은 내신 성적을 가졌다고 해서 높은 내신의 학생보다 합격 가능성이 적은 것도 아닙니다. 종합전형은 교과 전형과 평가 기준이 다르기 때문입니다. 실제로 많은 학생이 교과전형에 지원하듯 내신 성적에 맞추어 종합전형에 지원했다가 탈락합니다. 대학이 괜히 교과전형과 종합전형을 나누어 학생을 선발하는 것이 아니라는 것을 명심하세요.

학종은 경쟁이 치열하지 않나요?

학종은 전형의 특이성과 학교에 따라 다르나 평균 10대 1에서 20대 1 정도의 경쟁률을 보입니다. 교과전형의 경쟁률이 평균 5대 1인 것에 비해 높게 느껴질 수 있지만 사실 학종은 허수 지원자가 많은 전형입니다. 교과전형은 내신 성적이라는 명확한 기준이 존재하기 때문에 전년도 결과를 바탕으로 합격인지 불합격인지 예측해본 후 안정권일 때 지원하지만, 학종은 기준이 명확하지 않고 운에 좌지우지되는 전형이라는 인식이 강해 소위 '한번 찔러볼까?'라는 안일한 생각으로 지원하는 학생들이 많습니다. 그러므로 학종을 제대로 준비한 후 지원한다면 실 경쟁률은 낮은 편입니다.

【 2017학년도 학생부종합전형 경쟁률 】

대학	전형명	2017 경쟁률
경희대(서울)	네오르네상스	17.27
고려대(안암)	융합형인재	14.71
광운대	광운참빛인재	10.11
서강대	학생부종합(일반형)	21.81
서울대	일반전형	9.34
서울시립대	학생부 종합전형	9.47
성균관대	성균인재	9.91
숙명여대	숙명미래리더	11.34
연세대(서울)	학교활동우수자	9.65
이화여대	미래인재	6.94
중앙대(서울)	다빈치형인재	16.82
한국외대(서울)	학생부 종합전형	9.82
한양대(서울)	학생부 종합전형	18.05

학종을 준비하면 가능성 있을까요?

많은 학생이 '학종에 합격하는 건 운이 좋아서야.'라거나 '내신 성적이 낮으면 어차피 탈락할 텐데 노력할 가치가 있을까?'라는 막연한 생각을 합니다.

하지만 학종은 절대 내신 성적만으로 판단되거나 운으로 결정되지 않으며, 실경쟁률은 앞에서 말했듯 그렇게 높지 않습니다. 왜냐하면, 보통의 학생들은 학종에 준비되지 못하고 어떻게 준비해야 하는지도 모르기 때문이죠. 선생님이 만들어주는 생활기록부를 기다리기만 하고, 선생님과 함께 쓰는 자소서를 맹목적으로 신뢰하며, 정확한 합격 기준을 모르고 학종은 단순히 내신 성적 컷팅식이라고 생각합니다.

이 책을 읽는 여러분만큼은 학종의 진정한 취지이자 의미인 '자기 주도적 활동 개척과 전공 적합성 함양'을 가슴에 새기고 올바르게 준비하시기 바랍니다. '학종은 운이 아니라 실력이다.'라는 생각을 가지세요. 여러분이 올바르게 학종을 준비할 수 있도록 실습서를 기획하게 되었고 집필에 최선을 다했습니다. 이 책과 저를 믿고 따라와 주시기 바랍니다. 학종은 호락호락한 전형이 아니지만 어렵기만한 전형도 아닙니다.

제2장
학종에 관한
오해와 진실 7

학종은 입학사정관의 주관에 달린 것 아닌가요? ⭐

많은 학생이 학종은 입학사정관의 주관적 기준에 의해 평가된다고 생각합니다. 그래서 본인의 지원 결과가 좋지 않았을 때 입시커뮤니티에 "역시 학종은 특목고, 자사고 학생들에게 유리한 전형이야."라던가 "내가 왜 떨어졌는지 모르겠다. 대학은 학교를 서열화해 놓은 것 같다."와 같은 어리석은 편견을 가진 글을 쓰고, 다른 수험생들에게 혼동을 주는 경우가 많습니다. 하지만 실제 학종은 객관적인 지표를 통해 평가됩니다.

학종의 공정성에 의문을 제기하는 학생과 학부모가 많은 탓이었던지 서울대에서는 『서울대학교 학생부 종합 매뉴얼』을 만들고 배포하여 평가 단계를 공개하였습니다. 다수의 평가자에 의한 다단계 평가 시스템으로 학생 한 명의 생활기록부와 자소서를 평가하기 위해 2명 이상의 전문가가 단계별로 배치되어 있어 공정성과 투명성을 높였다는 것이지요.

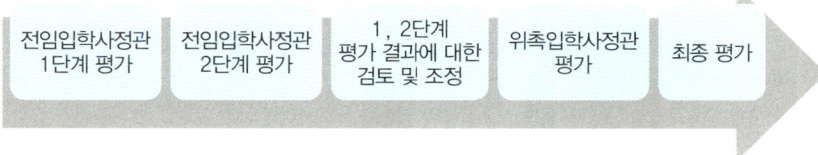

[서울대학교 학생부종합전형 심사 과정]

전임입학사정관 1단계 평가 → 전임입학사정관 2단계 평가 → 1, 2단계 평가 결과에 대한 검토 및 조정 → 위촉입학사정관 평가 → 최종 평가

이는 타 대학에서도 적용되고 있습니다. 대표적인 사례로 한양대는 심사 과정을 설명한 입시 동영상을 제작하여 5단계 평가 시스템을 통해 공정성을 확보하

고 있다고 공개했습니다. 다른 대학교들 또한 공정성 확보를 위해 각자의 시스템을 가지고 있으며, 객관성을 높이기 위해 면접만 보는 입학사정관과 생활기록부만 보는 입학사정관, 자소서만 보는 입학사정관을 따로 두는 경우도 많습니다.

운이라는 요소는 어딜 가나 따르는 것이지만 실력 있는 사람은 반드시 뽑힙니다. 의·치대 학종을 준비하는 학생은 수시 6개 중 못해도 상위 대학의 생명과학과 정도는 가는 경우가 허다하며, 서울대, 연세대, 고려대 학종을 준비했던 학생은 한양대, 서강대, 성균관대 등 상위 대학에 다중 합격을 하는 경우가 많습니다.

학종은 소위 말하는 '운빨'만으로 합격할 수 있는 전형이 절대 아닙니다. 남탓하지 말고 본인의 능력을 키우도록 합시다.

학종은 내신이 좋은 상위권만 합격하는 전형 아닌가요?

대다수의 학생과 학부모, 그리고 선생님들은 교과전형에 지원하듯이 수치화된 내신 성적으로 종합전형을 지원하는 실수를 범합니다. 매우 무모한 행동이며 평균의 덫에 빠졌다고 말할 수 있습니다. 학종에서 최상위권 내신 성적을 가졌음에도 불합격하고 중하위권 내신 성적을 가졌음에도 합격하는 사례는 무수히 많습니다.

단적인 예로 저는 내신이 1.19등급이었지만, 학종에서 예비번호도 받지 못한 채 떨어졌고 교과전형으로 한양대 건설환경공학과에 합격했습니다. 입학한 뒤 같은 학과에 내신이 3등급대인 학생(두 학교 모두 일반고)이 학종으로 4년 장학생에 선발되었다는 걸 알게 되었습니다. 내신 성적보다 생활기록부와 자소서로 나타나는 능력의 차이로 갈려진 것입니다.

학종이 내신이 좋은 상위권만 합격하는 전형이라는 오해는 내신 성적이 높은 학생이 내신 성적이 낮은 학생보다 활동의 양과 질이 좋기 때문에 비롯된 오해입니다. 즉, 모든 기준을 고려했을 때 내신 성적이 높은 학생들이 더 우수한 경우가 많기에 선발되는 것입니다. 내신 성적이 낮은 학생이 불합격하는 것은 내신 성적 '만' 부족한 것이 아니라 내신 성적'도' 부족해서 일 수 있습니다.

학생부종합전형, 내신이 낮더라도 활동의 질이 우수하다면 도전할 수 있는 전형입니다. 편견을 깨고 본인만의 전공탐구능력을 키워 성취를 거둔다면 충분히 합격할 수 있습니다.

일반고가 특목고에 비해 불리하지 않나요?

각 대학의 입학사정관들이나 사설 입학컨설턴트들은 출신 학교가 영향을 미칠 순 있으나 절대적이지는 않으며 특목고와 자사고가 유리한 것이 아니라고 입을 모아 말하고 있습니다.

대표적인 예를 들자면 한양대는 2015학년도 입시부터 자소서, 교사추천서, 면접, 수능 최저등급, 내신 등급 그 어느 것도 보지 않고 오직 생활기록부에 기재된 내용만으로 뽑기 시작했습니다. 그러자 내신이 불리한 특목고 학생을 뽑기 위함이 아니냐는 의혹이 생겼죠. 하지만 이 전형을 실시한 후 오히려 수시 합격자 중 특목고 출신 비율이 줄어들었습니다.

실제 학종을 분석해보면 생각보다 일반고 학생 합격자 비율이 높습니다. 많은 학생이 학종이 확대되면 특목고와 자사고 학생들에게 유리할 것으로 생각하지만 그렇지 않습니다. 물론 특목고와 자사고 학생은 일반고 학생보다 좋은 대학에 진학할 가능성이 높으며 학종에 유리한 점도 있습니다. 그것은 흔히들 생각하는 특목고라는 '학벌'이 아니라, 특목고 내에서 학종을 관리해주는 '시스템' 때문입니다.

특목고의 경우 외부 강사와 담임선생님, 전담 선생님 등이 붙어 학생을 관리해주며 학교 내 자체활동도 일반고의 활동보다 질이 높습니다. 하지만 그것이 특목고 학생이 합격하는 이유의 전부는 아닙니다. '학교의 차이'가 아니라 '학생의 차이'입니다. 학교에 관련 프로그램이 없어서 실패한다고요? 핑계입니다. 관리해

줄 선생님이 없다고요? 책을 찾아 공부하고 분석한다면 충분히 할 수 있습니다.

특목고 학생들은 일반고 학생이 가질 수 있는 교과 성적의 장점을 포기해야 하는 대신 시스템의 도움을 받을 뿐입니다.

【 학생부종합전형에서의 특목고와 일반고의 장·단점 】

학교	특목고	일반고
장점	• 교내 관리 프로그램의 질이 높다. • 수능, 논술 전형 대비가 철저하다.	• 노력하면 높은 내신 성적을 얻기 쉽다. 　→ 교과전형에 유리 • 경쟁이 약해서 본인이 열심히 한다면 선생님의 집중적 관리를 받을 수 있다.
단점	• 경쟁이 치열하여 높은 내신 성적을 얻기 힘들다. 　→ 교과전형 포기 • 정시, 논술 전형이 축소되어 합격가능성이 낮아졌다.	• 교내 관리 프로그램이 미흡하다. 　→ 떠먹여 주는 시스템이 없음

또한, 특목고 학생들은 높은 수능성적으로 정시에서 합격하는 경우가 많았지만 학종이 확대되면서 정시 인원이 줄어 합격의 문이 좁아졌습니다. 더불어 특목고 학생들의 두 번째 합격문이었던 논술전형이 폐지될 예정입니다. 게다가 특목고는 일반고보다 내신 경쟁이 치열하므로 교과전형으로 대학에 진학하기도 힘듭니다. 특목고와 자사고 학생들은 오히려 학종의 확대를 반대해야 하는 것이 맞는 게 아닐까요?

또한, 각 대학에서는 고등학교별로 프로파일을 가지고 있습니다. 대학은 이미 해당 학교의 프로그램에 대해 알고 있다는 이야기입니다. 대학은 자기 주도적인 학생을 선발하기 때문에 특목고 학생 A는 학교의 프로그램을 그대로 따라만 했고 일반고 학생 B는 학교에 본인이 원하는 활동이 없어서 자기 주도적으로 개설하여 활동했다면 후자의 학생이 높은 점수를 받습니다.

출신 학교보다 본인이 자기 주도성을 가지고 실력을 키우는 것이 가장 중요합니다. 하나라도 더 전공 적합적인 활동을 만들고 이끌어 나가세요. 학교 탓은 그만하고 본인의 역량을 키우려고 노력합시다.

학종은 사교육비를 조장하는 금수저 전형 아닌가요?

대다수 사람이 수시가 확대되고 정시가 축소되면 사교육이 조장된다고 생각합니다. 하지만 사실은 다릅니다.

한국대학교육협의회가 입학 전형별로 신입생의 소득 분위를 조사해본 결과 학생부 전형에서 저소득층의 합격률이 비교적 높았습니다. 또한, 출신 고교 지역으로 분석한 결과 학종으로 진학한 학생의 10.6%가 읍·면 지역출신이었습니다. 하지만 정시와 논술은 각각 5.1%, 2.8%에 그쳤습니다. 반면 서울 출신 학생들은 학종(16.9%)보다 정시(21.8%), 논술(33.4%)전형에서 합격률이 높았습니다.

실제 정시로 서울 소재의 대학을 많이 가는 지역과 학교는 정해져 있으며 고교 진학 선생님들도 학종이 논술이나 정시보다 사교육·가정 형편의 영향을 덜 받는다고 말하고 있습니다. 수능과 논술은 사교육에 투자한 만큼 결과가 나타나지만, 종합전형이나 교과전형의 경우는 어찌 됐든 학교생활에 충실해야 하기 때문입니다.

물론 교내활동이나 수행평가를 대행해주는 업체에 맡기고 고액과외를 받으며 수능이나 내신 공부를 하는 학생도 있을 겁니다. 하지만 그 학생을 과연 정시에서는 이길 수 있을까요? 우리는 가능성이 가장 높은 답을 골라야 합니다.

매년 유명 인터넷강의 사이트에서는 입시설명회를 엽니다. 무료입장은 물론이고 각종 입시자료와 학습 플래너와 같은 사은품을 주면서 성대하게 열죠. 왜일까요? 그들의 영업에 도움이 되기 때문입니다.

입시설명회에서는 대부분 정시가 아직도 대세라고 말합니다. 수시 비율이 70%를 넘어서는데도 말이죠. 그 이유는 정시가 인터넷 강의의 판매와 가장 강한 연결고리를 가지기 때문입니다. 정시로 합격하려면 수능성적을 올려야 하고 그러기 위해서는 인터넷 강의를 들어야 하니까요. 최저 수능등급이 필요한 논술 전형도 마찬가지였습니다. 현재는 폐지 단계이지만요.

더불어 수시전형은 재학생에게 명백히 유리합니다. 첫 번째 이유는 재학생은 생활기록부를 개선하고 수정할 수 있지만, 재수생은 그럴 수 없습니다. 그래서 재수생들이 정시나 논술전형에 집중하고 논술전형의 경쟁률이 최대 100대 1까지 육박했던 것이죠. 두 번째는 수시전형에서 재학생과 재수생이 동점자일 경우 재학생 우선선발이 적용된다는 점입니다. 어느 모로 보나 재학생이 유리한 수시전형, 특히 학종을 간과하는 것은 어리석은 일입니다. 이제는 정보의 바다에서 어느 것이 자신의 상황에 맞는 정보인지 올바르게 판단해야 합니다.

학종은 특별한 스펙이 필요하지 않나요?

대다수 학생은 학종으로 합격하려면 특별한 스펙이 있어야 한다고 생각합니다. 하지만 학종은 특별한 스펙을 가진 학생인가가 아니라 전공 적합적 열정과 탐구 능력을 보여주고 종합적 사고력을 길러내어 자기 주도적인 학습을 할 수 있는 학생인가 아닌가를 평가합니다. 이는 각 대학교의 홈페이지를 들어가도 뚜렷이 설명되어 있습니다.

하지만 생활기록부에 기재 가능한 교내활동이 제한되어 있어 학생의 역량을 발휘하고 가능성을 보여주는 것에 한계가 있는 것이 현실입니다. 그래서 우리는 part2에서 융합적 사고를 발휘하기 위해 '학교활동리스트'와 '미래자기소개서'를 배우게 됩니다. 전공에 대한 열정을 융합적 사고를 통해 다방면으로 보여주고 리더십과 자율성을 갖추며 전공에 대해 치열한 고민을 하는 모습을 효과적으로 보여주는 것. 그것이 바로 여러분이 가질 수 있는 '진정한 스펙'이 될 것입니다.

선생님께서 합격자 자기소개서는 마지막에 보라고 하셨어요. ⭐

몇몇 선생님들께서는 학생들에게 자기소개서를 완성한 뒤에 합격자 자기소개서를 참고하라고 조언하시는 경우가 있습니다. 학생이 합격자 자기소개서를 참고해서 자기소개서를 작성하면 '자기소개서 유사도 검사'에 걸릴까 봐 노파심에 하시는 말씀이지요. 하지만 최종 자소서를 완성하고 마지막에 참고하는 식으로 합격자 자소서를 본다면, 내 자소서에서 잘못된 점을 인지하더라도 되돌리기 늦은 경우가 많습니다. 몇몇 학생의 경우 본인의 자소서가 선생님에게 무수한 첨삭을 받아 합격점을 받았으니 완벽할 것이라는 생각에 합격자 자소서를 확인해보지 않는 경우도 있습니다.

이는 잘못된 방법입니다. 최종 자소서를 완성하고 마지막에 참고하는 식으로 합격자 자소서를 본다면, 내 자소서에서 잘못된 점을 인지하더라도 되돌리기 늦은 경우가 많습니다. 그대로 베끼라는 것이 아닙니다. 자신의 언어로 쓰되 자소서의 방향성은 합격자와 비슷하게 가야 합니다. 자신의 활동과 언어로 쓴다면 자기소개서 유사도 검사는 걱정할 필요 없습니다. part2에서 활동 분류법과 흐름도 작성을 통해 방향성을 잡아주고, 합격한 선배들의 자소서 분석을 통해 어떤 식으로 써야 하는지 길을 잡아드리겠습니다.

합격자 자소서는 본인의 자소서를 쓰기 전 꼭 참고하여야 합니다. 이 책을 보지 않은 친구들에게도 이 말 만큼은 반드시 전해주세요.

담임선생님만 믿고 따라가면 학종 합격은 문제없겠죠?

입시에 대한 불안감 때문에 담임선생님에게 지나치게 의존하는 학생들이 많습니다. 물론 선생님은 오랫동안 입시에 몸담아온 선배이자 좋은 멘토이며 연수나 책을 통한 배움을 바탕으로 지도해주실 수 있습니다.

하지만 대부분의 학교 선생님들은 현 입시정보에 대한 트렌드와 정보를 재빠르게 받아들이기 힘듭니다. 선생님들의 업무량이 우리가 생각하는 것 이상으로 많기 때문입니다. 수업 준비, 학급 관리뿐만 아니라 행정적 업무까지 더해지게 되어 물리적인 시간이 부족할 수밖에 없습니다. 선생님의 충고와 조언은 참고사항으로 생각하고 능동적으로 행동해야 합니다.

여러분은 스스로의 장단점을 가장 잘 알고 있으며 여러분의 인생을 살아가는 것은 선생님이 아니라 여러분 자신입니다. 가고 싶은 학과를 추후 선생님의 추천만 듣고 바꾸는 것은 인생에 대한 선택권을 버리는 것과 같습니다. 실제로 내신 성적이 7등급이었던 제 친구가 국민대학교 학종 원서를 쓰자 대부분의 선생님이 무모한 도전이라고 말렸습니다. 하지만 친구는 자기 자신을 믿었고 합격이라는 결과로 답했습니다.

결코, 선생님의 조언과 충고를 하찮게 여기라는 것이 아닙니다. 새겨듣되 휩쓸리지 마십시오. 선택은 여러분의 몫이며 그에 따른 영광과 좌절도 여러분의 몫입니다.

덧붙여 생활기록부를 관리할 때 가장 난감한 상황은 선생님이 제대로 기재해주지 않을 때입니다. 학생이 활동을 요약해서 제출하는 것이 선생님의 권한을 침해한다고 오해하셔서 벌어지는 일 같습니다. 선생님과의 대립 때문에 활동하고도 기재가 되지 않는 불상사는 실제로 존재하는 일입니다.

이를 방지하려면 '활동 계획서'를 쓰는 것이 좋습니다. 학년 초, 학기 초에 학교 홈페이지를 참고하거나 담임선생님을 통해 학교활동리스트를 뽑아 희망하는 전공과 적합하게 엮고 올해 수행할 활동을 선정하여 계획서를 작성하는 것입니다(학교활동리스트는 part 1에서 자세히 서술하고 있습니다). 과목당 어떤 활동을 할 것인지, 무엇에 대한 자율보고서를 쓸 것인지 자세히 작성한 후 담임선생님과 교과 담당 선생님들에게 미리 제출하고 의견을 물어봅시다.

"저는 이런 활동들을 하고 싶은데 선생님은 어떻게 생각하세요? 선생님이 보시기에 좀 더 보충할 내용이 있을까요?"

이렇게 한다면 선생님도 '이 학생이 정말 학생부종합전형을 제대로 준비할 생각이구나.'라는 생각이 들어 진심으로 도와주실 것입니다. 학생 자신도 선생님들에게 계획서를 제출했기 때문에 더 큰 책임감을 가지고 활동에 임하겠지요.

학교생활기록부가 뭐야?

학교생활기록부란 무엇인가요? / 학교생활기록부는 어떻게 기록되나요? / 학교생활기록부를 열람해 볼 수 있나요? / 학교생활기록부는 수정이 가능한가요? / 활동은 많으면 많을수록 좋나요? / 학교생활기록부는 어떻게 관리하나요?

학교생활기록부는 어떻게 이루어져 있을까?

인적사항 / 학적사항 / 출결사항 / 수상경력 / 자격증 및 인증 취득상황 / 진로희망사항 / 창의적 체험활동 / 교과학습발달사항 / 독서활동상황 / 행동 특성 및 종합의견

학교생활기록부 실전 메이킹

들어가기에 앞서 / 융합적 사고는 필수! / 놓치지 말자 진로희망사항 / 교내활동의 꽃, 동아리 / 알고 보면 쉬운 소논문 / 세특을 화려하게 만들어주는 자율보고서

"

PART 1

내 손으로
설계하는
학교생활기록부

"

제1장
학교생활기록부가 뭐야?

학교생활기록부 QnA

 Q 학교생활기록부란 무엇인가요?

'학교생활기록부(생활기록부)'는 말 그대로 '학교에서 학생의 생활을 기록하는 서식'입니다. 중학교 9가지 항목, 고등학교 10가지 항목으로 구성되어 있으며 고등학교 3년간의 교과 활동과 비교과 활동을 기록합니다. 생활, 리더십, 봉사활동, 자기 주도 학습력, 전공에 대한 관심, 인간관계 등 다양한 분야에 관해서 서술하도록 되어 있어 학생의 전반적인 고교생활을 유추해 볼 수 있습니다. 이를 바탕으로 대학은 학생에 대한 종합적인 평가를 합니다.

이 책은 대학입학을 위한 전략으로 10개 항목의 의미와 관리 방법에 관해 세부적으로 분석했습니다.

 Q 학교생활기록부는 어떻게 기록되나요?

생활기록부는 예전부터 교사의 권한이었으며 담당 교사들 이외에는 누구도 간섭할 수 없는 영역입니다. 학기 중, 학기 말에 선생님들은 본인이 분석한 학생에 대한 정보를 각 항목의 형식에 맞추어 기재하게 됩니다. 각 항목의 기재 특성을 고려하여 학생의 인성, 리더십, 특징, 장점, 단점, 봉사 정신, 자기 주도 학습력, 학업 우수성 등 고등학교 생활의 전반적인 내용에 대해 기술합니다.

Q 학교생활기록부는 학기 중에 열람해 볼 수 있나요?

생활기록부는 직접 학교에서 발급받는 방법과 가정에서 온라인으로 나이스 대국민 서비스(http://www.neis.go.kr)에서 발급받는 방법이 있습니다.

하지만 고등학생이 온라인으로 생활기록부를 볼 때는 제한사항이 있습니다. 해당 학년의 세부특기사항과 행동 특성 및 종합의견, 창의적 체험활동의 특기사항은 볼 수 없습니다. 이전 학년도의 세부특기사항만 보는 것은 의미가 없다고 생각할 수 있지만, 이 외 사항이나 작년도의 세부특기사항을 확인하고 올해의 계획을 세우는 것도 중요합니다.

그런데도 올해 세부특기사항을 꼭 봐야 한다면 방법은 한 가지뿐입니다. 담임 선생님에게 부탁드려 현재 어떻게 적히고 있는지 확인하는 수밖에요. 직접 찾아가서 정중하게 요청한다면 열람해 볼 수 있습니다.

Q 학교생활기록부는 수정이 가능한가요?

학년 말 종업식 전까지 수정할 수 있습니다. 무작정 요구할 순 없으며, 객관적인 증빙 자료가 필요합니다. 따라서 우리는 항상 자료를 파일화해두어야 합니다. 이를 바탕으로 잘못 기재되어 있는 활동, 빠진 활동에 관한 추가적인 기술을 유도해 낼 수 있습니다. 같은 학년 간에 일어난 일이라면 수정이 비교적 쉬우나 이전 학년의 생활기록부를 고치는 것은 제한적이고 힘이 듭니다. 방과 후 활동과 봉사활동은 어느 학년에서도 수정할 수 있지만 진로사항은 정정 기간을 엄수해야 하니 주의하세요.

Q 활동내역은 많으면 많을수록 좋나요?

많은 학생이 활동은 무조건 많으면 많을수록 좋다고 오해합니다. 하지만 단순히 수상경력이 몇 개 더 있고 페이지 수가 몇 장 더 많다는 이유만으로 학종의 성패는 결정되지 않습니다. 전공과 연관성이 없고 자기 주도성을 보이지 못한 활동은 하나 마나 한 활동으로 평가되는 경우가 많습니다. 물론 본인이 그 활동들을 전공과 맞게 연결해낸다면 얘기는 달라집니다.

예를 들어 국어국문학과를 희망하는 학생이 교내 수학경시대회에서 수상하더라도 그닥 도움되지 않습니다. 또 만약 '국어 과목에 논리적으로 접근하기 위해 수학 과목을 공부함으로써 논리력을 키워, 그 결과로 수학경시대회에서 우수한 성적을 냈음'이라고 엮으면 모를까 생각 없이 활동하고 다다익선이라는 낙관적인 입장을 갖는 것은 곤란합니다. 전공에 대한 선택과 집중을 하여 개수는 적더라도 알찬 활동을 하는 것이 도움됩니다.

Q 학교생활기록부는 어떻게 관리하나요?

생활기록부를 관리하는 프로그램이 있다는 사실을 알고 계시나요? 실제 생활기록부처럼 글자 수 제한에 맞춰 기록할 수 있고, 항목이 쪼개진 관리 프로그램을 이용할 수 있습니다. 활동하기 전에 원하는 활동 방향과 내용을 프로그램에 기록한 후 참고하여 활동 계획서를 작성한다면 원하는 방향으로 활동하기 수월하며, 선생님과 함께 상의하여 실제 생활기록부에 기재하기 쉽습니다.

이런 프로그램은 어디에서 구할 수 있을까요? 네이버 검색 엔진을 연 후 '생활기록부 관리 프로그램'을 검색하면 자료실에서 무료로 내려받을 수 있습니다. 이를 이용해 조금 더 발전된 생활기록부 관리를 하기 바랍니다.

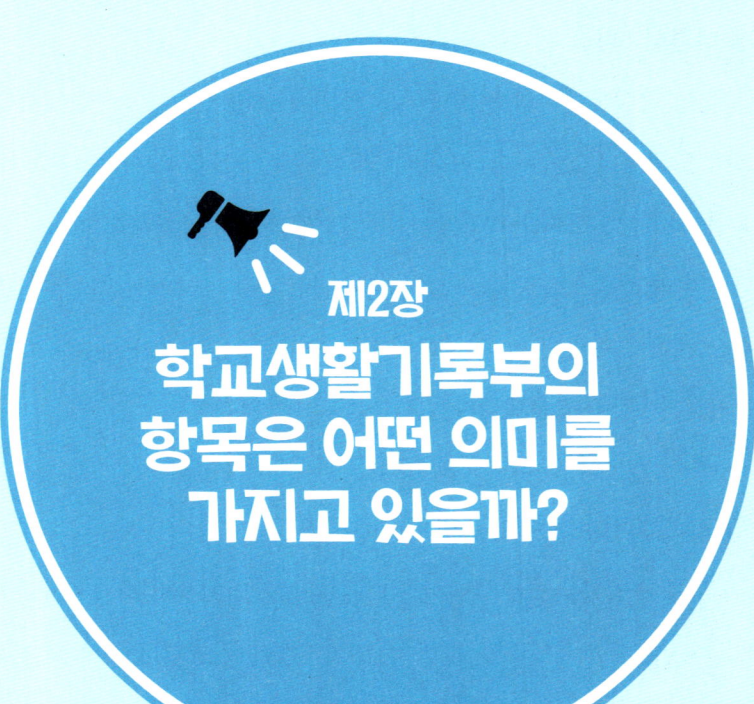

제2장
학교생활기록부의
항목은 어떤 의미를
가지고 있을까?

학교생활기록부 항목별 의미

인적사항

졸업 대장 번호	2015-1645				
구분 / 학년	학과	반	번호	담임성명	사 진
1		6	3		
2		9	1		
3		8	1		
학 생	성명: 주소:		성별:	주민등록번호:	
가족 부 상황 모	성명: 성명:		생년월일: 생년월일:		
특기사항					

인적사항은 학생의 부모 사망 사실이나 이혼 사실이 기재되어 있어 학생이 사회적 배려 대상자임을 파악하는 자료로 활용됩니다. 학종은 한 부모 가정이나 사회적 배려 대상자인 학생에게 한 부모 가정 전형, 사회적 배려 대상자 전형과 같은 고른 기회전형에 지원할 수 있는 자격을 주기 때문에 지원자가 이에 부합하는지 아닌지를 확인해야 하기 때문이죠.

또한, 상단의 담임성명란을 이용하여 학생의 문·이과 교차 여부나 전학 여부를 파악할 수 있습니다. 2학년 1학기 때 문과였다가 2학기에 이과로 바꾸거나, 전학을 가서 소속 학교가 바뀐다면 해당 학년의 담임선생님이 두 명으로 기재되기 때문입니다.

학적사항

2014년 02월 07일 ○○중학교 제3학년 졸업	
2015년 03년 04일 ○○고등학교 제1학년 입학	
특기사항	

학적사항은 졸업한 중학교, 다니고 있는 고등학교를 알려줍니다. 학생이 일반고, 특목고, 자사고, 특성화고 중 어느 곳을 다니는지 알게 해주지요. 이 자료가 의미 있는 이유는 특성화고 학생이 종합전형이나 교과전형으로 지원할 수 없는 대학교에 지원했을 때 거르는 역할을 해주고, 학생의 전학 여부나 농어촌학교, 특수학교에 재학 중인지 알려주기 때문입니다.

학교를 파악할 수 있으면 특목고, 자사고 학생에게 유리한 것이 아닌가 의심이 갈 수 있겠지만, 앞에서 말했듯이 학종에서 일반고와 특목고의 차이는 미미합니다. 오히려 본인만 잘 준비한다면 일반고가 더 유리할 수 있습니다.

출결상황

학년	수업일수	결석일수			지각			조퇴			결과			특기사항
		질병	무단	기타	질병	무단	기타	질병	무단	기타	질병	무단	기타	
1	196	·	·	·	·	·	·	·	·	·	·	·	·	개근
2	195	·	·	·	·	·	·	·	·	·	·	·	·	개근
3	192	·	·	·	·	·	·	·	·	·	·	·	·	개근

출결은 성실성의 척도이므로 매우 중요합니다. 질병이나 현장체험학습으로 인한 결석과 조퇴는 크게 신경 쓰지 않아도 되지만 무단결석, 무단조퇴는 최고의 감점 요인입니다. 아예 수치화시켜 '무단결석 및 조퇴는 ○점을 감점시킨다.'는 기준을 두는 학교도 있다고 하니 주의하셔야 합니다. 피치 못할 사정이 있었다면 특기사항에 꼭 이유를 기재해서 피해를 줄이도록 합시다.

수상경력

구분	수상명	등급	수상연월일	수여기관	참가대상(참가인원)
교내상	모범상		2014.07.25	○○고등학교장	1학년
	화학경시대회	최우수상(1위)	2014.07.22	○○고등학교장	전교생 중 참가자(47명)
			:		

수상경력은 많으면 많을수록 좋다는 다다익선 식의 인식이 퍼져 있지만, 그렇지 않습니다. 물론 수상경력이 많다면 유용하게 이용할 수는 있습니다. 고등학교 3학년이 되도록 본인의 전공을 확정하지 못했다면 많은 스펙들을 엮어 적절한 전공을 만들어낼 수도 있으니까요.

하지만 본인이 고등학교 1, 2학년이라면 희망 전공이나 계열을 미리 정하여 관련 없는 활동은 과감히 버리고 선별적으로 활동하는 자세를 가져야 합니다. 2016년 이전에는 수상하지 못하더라도 대회 참가 기록을 기재할 수 있었지만, 이후부터는 수상해야만 기재할 수 있게 되었기 때문이지요. 많은 대회에 나가기보다는 선택과 집중을 통하여 희망 전공과 연관된 활동의 대회에서 수상 가능성을 높이는 것이 합리적입니다.

대학에서 수상경력을 통해 알아내고자 하는 것은 스토리와 전공 적합성이기 때문입니다. 다양한 수상경력을 가지고 있더라도 희망 전공과 연관이 없다면 입학사정관은 학생의 스토리와 전공 적합성을 알 수 없습니다. 예를 들어 화학경시대회에서 최우수상을 받았더라도 학생이 지원한 전공이 생명공학과라면 스토리와 전공 적합성은 보이지 않습니다. 하지만 이런 경우도 살리는 방법이 있습니다. 이 스펙을 화학생명공학자라는 진로희망으로 엮어 자소서에 반영하는 것이죠.

가급적 내가 희망하는 전공과 연관 있는 활동 위주로 집중하되, 다소 연관성이 적어 보이는 수상경력이 있다면 단순히 생활기록부에 한 줄 더 보태려고 한 것이 아니라 희망 전공에 대한 열정과 관심 끝에 얻은 산물이라는 것을 강조하여 자소서에서 풀어낼 수 있어야 합니다. 수상한 사실보다 그것이 어떤 스토리로 이어지는가가 중요합니다. 또한, 외부수상은 절대 기재할 수 없으니 주의하세요.

자격증 및 인증 취득상황

구분	명칭 또는 종류	번호 또는 내용	취득연월일	발급기관
자격증	해당사항없음			

거의 모든 입시전문가들이 자격증과 공인인증은 별 도움이 되지 않는다고 입을 모으고 있습니다. 또한, 이 자격증도 61종의 지정 자격증(국가기술자격증, 개별 법령에 의한 국가자격증, 국가공인 민간자격증)만 기재할 수 있어 실질적인 도움을 얻기는 힘들다고 보시면 됩니다. 한국사 자격증이나 한자, 외국어 등급을 표시하는 자격증들도 엄격히 제한하고 있으니 주의하시기 바랍니다.

진로희망사항

사실 진로희망사항은 학종에서 절대적인 영향력을 끼치지 않습니다. 입학사정관들도 고등학생의 진로희망이 언제든 변화할 수 있다는 것은 알고 있습니다. 다만 진로희망사항이 꾸준하다면 전공 적합성 평가를 받을 때 조금 더 유리하게 작용할 수는 있겠지요. "저는 1, 2학년 진로희망사항에 적어둔 진로희망과 다른 전공을 지원하고 싶은데 괜찮을까요?"라는 3학년의 질문에도 "그렇습니다."라고 말할 수 있습니다.

학년	특기 도는 흥미	진로희망		희망사유
		학생	학부모	
1	축구, 탁구, 피아노연주, 기타연주, 수학문제 풀기	경찰	경찰	불의를 보면 참지 못하는 성격으로 시민들이 불안함 없이 안전한 사회에서 살 수 있도록 하기 위해 경찰이 되길 희망함
2	축구, 농구, 탁구, 헬스, 등산, 요리, 수학문제풀기	경찰	경찰	어려서부터 강력계 형사가 되어 범죄자들을 검거하여 범죄없는 정의사회 구현에 기여하고 싶음.
3	축구, 탁구, 악기 연주, 요리, 등산, 과학 관련 기사 보기	건축가	건축가	중학교 때 과학 영재교실을 하면서 다양한 발명품을 만드는 것에 대하여 흥미를 가지게 되었음 그리고 고등학교 2학년 때 '우리 문화 세계 알리기 활동'에서 한옥에 대해 발표하면서 건축에 관심이 생겼으며 나중에 어른이 되어서 자신이 살 집을 직접 짓고 싶다는 생각을 했고 그 생각이 현재 건축가라는 진로를 결정하는 계기가 됨

진로희망을 나중에 바꾸더라도 전공 적합성을 포기할 수 없다면 '계열화'를 추천합니다. 1, 2학년 진로희망사항에 '화공학자'라거나 '국어선생님'처럼 구체적으로 적지 말고 '공학자', '선생님'으로 범위를 넓게 잡아 기재하세요. 이렇게 기재하면 3학년 때 진로가 바뀌더라도 전공 적합성에 크게 벗어나지 않는 한에서 바꾸어 기재할 수 있습니다.

[한양대학교 건설환경공학과 학생부종합전형 합격자 진로희망사항]

학년	특기 또는 흥미	진로희망	
		학생	학부모
1	클래식 음악 감상, 악기 다루기	공학자	공학자
2	스키, 축구	공학자	공학자
3	축구, 컴퓨터	에너지 환경 공학자	에너지 환경 공학자

'계열화'를 잘 나타낸 예시입니다. 1학년, 2학년 때 계열을 넓게 잡고 3학년 때 구체적인 직업을 선택하여 기재했습니다. 이 예시는 2016년도 이전의 예시라 희망 사유가 드러나 있지 않지만 여러분은 계열화로 기재할 때 진로희망뿐만 아

니라 희망사유도 그에 맞추어 작성해야 합니다.

"1, 2학년 때 진로희망을 계열화하지 못했지만 3학년에 진로를 바꾸고 싶은데 어쩌죠?"라고 말하는 친구들도 걱정할 필요 없습니다. 먼저 보여드렸던 진로희망사항 예시는 1, 2학년 때 진로희망이 경찰이었지만 3학년 때 건축 분야에 관심이 생겨 건축과로 진로희망을 수정한 경우입니다. 건축과 관련된 활동이 빈약했지만 적절한 희망사유와 자기소개서를 작성하였고 이를 면접에서 부각하여 끝내 합격했습니다. 진로희망사항이 큰 영향을 미치지 못한다는 것을 보여주는 예시죠.

개인적인 의견으로는 진로에 확신을 가진 학생일지라도 계열화하여 기재하는 것을 추천합니다. 1, 2학년 때 본인의 희망전공이 확고했더라도 3학년이 되면 유사계열이나 조금은 다른 진로, 전공으로 빠지는 경우가 많기 때문이죠. 진로희망사항은 학종에서 큰 영향력이 없으며 혹여나 걱정되더라도 희망사유와 자소서를 통해 설명하면 되는 부분이니 걱정할 필요 없습니다.

창의적 체험활동(자/동/봉/진)

창의적 체험활동은 자율활동, 동아리활동, 봉사활동, 진로활동 등 총 4가지 영역으로 구성되어 있습니다. 줄여서 흔히 '자동봉진'이라고 부르곤 합니다. 생활기록부에서 자동봉진이 가지는 의미는 무엇일까요?

■ 자율활동

자율활동은 학교에서 주최·주관하여 열리는 체험활동이나 행사에 참가하고 활동한 사실을 기록해 놓는 곳입니다. 일반적으로 학교에서 복사+붙여넣기식의 기재를 하므로 학생을 파악하기보다는 해당 학교의 교내활동을 파악하는 자료로 활용됩니다.

학년	창의적 체험활동		
	영역	시간	특기사항
2	자율활동	71	1학기 학급 반장(2014.03.01-2014.08.31)으로 급우들의 의견을 존중하여 학급문제를 합리적으로 해결하며, 면학분위기를 조성하기 위해 솔선수범을 보이는 등 긍정적인 영향을 주는 지도력이 돋보임. 학기 초 기본 생활 습관 형성을 위한 학급협의 활동(2014.03.07)에서 적극적으로 의견을 개진하고 학급내규를 정하는데 있어 구체적인 내용을 제시하며 활발히 참여함. 학생회의(2014.03.14)에 참여하여 선도위원회의 개정안과 교내 휴대폰 소지의 안건에 대하여 합리적인 의사결정을 하는데 조력함. 장애인 이해 교육(2014.04.21)을 통해 장애의 유무와 상관없이 모두 소중한 인격체임을 알고 장애인과 이웃이 되어 서로 어울려 사는 밝은 사회가 되도록 마음을 여는 계기가 됨. 정보통신윤리교육(2014.05.09-2014.11.28/9시간)을 통해 올바른 언어 사용과 사이버 활용을 하게 됨. 사이버 공간에서의 사생활 침해, 사이버 언어의 중요성을 알게 됨.

자율활동란에서 두각을 드러내고 싶다면 학급 임원이나 부장으로 활동해야 합니다. 혹은 자체적인 스터디 활동이나 자율동아리활동의 일부를 반영할 수 있도록 선생님께 요청해 보세요. 학교 행사 참여 사실을 단순 나열하는 것보다 전략적으로 몇 가지 활동을 선택해서 상세하게 느낀 점을 기록하는 것이 좋으며 이를 위해서 교내활동을 하면서 느낀 점이나 배운 점을 평소에 기록해 두세요.

■ 동아리활동

동아리활동은 전공 적합성을 최대한 발휘하여 본인을 가장 잘 나타낼 수 있는 곳입니다. 실제 합격자들의 생활기록부를 분석해보면 동아리활동에 공을 많이 들인 티가 납니다. 단순히 참여하는 것에 그치는 것이 아니라 리더십을 발휘하여 본인의 전공 적합 활동을 주도적으로 해나간 모습이 기재되어 있습니다.

학년	창의적 체험활동		
	영역	시간	특기사항
2	동아리 활동	71	(축구반(1))(17시간)축구를 좋아하며 전술 이해도가 뛰어남. 협동심을 발휘하여 실전에 임하고, 경기 중 팀 구성원들의 능력발휘를 위해 화이팅을 자주 외침. (헵타바인:자율동아리)수학 탐구 토론과 문제 제작 등에 준비성이 뛰어나고 능동적으로 참여함. 동아리 회원들에게 UP 학습에서 배운 내용을 공유하는 등 심화 학습의 수준이 탁월함. (실용화학탐구반: 자율동아리)동아리 회장으로 유익한 실험분위기 조성에 기여함. '화학반응속도론'을 가제 실험에서 유기화학반응 시간에 따른 생성물의 농도 변화를 미분을 적용하여 해결함. 또한 계면활성제의 첨가에 따른 피리딘과 2,4-디니트로클로로벤젠 사이의 반응속도에 미치는 영향을 탐구했는데, 음이온계면활성제는 반응속도를 빠르게 하고, 양이온, 비이온성 계면활성제는 반응속도에 영향을 미치지 않는다는 결론을 논리적으로 발표함으로써 창의적 탐구 능력을 인정받음.

대다수의 학생은 친구 따라 동아리에 가입하는 경우가 많지만 학종을 준비하는 학생이라면 희망 전공과 관련이 있는 동아리에 가입해야 하며 동아리 내에서 자신의 목소리를 내며 적극적으로 참여하여야 합니다.

■ 봉사활동

봉사활동란에는 다른 항목과 달리 외부에서 수행한 봉사활동실적이 기재 가능합니다. 하지만 봉사활동 또한 자신의 희망 전공과 결합해서 활동해야 전공 적합성을 드러낼 수 있다는 점에는 변함이 없습니다.

학년	창의적 체험활동		
	영역	시간	특기사항
2	봉사 활동	71	환경의 중요성을 인식하고 학교 주변 및 하천 환경정화 활동에 꾸준히 참여함으로써 자연 생태계에 관심을 가지게 되었으며, 일상생활에 환경보호를 실천하는 자세를 확고히 함. 지역 아동센터에서 초등학습지도 및 특별활동 보조 활동을 봉사 정신을 발휘하여 지속적으로 함으로써 이웃 사랑의 정신을 실천함. 청소년 단체 RCY 봉사포스트활동에 참가하여, 자신이 할 수 있는 일을 지역사회와 지역민을 위해서 나누는 일을 체험하고 단체 봉사활동의 장점인 단원간의 협력을 배우며 주위에 봉사 정신을 실천함.

봉사시간이 많을수록 유리할 거란 생각을 흔히 하지만 그렇지 않습니다. 지망하는 전공이 사회복지학과라는 특수한 경우를 제외하고는 단순하게 봉사활동 시간이 많다고 득이 되진 않습니다. 중요한 것은 봉사활동의 질과 일회성에 그치지 않는 꾸준함입니다. 거기에 전공 적합성까지 합쳐지면 금상첨화입니다.

예를 들어 의대를 가고 싶은 학생이 의료봉사를 지속해서 했거나, 교대나 사범대를 가고 싶은 학생이 교육봉사를 열심히 한 경우, 또는 사회학과를 가고 싶은 학생이 위안부 수요 집회나 각종 사회적 이슈에 관련한 봉사를 한 경우가 있겠죠.

【 희망전공이 건설환경공학과일 때 적합한 봉사활동의 예시 】

학년	봉사활동실적				
	일자 또는 기간	장소 또는 주관기관명	활동내용	시간	누계시간
1	2013.08.23	(학교)○○고등학교	학교 및 대전천 주변 환경정화활동	1	49
	2013.09.06	(학교)○○고등학교	학교 및 대전천 주변 환경정화활동	1	50
	2013.09.07	(학교)○○고등학교	학교 및 대전천 주변 환경정화활동	3	53
	2013.09.27	(학교)○○고등학교	학교 및 대전천 주변 환경정화활동	1	54
	2013.10.05	(개인)지역 아동센터	초, 중등 학습지도 보조	3	57
	2013.10.11	(학교)○○고등학교	학교 및 대전천 주변 환경정화활동	1	58

■ 진로활동

진로활동은 학생이 경험한 진로 관련 특강이나 검사, 상담, 또는 관심 분야 등이 기재되어 있어 학생이 진로에 대해 어떤 고민과 활동을 하였는지 드러나는 곳입니다.

학년	창의적 체험활동		
	영역	시간	특기사항
2	진로활동	71	• 직업체험의 날(2014.04.14)에서 전문외교관과의 만남을 통해 진로에 대한 진지한 자세와 학습동기유발에 큰 도움을 받았음. 학생 개인의 진로체험활동 기회 확대로 자신 스스로의 적성, 소질, 흥미를 제고시켜 창의적 진로 설계 능력을 배양함. • 교과진로독서체험(2014.10.24)에서 평소 수학에 관심이 있어 수학체험관을 방문하여 하이포사이클로이드를 직접 그려보면서 수업시간에 배운 원에 대해 이해하고, 사이클로이드 미끄럼틀을 통해 최단강하선이 사이클로이드라는 것을 직접 눈으로 확인하였음. 또한, 하노이 탑을 통해 수학적 규칙성을 깨닫고 문제해결능력을 키웠으며, 캐스트 퍼즐을 풀어가는 과정을 통해 창의적 사고를 증진하는 기회를 가짐.

진로활동은 선생님께서 신경을 써주지 않는 경우가 많으므로 학생 스스로 신경 써야 합니다. 선생님께 보고서를 써가거나 관련 활동 내용을 보여드려서 반드시 채우세요. 또한, 동아리활동란을 500자의 글자제한으로 모두 다 기재하지 못할 경우 진로활동으로 틀어 작성하는 방법도 있습니다. 다른 이들보다 한 발짝 앞서려면 다른 이들이 챙기지 못하는 곳까지 신경 써야 합니다.

교과학습발달상황

교과	과목	1학기			2학기			비고
		단위수	원점수/과목평균 (표준편차)	석차등급 (수강자수)	단위수	원점수/과목평균 (표준편차)	석차등급 (수강자수)	
국어	독서와문법	6	96/625(23.2)	2(288)				
영어	심화 영어회화	6	96/56.7(25.2)	2(288)				
사회	사회문화	2	95/62.4(23.6)	2(79)	2	83×45.3(19.4)	1(58)	
. .	. .	. .	. .	. .				

세부능력 및 특기사항
문학 I : 문학 갈래의 개념과 특징을 바탕으로 작품을 깊이 있게 감상할 줄 알며 문학에 대한 흥미를 갖고 평소에도 작품을 더 찾아 읽으려는 노력을 함. 갈래에 따른 문학 구조의 특성을 알고, 작가의 독특한 개성이 묻어나는 작품들을 열성적으로 학습함. 문학 작품 감상 활동 시 다양한 관점으로 작품을 바라보고 자신의 의견을 제시하며 적극적으로 참여함. 특히 문학 작품 속에서 제시된 인간과 사회의 문제에 대해 깊이 생각하며, 인간문제에 대해 다양한 해석과 분석을 할 수 있음. 논술을 할 때 타당한 근거를 들어 자신의 주장을 펼칠 수 있는 비판적 사고력을 가지고 있음.
수학 I : 단순히 공식을 암기하여 적용하는 수준을 넘어서서 수학에 대한 연구를 열심히 하는 학생임. 문제풀이를 하면서 다양한 시도를 하고 선생님께 질문하여 자신의 오류를 찾고 더욱 발전시켜나감. 특히 기하학분야에 자신감이 있음. 교내 수학경시대회(2014.0602)에 참가함.
(1학기)영어청해 : 영어에 많은 관심과 흥미를 갖고 있어 모든 활동에 적극적으로 참여하며 특히 모둠활동을 할 때에는 특유의 리더십을 발휘하여 성실하게 모둠활동을 수행함. 공개수업 오픈데이 (2014.07.20) 활동에서 영어 프리젠테이션, 골든벨 영어 퀴즈, 직접 쓴 시나리오로 진행된 영어촌극 등에 성실하게 참여함.
제 1기 멘토-멘티학습활동에 수학, 과학멘토로 참여하여, 선생님께 배운 내용을 또래 친구에게 가르치는 과정을 통해 자신이 학습한 내용을 반성적으로 점검하는 경험을 하게 되었고, 가르치기 위해서는 학습 내용을 완벽하게 이해하기 위한 노력과 철저한 준비가 필요하다는 생각을 하게 됨. 교육역량 강화를 위한 자존감 형성 Day 수준별 경시대회 수학(상급)에 참가하여 우수한 성적을 얻었음.

교과학습발달사항은 크게 시험 과목별 등급표시와 세부특기사항(세부능력 및 특기사항) 두 가지로 나뉩니다. 시험 과목별 등급표시는 학생의 성적을 기재하고, 세부특기사항은 학생의 과목별 특기사항에 대해 기재합니다.

대다수 학생이 시험 과목별 등급표시가 더 중요하다고 생각하지만 저는 세부특기사항의 손을 들어주고 싶습니다. 대학은 이미 교과전형으로 시험 과목별 등급표시를 평가 기준으로 삼아 입학생을 선발하고 있으므로 굳이 종합전형까지 세부특기사항보다 중요시할 이유가 없습니다. 실제로 한양대 학종은 시험 과목별 등급표시를 중심항목으로 고려하지 않습니다.

한 입학사정관은 "지원 전공과 유관한 교과 항목에 대한 세부특기사항은 필독이기 때문에 세부특기사항을 빼먹지 않고 다 읽는다."라고 말했습니다. 여러분의 생각과 달리 내신 성적보다 의미 있게 읽히는 부분이 세부특기사항입니다.

선생님들이 이를 인지하고 세부특기사항을 잘 관리해주신다면 좋겠지만 대부분 그러지 못하십니다. 학교에서 직접 지도해본 경험으로 말하자면 세부특기사항의 중요성을 잘 인지하지 못하고 계신 선생님들이 많으며 알고 계시더라도 행정 업무가 너무 많아 입시전형을 공부할 시간이 부족하고 세부특기사항을 신경 써주는 게 부담이 된다는 말씀을 하시는 분들이 많습니다.

그러므로 대다수 학생의 세부특기사항은 형편없습니다. 1, 2등급 학생들에게만 적어주는 학교도 있고 심한 경우에는 1, 2등급 학생들의 세부특기사항조차 복사+붙여넣기되어 있어 차별화되지 않은 생활기록부를 갖게 됩니다. '수업 태도가 좋다, 성실하게 숙제를 잘해오고 모범이 된다.' 같은 상투적인 말은 입학사정관이 해당 학생을 '평범한 아이'라고 생각하게 만들 뿐입니다.

세부특기사항을 특별하게 만드는 가장 확실한 방법은 과목 자율보고서를 작성해서 제출하는 것입니다. 과목 선생님들에게 여러분의 희망 전공과 연관 지어 과목 자율보고서를 제출한 후 세부특기사항에 기재해 달라고 반드시 요구하세요. 생활기록부는 학생 스스로 얼마나 주도적으로 활동하고 선생님을 찾아가느냐에 따라 판가름납니다. 과목 자율보고서뿐만 아니라 여러분이 원하는 세부특기사항 내용을 임의로 작성하여 제출하면 본인이 원하는 기재의 방향성과 선생님의 시간 절약을 함께 얻을 수 있습니다. 작성해놓은 일종의 요약문은 추후 면접대비에도 도움이 되는 자료가 됩니다.

독서활동상황

학년	과목 또는 영역	독서활동상황
1	인문	(1학기)'한국통사(박은식)', '성호사설(이익)', '복학의(박제가)'를 읽고 역사적 인물을 통해서 각 시대의 역사를 이해하고 올바른 삶의 모습이 무엇인지를 파악하며, 조상들의 살아있는 숨결을 느낌.
		(2학기)'이건희 스토리(이경식)'을 읽고 막연히 추상적이였던 주인공의 성장과정의 고뇌와 갈등을 알고 인간은 누구나 힘든 역경이 있음을 느끼고 그것들을 모두 극복하고 이겨내야 함을 알게 됨. '백범일지(김구)'를 읽고 김구의 생애를 통해 사고의 지평을 넓힘. '영어로 읽는 세계롤모델50(재키 신)'을 읽고 앞으로 역사에 남을 대단한 인물들의 이야기를 통해 자신의 삶에 내면화시켜 자기계발에 힘씀.
	사회	(1학기)'삼민주의(쑨원)'을 읽고 우리 주위에서 벌어지고 있지만 그동안 알지 못하거나 문제 삼지 않았던 사회현상에 대해 고민하고 세상을 바라보는 시각을 키움
	과학	(1학기)'종의 기원(찰스 다윈)'을 읽고 자연선택설에 관심을 갖고, 옳은 것은 탄압을 받아도 남아있게 된다는 것을 알게 됨.

기존의 독서활동이 과목이나 영역별로 책 제목과 저자, 읽고 알게 된 점, 느낀 점을 간략히 서술했다면 2017년도부터 책 제목과 저자만 기술하게 되었습니다. 이 부분에 대해서는 논란이 많습니다. 책 제목과 저자만 보고 학생의 탐구능력을 알 수 있겠냐는 비판의 목소리가 있는 반면에 수준 높은 책을 추천하고 지도해주는 특목고나 컨설팅 업체로 인해 사교육이 조장되는 것을 방지한다는 긍정의 목소리도 있습니다.

개인적으로는 후자의 의견에 동의합니다. 실제로 한 외고생은 생활기록부 32페이지 중 8페이지를 독서활동으로 채웠습니다. 학교 간 격차와 사교육의 파급력이 상당하단 걸 간접적으로 보여주는 부분입니다. 읽지 않아도 이해할 수 있는 요약본이나 면접 예상 질문을 만들어 돈을 챙겼던 사교육계에 반격을 한 것이 통쾌하지만 정직하게 읽고 탐구한 아이들에게 피해가 갈까 걱정도 됩니다.

하지만 오히려 정직한 독서를 한 아이들은 자소서에서 책에 관해 깊이 있게 서술할 수 있으며 이를 바탕으로 한 면접에서 교수님과 더 깊은 대화를 나누어 유리할 것입니다. 요약본만 보거나 면접 예상 질문을 받은 학생들, 자기소개서 대필을 통해 책을 언급한 아이들과는 면접에서 확연한 차이가 날 것이 분명하니까요.

사실 독서활동상황에 대해서는 논쟁이 많습니다. 한양대는 독서활동상황을 주요 평가 항목으로 반영하지 않으나, 서울대는 자기소개서의 4번 항목이 독서 관련 주제일 만큼 중요시합니다. 실제 서울 소재 상위 대학교에서 내신 성적이 4등급이고 특별한 활동이 없던 일반고 학생이 대학원생 수준의 고전을 읽고 기재한 것을 교수가 흥미롭게 여겨 면접기회를 주었더니 술술 막히지 않고 대답하여 합격한 사례도 있습니다.

입학사정관들의 의견도 엇갈립니다. 독서가 평가에 절대적인 기준은 아니지만 면접에서 활용하여 학생을 떨어뜨릴 수 있다는 의견과 독서활동이 남들보다 월등히 뛰어나다면 지적 능력 향상의 가능성과 전공에 대한 관심으로 봐 줄 수 있다는 의견으로 나뉩니다. 즉, 부차적인 요소 정도로 생각하는 학교도 있지만, 상당히 중요하게 생각하는 학교도 있다는 뜻입니다. 따라서 독서 항목은 가볍게 여길 수 없습니다.

면접에서 본인이 감당할 수 있을 수준의 전공과 연계된 책과 권수를 읽고 기재하세요. 다만 책은 자기소개서를 쓰는데 글쓰기 능력 향상이나 자기소개서 흐름도 작성 시에도 유용하게 쓰이므로 1, 2학년 때 많이 읽어두는 것이 좋겠지요. 굳이 생활기록부에 기재하지 않더라도 말입니다.

행동 특성 및 종합의견

학년	행동 특성 및 종합의견
2	매사에 근면 성실하며 밝고 명랑한 성격의 학생으로 자신이 하고자 하는 일에 대한 뚜렷한 주관을 갖고 있음. 준의감과 이타정신이 강하여 학급의 궂은일이나 남을 돕는 일에 솔선수범하여 친구들과 선생님으로부터 칭찬을 받아 1학기 모범 청소년상(봉사부문)을 받음. 남을 돕고 이해하는 마음 자세로 자기의 재능을 이용하여 정기적으로 복지관에서 어린 학생들의 학습 도우미 역할을 하고 RCY 동아리에 가입해 많은 봉사활동에 적극적으로 참여함. 특히 학업에 대한 열정과 자신감이 남달라 모든 교과면에서도 전교 최상위권의 성적을 유지하고 있어 꾸준히 정진한다면 장차 자신이 원하는 진로에서 큰 성공을 거둘 것으로 기대가 됨. (진로관련영역)학교 특색사업 아드바야 회원(2013.09-2014.02)으로서 대전천과 대동천의 자연상태를 탐구하고 환경정화 활동을 함. 대전광역시교육청 선정으로 진행한 2013학년도 진로교육특별사업(진로교육과정운영학교)의 '거인의 어깨'프로젝트 학부모 교육기부 강의에 참가하여, '올바른 법조인을 지망한다면(2013.11.30)'(이규호 변호사), '당신의 꿈을 이루세요(2013.11.30)'(한우석 건양대 교수), '의학도로서의 인생과 봉사(2013.12.07)'(김준영 삼성외과 원장), '정부출연 연구기관에서의 과학기술연구원의 삶(2013.12.07)'(김태현 ETRI 연구원)의 주제 강연을 듣고, 자신의 진로에 대한 새로운 비전을 갖고 희망대학의 관련 학과의 정보 수용으로 자신의 꿈에 대한 구체성을 높이고, 큐넷(http:www.q-net.or.kr)을 통해서 전문적인 소양에 대한 탐색활동을 활발하게 진행함. 2013학년도 1학년 운영계획의 일환인 우리나라의 원자력 발전, 원자력발전소의 안전성, 원자력발전소의 견학 및 체험(2013.C7.19)을 통하여 미래 에너지와 원자력 발전의 존재감과 필요성을 인식함. 사단법인 한국인지과학회와 한국뇌과학올림피아드위원회가 주최한 '2014년 한국 뇌과학 캠프 및 올림피아드(2014.02 13-02.14)'에 적극적으로 참가하여 이수 과정을 수료함.

행동 특성 및 종합의견에는 담임선생님이 1년 동안 학생을 바라본 의견이 쓰여 있습니다. 과거에는 대학에서 추천서를 받아서 학생을 파악하려고 노력했지만, 요즈음은 행동 특성 및 종합의견을 추천서처럼 생각하는 경우가 많아졌습니다.

하지만 이 항목은 선생님의 주관과 필력의 영향을 많이 받습니다. 그러므로 여러분은 평소에 선생님에게 '어떠한 내용이 들어갔으면 좋겠다, 진로에 맞게 행동 특성을 적어 달라.'고 끊임없이 요구하셔야 합니다.

3학년 때의 행동 특성 및 종합의견은 블라인드 처리되어 대입에 반영되지 않습니다.

제3장
학교생활기록부
실전 메이킹

들어가기에 앞서

앞서 생활기록부가 무엇이며 각 항목이 어떤 의미를 지니는지 알아보았습니다. 3장에서는 학종으로 합격하기 위해 생활기록부를 어떻게 관리해야 하는지 설명하겠습니다.

현장에서 학생들을 보면 담임선생님이 적어주는 것에 의존하고 도박에 임하듯 불안한 마음으로 학종을 준비하는 경우가 많습니다. 정확한 정보를 알고 얘기해주는 사람이 주변에 없으니 생활기록부를 어떻게 관리해야 하는지도 갈피를 잡지 못합니다. 정보를 얻으러 들어간 입시 커뮤니티에는 근거 없는 온갖 유언비어가 떠돌아 더욱 혼란스러워합니다. 그렇다고 비싼 컨설팅을 받기는 힘든 것이 현실입니다.

그래서 2년 전 학종을 실제로 준비하고 현재 현장에서 직접 지도한 경험을 바탕으로 생활기록부 메이킹 매뉴얼을 만들었습니다. 이를 통해 학종을 준비하면서 느꼈던 여러분의 답답하고 막한 마음이 해소되고 답을 찾았으면 합니다.

마지막으로 당부의 말을 한다면 학종러에게 선생님을 찾아가는 용기와 결단력은 필수적인 요소입니다. 없어도 만들어야 합니다. 아무리 열심히, 힘들게 활동을 했더라도 생활기록부에 기재되지 않으면 아무 의미가 없습니다. 용기 있는 자만이 원하는 것을 쟁취할 수 있는 법입니다.

융합적 사고는 필수! ⭐

교내활동과 교내수상만을 적을 수 있는 생활기록부! 제한된 교내활동으로 본인의 희망 전공과 연관된 활동을 찾아 하기는 쉽지 않습니다. 그렇다면 우리는 어떻게 양질의 활동을 증명하고 남들보다 앞서갈 수 있을까요? 해답은 바로 '융합적 사고'입니다.

학생부종합전형에서 말하는 융합적 사고란 희망 전공과 직접 관련되어 있지 않은 활동을 전공과 연관시킴으로써 융합을 꾀하거나, 생활기록부에서 봉사활동과 교과활동을 엮는 등 관계성이 적어 보이거나 없어 보이는 것들을 관계 지어 생각하는 사고를 말합니다.

다음에서 소개하는 합격자 자기소개서는 컴퓨터 프로그래머에게 필요한 소통 능력을 기르기 위해 꾸준히 글쓰기 연습을 했다고 말하고 있습니다. 얼핏 봤을 때 희망 전공인 컴퓨터공학과 글쓰기 능력은 전혀 상관없어 보이지만 융합적 사고를 발휘해 뻔하지 않고 참신하게 엮어냈습니다.

> **합격자 자기소개서**

> **1. 고등학교 재학기간 중 학업에 기울인 노력과 학습 경험에 대해, 배우고 느낀 점을 중심으로 기술해 주시기 바랍니다. (1000자 이내)**

컴퓨터 프로그래머가 되겠다는 꿈을 갖고 대부분 시간을 컴퓨터 공부에만 열중하였습니다. 그 결과 저는 사람과의 대화보다 컴퓨터와의 대화가 쉽게 느껴지게 되었습니다. 그런 저에게 학교의 직업인 초청 특강을 위해 방문하신 IT업계 종사자분은 프로그래머라는 직업이 다른 분야의 사람과 소통을 해야 하는 직업이라는 것을 일깨워주셨습니다. 이런 이야기를 듣고 저는 사람들과 의견을 나눌 줄 아는 프로그래머가 되기 위해 소통능력 향상의 필요성을 느꼈습니다. 말의 토대가 되는 것은 글이므로 글의 완성도가 높아지게 되면 사람들과의 의사소통 능력도 함께 자라날 것이라는 생각에 글쓰기를 시작했습니다. (중략) 꾸준히 글을 쓰며 쌓이는 경험이 글쓰기의 가이드라인이 되어 저의 글과 말을 더욱 매끄럽게 만들어 주었고 친구들과 의견을 나누는 데에도 어려움이 없어졌습니다. 게다가 글쓰기는 컴퓨터 공부에도 도움을 주었습니다. 한 가지 문제를 가지고 논리적으로 생각하며 글쓰기 연습은 다양한 방면으로 생각하는 법을 길러주어 최적의 알고리즘을 찾는 데에도 도움이 되었습니다. 꾸준하게 써온 글이 불러온 커다란 나비효과를 느끼며 프로그래머에게도 인문학적 소양이 필요하다는 것을 알게 되었습니다. 단순히 시험을 잘 보기 위해 노력한 것이 아니라 제 꿈을 이루기 위해 열정을 갖고 꾸준히 노력 때문에 이러한 결과를 얻을 수 있었다고 생각합니다.

같은 활동을 했더라도 학생 A는 별생각 없이 친구 따라서 했다가 얼결에 수상했고 학생 B는 희망 전공과 활동의 연관성을 찾아 어떻게 하면 스토리로 엮어 기재할 수 있을까를 생각한 후 수상했다면 두 학생의 수상의미는 같지 않습니다. 대학은 수상 실적보다 스토리를 더욱 중요하게 생각하기 때문입니다.

열심히 활동하더라도 적절하게 꿰어내지 못하면 생활기록부는 경쟁력을 잃어버립니다. 학종 경쟁률의 반절 이상은 학종에 대한 정확한 이해가 없는 허수의 상대입니다. 융합적 사고 능력 없이 희망 전공과 연관성이 없거나 1차원적으로 연관된 활동만 하고 시험 과목별 등급 표시와 수상경력 등 일부 항목에 의존한 경쟁력 없는 생활기록부를 가지고 지원하는 것입니다.

3장의 내용을 성실히 이행한다면 경쟁력 있는 생활기록부를 뽑아낼 수 있습니다. 이 책에서 가장 중요한 부분이니 열심히, 성실히 이행해주세요. 3장이 풀리면 생활기록부가 풀리고 이후 자기소개서가 풀립니다.

융합적 사고 훈련법 ① 학교활동리스트

학교활동리스트란 교내에서 일반적으로 할 수 있는 활동이나 이미 정해져 있는 교내활동 목록을 뽑아 본인의 희망 전공과 유기적으로 연계시켜보는 훈련법입니다. 이 훈련법이 체화된다면 실제로 학교에서 유사 활동을 할 때, 보다 쉽게 희망 전공과 연계하여 스토리가 있는 생활기록부를 만들 수 있습니다.

아무리 생각해도 본인의 희망전공과 전혀 연관성을 찾을 수 없는 활동이라면 배제해도 되지만 최대한 많은 활동을 본인의 희망 전공과 연관시키는 훈련을 하는 것이 좋습니다. 희망 전공이 정해지지 않은 사람은 반드시 계열이라도 정하고 이 활동을 진행하세요. 아래는 학교활동리스트 훈련 예시입니다.

[학교활동리스트 훈련 예시]

희망 전공 : 신소재공학과	
영화 감상문 대회	영화 〈어벤저스〉를 보고 캡틴아메리카의 방패 소재와 아이언 맨 슈트에 대한 탐구를 중점으로 감상문 제출하기
영어 말하기 대회	신소재공학자가 어떤 직업인지 영어로 소개하기
·	·

이런 식으로 스스로 깊이 고민해보고 희망 전공과 연관 지어 작성하세요. 아직 본인의 희망 전공을 정하지 못했다면 계열이라도 정해놓고 바꿔서 작성해야 합니다.

[계열로 작성한 학교활동리스트 훈련 예시]

희망 계열 : 공과 대학	
영화 감상문 대회	'공학 계산의 기초가 된 엘런 튜링 그는 누구인가' – 영화 〈 이미테이션 게임 〉 감상문 제출하기
영어 말하기 대회	'과학과 공학의 차이점에 대하여'나 '나의 꿈 공학자가 하는 일' 소개하기

학교활동리스트를 작성할 때는 아래의 5가지 원칙을 반드시 지켜서 작성하세요.

1. 융합적 사고를 바탕으로 전공과 적합하게 기재한다.

2. 차별화할 수 있는 나만의 의미 있는 활동으로 바꾼다.

3. 실현 가능한 활동을 기재한다.

4. 전문성을 가진다.

5. 과 트렌드를 반영한다.

가장 대표적인 학교활동리스트 목록 32개입니다. 어떤 학교활동으로 작성해야 할지 모르는 친구들은 참고하여 작성하세요.

[대표적인 학교활동리스트 목록 32]

영어 말하기 대회	부장활동, 임원활동
영어 단문쓰기 대회(에세이대회)	캠페인 활동
우리말 바로알기 대회	환경정화봉사
UCC 제작 대회	멘토링 봉사
포트폴리오 제작 대회	방과 후 학교 수강
골든벨 대회	소그룹 스터디 활동
과학 창의력 대회	클러스터(지역 간 학습 연계) 활동
발명품 경진대회	표어 포스터 대회
각종 경시대회	시 쓰기 대회
동아리활동 경진대회	페임랩 대회
영어 어휘 경시대회	정보 통신 윤리 대회
음악발표회	또래 학우 상담 멘토
진로발표대회	학교 강연 수강(직업인 특강)
과학 탐구대회	장애 학우 도우미
토론대회	독후감쓰기대회
보건 서포터즈 봉사	독서활동

※페임랩이란? 과학, 수학, 공학 분야의 주제로 3분 간 강연을 하면서 대중과 소통하는 활동

융합적 사고 훈련법 ② 미래자기소개서

미래자기소개서란 실제 서울대학교 합격자가 공개한 방법으로, 말 그대로 미리 자기소개서를 써보는 것입니다.

저는 학교활동리스트와의 시너지효과를 꾀하기 위해 변형해 보았습니다. 작성된 학교활동리스트를 기반으로 가장 본인의 희망 전공과 적합한 활동을 골라 수행했다고 가정하여 자기소개서를 써봅시다. 막연하게 써놓은 활동을 구체적으로 어떻게 실행해 나갈 것인지 구상해 볼 수 있으며 훗날 실제 자기소개서를 쓸 때 도움이 된다는 장점이 있습니다. 실제 자기소개서를 작성할 때와 다른 점은 글자 수 제한을 두지 않고 최대한 구체적으로 작성하는 것입니다.

이런 활동이 번거롭게 느껴질 수 있습니다. 훈련해 본 활동이 실제 생활기록부 기재로 이어지지 않아 허탈할 수도 있습니다. 하지만 꾸준히 훈련한다면 실제 활동을 할 때 빠르게 방향성을 잡아 수행한 후 원하는 대로 생활기록부가 기재되는 결과를 볼 수 있습니다. 더 나아가 어떤 활동이라도 손쉽게 자기소개서화할 수 있습니다. 저는 영화 감상문 대회 활동을 예로 들어 자기소개서 1번 문항을 기술해 보도록 하겠습니다.

희망 전공 : 신소재공학과	
영화 감상문 대회	영화 〈어벤저스〉를 보고 캡틴 아메리카의 방패와 아이언맨의 슈트 소재에 대한 탐구를 중점으로 감상문 제출하기

합격자 자기소개서

1. 고등학교 재학기간 중 학업에 기울인 노력과 학습 경험에 대해, 배우고 느낀 점을 중심으로 기술해 주시기 바랍니다. (글자 수 제한 없음)

신소재 공학자의 기본 소양은 물질에 대한 의문과 탐구라고 생각합니다. 그래서 기본 물질에 궁금증이 생기면 탐구해보려 노력해왔습니다. 가장 기억나는 탐구는 '캡틴 아메리카 방패 소재에 대한 감상과 분석'이라는 제목으로 영화 감상문 대회에 제출했던 감상문입니다. 고등학교 1학년 때 영화 감상문 대회에 나가게 되어 영화 〈어벤저스〉를 보게 되었는데 평소 아이언맨을 좋아했던 저는 캡틴 아메리카와의 승부에서 그가 패배했다는 사실을 믿을 수 없었습니다. 그래서 승부의 원인을 심층적으로 분석한 뒤 이를 바탕으로 감상문을 작성하여 제출하였습니다. 분석 결과 캡틴 아메리카의 방패가 승리에 큰 역할을 했다는 생각이 들었습니다. 캡틴 아메리카의 방패 소재는 현실 세계에는 존재하지 않는 소재로 이름은 '비브라늄'입니다. 이 소재는 물리적인 운동에너지를 흡수하여 상대방의 공격에서의 충격을 최대한 완화해주는 핵심코어 물질이 된다는 사실을 알게 되었습니다. 이에 반해 아이언맨의 슈트는 실제 있는 물질인 '티타늄'을 이용해 제작되었다는 사실도 알게 되었습니다. 티타늄은 알루미늄 합금보다 2배나 강해 항공기 제작에 쓰일 정도로 강한 소재입니다. 그런데 전투력에 미치는 영향력을 분석해보니 비브라늄이 티타늄을 간단히 부숴버릴 수 있을 정도의 강도라는 사실을 알게 되었습니다. 이를 통해 전투력을 분석해보니 소재의 차이가 캡틴 아메리카가 이길 수 있었던 강력한 원인이 된 것을 알게 되었습니다.

이런 식으로 활동과 전공을 엮어서 작성하면 됩니다. 이 훈련은 비교적 시간이 많은 1, 2학년 때 훈련을 많이 해보는 것이 좋습니다.

여기서 소개하는 훈련법은 진짜 자기소개서를 쓰듯 몇 개의 활동을 연결해서 하나의 문항을 완성하라는 것이 아니라, 개별 활동에 대해서 전공과 엮어 설명하는 훈련을 하라는 뜻입니다. 이 훈련은 자기소개서를 완벽하게 쓰기 위한 훈련이 아니라, 생활기록부 관리를 효과적으로 하기 위한 훈련이라는 걸 명심하세요.

TIP! 정석대로 훈련하는 것이 좋지만, 물리적인 시간이 부족한 친구들은 학교에서 확실히 예정된 활동만 뽑아서 학교활동리스트와 미래자기소개서를 작성하고 학교 활동에 적용하세요. 하지만 실제 예정되어 있지 않은 활동이라도 한 번쯤 사고해 보는 연습을 하는 것이 가장 바람직한 방법입니다.

학교활동리스트 + 미래자기소개서 실습

학교활동리스트 활동을 3개 이내로 정해서 미래자기소개서화 해 봅시다. 책에는 지면 사정상 한 문항 당 3개로 한정해두었지만, 최대한 많이 써 보는 것이 좋습니다.

1번 문항 전공심화학습 및 자기 주도 학습력을 강조하는 활동

1. 고등학교 재학기간 중 학업에 기울인 노력과 학습 경험에 대해, 배우고 느낀 점을 중심으로 기술해 주시기 바랍니다.

활동1 :
내용 :

활동2 :
내용 :

활동3 :
내용 :

2번 문항 전공연계활동 및 소논문, 임원활동, 동아리 등 본인만의 특별한 활동

> **2. 고등학교 재학기간 중 본인이 의미를 두고 노력했던 교내활동을 배우고 느낀 점을 중심으로 3개 이내로 기술해 주시기 바랍니다. 단, 교외 활동 중 학교장의 허락을 받고 참여한 활동은 포함됩니다.**

활동1 :
내용 :

활동2 :
내용 :

활동3 :
내용 :

리더십, 자율성, 봉사정신, 인간관계를 강조하는 활동

3. 학교생활 중 배려, 나눔, 협력, 갈등 관리 등을 실천한 사례를 들고, 그 과정을 통해 배우고 느낀 점을 기술해 주시기 바랍니다.

활동1 :

내용 :

활동2 :

내용 :

활동3 :

내용 :

놓치지 말자! 진로희망사항

진로희망사항을 올바르게 기재할 수 있도록 정리한 모범 양식입니다. 앞에서 말했지만, 진로희망사항은 학종에서 절대적인 영향을 끼치는 요소는 아닙니다. 하지만 전공 적합성을 조금이라도 더 드러낼 수 있다면 간과하고 넘어갈 수 없습니다. 간발의 차이로 합격과 불합격으로 나뉠 수 있으니까요.

【 올바른 진로희망사항 기재 양식 】

학년	특기 또는 흥미	진로희망		희망사유
		학생	학부모	
1	자유이지만 계열과 관련성 있으면 좋음	계열	자유	계열에 맞는 희망사유 기재 (200자 이내)
2	자유이지만 계열과 관련성 있으면 좋음	계열	자유	계열에 맞는 희망사유 기재 (200자 이내)
3	자유이지만 전공과 관련성 있으면 좋음	구체적인 직업이나 전공	자유	전공과 관련된 구체적인 이유와 사례를 들어 기재(200자 이내)

1, 2학년 진로희망은 계열화가 필수

명확한 진로희망을 가지고 있더라도 1, 2학년 진로희망사항에는 계열화하여 작성하는 것을 추천합니다. 계열로 기재하면 아래의 예시처럼 3학년 때 구체화하여 나타낼 수 있는 진로의 폭이 넓어지기 때문이죠.

계열화하여 기재한 직업 명	이후 구체화하여 나타낼 수 있는 직업 명
의료계열 종사자	간호사, 의사, 물리치료사, 임상영양사
경영경제전문가	CEO, 펀드매니저, 은행원, 회계사, 세무사
방송계열 종사자	PD, 방송작가, 기자

이쯤에서 여러분은 '1, 2학년 진로희망사항을 계열로 기재하고 3학년이 되어 전공을 확정한 후 원서를 넣는다면 1, 2학년 때 수행한 활동이 쓸모없어지는 건 아닌가?'라는 의문점이 들 수 있습니다. 하지만 이는 기우입니다. 희망하는 진로나 전공이 급격하게 변하지 않는다면 1, 2학년 계열과 관련되어 있을 확률이 높으므로 유기적인 연결이 가능합니다. 게다가 우리는 융합적 사고 능력을 키우는 훈련을 했으므로 계열화되어 있는 활동을 전공 적합적인 활동으로 풀어나갈 수 있습니다.

또한, 3학년 진로희망을 '내가 해왔던 활동+내가 진학하고 싶은 전공'이 융합된 직업으로 기재할 수도 있습니다. 예를 들어 1, 2학년 때 어렴풋이 공학 계열을 꿈꾸다가 3학년 때 생명공학과로 확정했다고 가정해봅시다. 만약 1, 2학년 생활기록부에 생명공학이 아닌 화학공학과 관련한 활동이 있다면 직업명을 '화학생명공학자'라고 기재한 뒤 컨셉을 잡아 자기소개서를 쓰면 됩니다. 혹은 화학공학 분야에서 DNA 구조를 분석하는 활동을 하다가 생명공학에 대한 관심이 늘어났다고 희망사유나 자기소개서를 통해 설명할 수도 있습니다.

만약 1, 2학년 때 진로를 계열화해서 적어두지 못했는데 3학년이 되어 진로가 바뀌었다면 직업 간 유사성을 고려해서 최대한 엮어내야 합니다. 다음 표는 직업 간 유사성을 고려해 엮어낸 진로희망의 예입니다.

[직업 간 유사성을 고려해 엮어낸 진로희망]

1·2학년 진로희망	3학년에 바뀐 진로희망	3학년에 기재한 진로희망
심리학자	경영자	소비심리연구가, 경영자
회계사, 세무사	경영 전문가	회계경영 전문가
수학자	소프트웨어 전문가	수학적 소프트웨어 전문가

위 표에 제시된 내용 중 한 가지를 살펴봅시다. 첫 번째 예시는 심리학자에서 경영자로 진로희망이 바뀌었는데 직업 간 유사성을 고려하여 3학년 진로희망에 경영자, 소비심리연구가로 기재하였습니다. 1, 2학년 때 열심히 한 활동도 버리지 말고 바뀐 진로희망과 최대한 엮어내야 하는데, 이 경우 자소서에는 다음과 같이 서술할 수 있습니다.

"심리학에 관한 탐구를 지속해서 해오던 중 소비 심리학에 대한 강연을 들었습니다. 평소 인간의 활동에 관심이 많았던 저는 소비가 인간에게 끼치는 영향력에 대해 깊은 공감을 하게 되었고, 이후 소비의 패턴을 공부하고 분석해보았습니다. 그리고 더 깊게 알기 위해 경제, 경영적인 시선에서 바라보고 싶다는 생각을 하게 되었습니다. 제가 고등학교 생활에서 익혔던 심리학 지식은 후에 좋은 경영자가 되는 데 큰 도움을 줄 것으로 생각합니다."

물론 가장 좋은 방법은 확고한 직업을 생각하고 이를 계열화하여 처음부터 관련 활동을 해두는 것입니다. 융합적 사고로도 극단적인 직업의 변화는 보완하기 어렵기 때문입니다. 위의 예시는 어쩔 수 없는 경우 리스크를 줄여주는 방법이며 정석적인 방법은 아닙니다.

희망사유

희망사유는 진로희망사항에서 전공 적합성을 나타내기 가장 좋은 부분입니다. 입학사정관의 입장에서 본다면 학생이 왜 해당 학과에 지원했는지 알 수 있는 첫 번째 열쇠이기 때문입니다. 또한 1, 2학년 때 기재된 진로와 3학년 때 기재한 진로가 다를 경우 자기소개서보다 간단하게 이유를 설명할 수 있습니다. 희망사유는 아래의 5가지 원칙을 지켜 작성하시기 바랍니다.

1. 200자 이내로 작성한다.

2. 구체적인 예시나 자료를 언급해서 신뢰도를 높인다.

3. 진로희망을 계열로 기재한 경우 희망사유도 계열에 관한 이해를 바탕으로 작성한다.

4. 3학년 희망사유는 반드시 확실하게 정한 희망 전공(학과)과 연관하여 작성한다.

5. 이전 학년의 진로희망과 관련 없는 진로로 바뀌었다면 이유를 상세히 작성한다.

아래는 올바른 희망사유 작성 예시입니다. 예시를 참고하여 진로희망과 희망사유를 직접 작성해 보세요.

[올바른 희망사유 작성 예시]

학년	진로희망		희망사유
	학생	학부모	
2	공학자	공학자	어렸을 때부터 장영실을 존경해왔고 자연스럽게 조금만 생각을 바꾸면 많은 사람들이 편리해지는 공학의 매력에 흠뻑 빠지게 되었음. 21세기 공학은 과학이 발전함에 따라 더욱 생각의 전환을 해 볼 수 있는 소재가 늘어났다고 생각하여 이를 기저로 많은 발명을 해 장영실처럼 사람들에게 편리함을 주는 공학자가 되고 싶어짐.
3	신소재 공학자	신소재 공학자	"Catarima Mota"의 "Play with smart materials"라는 TED강연을 듣고 기존의 소재와 신소재가 만들어지는 방식과 이와 연관된 공학적 메커니즘에 흥미를 가져 'openmaterials'에서 신소재공학에 대한 지식을 쌓으면서 과목별로 신소재 융합 자율탐구보고서를 작성하였음. 이 과정에서 신소재공학이 사회에 어떤 방식으로 기여하고 발현되는지에 대한 지적호기심이 발생하여 신소재공학에 대한 깊은 지식을 쌓고 싶다는 생각을 함.

[희망사유 실습하기]

학년	진로희망		희망사유(200자 이내)
	학생	학부모	
1			
2			
3			

학교생활의 꽃, 동아리활동

동아리란 목적이 같은 사람들끼리 모여 만든 무리를 뜻합니다. 동아리는 공식 동아리와 자율동아리로 나뉘는데, 공식 동아리는 회장, 부회장 외 다수의 사람이 1년 이상 소속되어 여러 관심 활동을 진행하는 반면 자율동아리는 대표자 1인을 포함하여 소수의 규모로 선택 활동을 진행합니다.

학종러라면 동아리도 희망 전공·계열과 관련하여 활동해야 합니다. 보통 공식 동아리는 규모가 크기 때문에 내가 원하는 활동을 콕 집어 하긴 힘듭니다. 학습 동아리, 과학 동아리, 수학 동아리, 체육 동아리 등으로 분야가 넓게 잡혀 있는데 이중 최대한 본인의 희망 전공·계열과 연관성 있는 동아리를 골라 가입해야 합니다.

그러므로 우리는 자율동아리를 공략해야 합니다. 규모가 작은 자율동아리는 내가 원하는 부분의 탐구를 집중적으로 진행하기에 유리하며, 직접 조직할 경우에는 동아리대표를 하기도 쉽습니다. 자연스레 생활기록부 동아리활동란에 전공 관련 내용을 깊이 기재할 수 있으며, 진로활동란으로 틀어서 기재할 수도 있습니다.

자율동아리를 공략하자

입학사정관이 자율동아리활동을 눈여겨보는 이유는 학생들이 '자율적으로' 모여 '관심 주제'에 관하여 '창의적이고 참신한' 시각으로 탐구활동을 이어나간다는 점 때문입니다. '창의적이고 참신한'이라는 말에 부담을 느낄 필요는 없습니다. 입학사정관은 여러분에게 대단히 독특한 활동을 바라지 않습니다. 일반적인 것을 희망 전공과 적합하게 조금만 비틀면 됩니다.

저의 경우, 수학 자율동아리를 활동하면서 문득 수학과 음악을 엮어 작곡을 해보면 재밌겠다는 생각이 들었고 동아리 내에서 의견이 받아들여져 작사 활동을 했습니다. 동아리 특성을 고려하여 수학 교과과정의 흐름과 수학자들의 이름, 발견한 공식 등으로 가사를 썼고 이를 자율동아리 발표대회에서 발표하여 우수한 성적을 얻었습니다.

'창의적이고 참신한' 활동은 대단히 특별한 활동이 아니며 앞에서 강조했던 융합적 사고를 통해 가능합니다. 또한, 동아리활동에서 빼먹을 수 없는 활동 중 하나는 소논문 활동입니다. 소논문에 관해서는 뒤에서 설명하고 있으니 참고하세요.

Q 학교에 자율동아리 제도가 없는데 어떡하죠?

대다수 학교는 자율동아리 제도를 운영하고 있지만 그렇지 않은 학교도 간혹 있습니다. 이럴 경우 학교에 자율동아리 제도를 만들자고 요구하세요. 강력하게 요청했는데도 거절당했다면 차선책으로 친구들을 모아 담임선생님께 이러이러한 활동을 하겠다는 계획서를 내세요. 활동을 수행한 뒤 증빙자료를 제출하면서 활동 기재를 부탁드린다면 대부분의 선생님들은 도와주실 것입니다.

학교에 많은 걸 요구하고 담임선생님께 찾아가야 합니다. 다소 귀찮아하시더라도 활동계획서와 활동 증빙자료를 제출하고 따로 보관하여 생활기록부 기재까지 연계해야 합니다. 활동 증빙자료를 제출하면 선생님의 이해를 쉽게 도울 수 있어 생활기록부에 기재되는 내용의 질이 달라집니다. 선생님의 수고를 덜기 위해 기재되기 원하는 내용과 방향으로 미리 작성해가는 것도 좋은 방법입니다.

Q 저는 소심한 성격인데 굳이 자율동아리 대표자까지 해야 할까요?

대표자가 되면 연구를 주체적으로 이끌어나가 본인의 전공에 더욱 최적화된 활동을 할 수 있으며 면접에서도 막힘없이 말할 수 있는 실력을 얻을 수 있습니다. 다른 친구들에게 묻어가는 식으로 동아리활동을 한다면 면접에서 질문을 받아도 직접적인 활동 경험이 없으므로 직접 기획하고 활동한 친구와 비교했을 때 대답의 질이 다를 것이 뻔합니다.

또한, 이는 자소서와 생활기록부의 동아리활동란에서도 차이가 날 수밖에 없습니다. 자신이 없다거나 귀찮을 거 같다는 이유로 자율동아리 대표자가 되는 걸 주저하면 안 됩니다. 다음은 학생부종합전형으로 한양대 건설환경공학과에 합격한 학생의 동아리활동란입니다.

동아리 활동	11	(수리탐구반)(11시간)동아리 회장으로 고난도 문제에 대한 분석을 통해 부원들에게 출제자의 의도 및 다양한 풀이법을 제시하여 수학적 사고력을 함양하는데 큰 기여를 함. 특히, 함수의 극대, 극소, 변곡점에 대한 주어진 조건을 다른 방법으로 변형하여 재해석 하는 등 수학에 대한 남다른 재능을 보임. (Bomoon_Integrated_Knowledge : 자율동아리) 부회장으로 자신의 발명품 '태양광 음용수 살균 적정기술 장치'와 '태양광 화학반응을 이용한 실내공기 정화장치'의 동기와 목적, 물리 화학의 융합 원리, 적정기술의 가치, 실용성을 설명함. 특히 후배들의 발명 멘토로 독서의 필요성, 연구소 견학의 장점, 과학 원리와 공학적 실용성을 적용한 경험을 자문함. (실용화학탐구 : 자율동아리) 초자기구 및 실험기구 조작능력이 남조다 탁월하고 실험데이터를 분석하고 해석할 수 있는 종합능력이 우수한 학생임. 실험이 끝난 후에도 본인이 남아서 먼저 솔선수범하고 실험조원을 리드하며 실험실 마무리 정돈을 잘 하는 학생임. 그동안 생활 속의 화학과 연계하여 학교에서 배운 화학 1 단원 탄소화합물중 계면활성제를 사용하여 천연무공해 세정제의 제조실험을 통하여 평가 수행함으로써 실용화학에 대한 흥미와 자신감을 얻음.

동아리에서 대표자 역할을 맡아 본인의 희망 전공과 연관 있는 활동을 집중적으로 수행한 모습을 볼 수 있습니다.

그렇다고 대표자로서 자신의 이익만을 위해 독단적으로 결정하거나 행동하라는 이야기는 아닙니다. 대표자는 팀원들의 의견을 존중하며 독려하여 올바른 탐구 활동을 이어나갈 수 있도록 해야 합니다. 만약 팀원이 탐구활동에 불성실하더라도 본인이 앞장서서 이끌어나갈 수 있도록 강한 책임감을 지녀야 합니다.

또한, 열심히 탐구한 팀원들의 생활기록부 기재에 불이익이 생기지 않도록 적절히 일을 배분하고 기재 상황을 점검해야 합니다. 연구가 끝난 후에는 선생님께 활동 증빙자료를 제출하는 것과 별개로 모든 기록과 자료를 파일화하여 가지고 있어야 합니다. 이 자료들은 후에 자기소개서를 쓸 때나 면접을 대비할 때 유용하게 쓰입니다.

TIP! 창의적 체험활동의 동아리활동란은 500자 글자 수 제한이 있어 종종 수행한 활동을 모두 적지 못할 때가 있습니다. 보통은 의미 있는 활동을 선별하여 기재하지만 진로활동란을 이용하는 방법도 있습니다. 동아리활동 중 희망 전공이나 진로와 연관된 활동을 진로활동란으로 옮겨서 기재한다면, 열심히 한 동아리활동을 버리지 않고 생활기록부에 기재할 수 있습니다.

알고 보면 쉬운 소논문 ★

소논문이란 말 그대로 소규모의 논문입니다. 고등학생 수준에서 수행할 수 있는 탐구주제를 설정하고 일정한 논문 형식에 맞추어 작성하면 됩니다. 사실 학교 수업에 수능 공부, 비교과 활동까지 챙겨야 하는 학생들에게 소논문까지 바라는 것은 과한 감이 없지 않습니다. 게다가 없는 시간을 쪼개어 열심히 소논문을 완성했는데 대회에서 수상하지 못한다면 그 실망감은 이루 말할 수 없겠죠.

하지만 소논문은 수상 여부나 완성도로 평가되지 않습니다. 소논문을 쓸 정도로 그 주제에 관해 관심이 지대했는지, 소논문을 완성할 만큼 끈기가 있었는지, 동아리 내에서 쓰거나 친구들과 썼을 경우 어떤 식으로 협력했는지, 소논문을 써 내려가면서 관련 지식과 관심도가 얼마나 향상되었는지 등, 과정을 복합적으로 따져 평가합니다.

시작이 반이다! 소논문 주제 정하기

소논문의 주제는 '남들은 생각하지 못하고 나만 생각해 볼 법한 주제'이거나 '전공 지식의 깊이가 뛰어난 주제'여야 합니다. 그렇다고 주제를 정하는 것을 어려워할 필요는 없습니다. 여러분의 일상, 주변, 관심 분야, 꿈에서 주제를 찾고 그 주제가 자신이 탐구할 수 있는 수준이면 됩니다.

'시작이 반이다.'라는 말이 있습니다. 명확한 주제를 정하고 나면 다음 과정은 생각보다 수월합니다.

소논문은 어떻게 이루어져 있을까? 소논문 목차와 항목별 의미

소논문의 목차는 공통적으로 초록, 서론, 본론, 결론, 참고 문헌의 순서이며 문·이과에 따라 세부적으로 다를 수 있습니다. 아래는 일반적인 소논문 목차이며 항목별 의미를 함께 서술해두었습니다.

【 소논문 목차와 의미 】

소논문 제목 (내가 탐구하고 싶은 주제 요약)

Ⅰ. 서론(연구 개요)
　　가. 연구 동기 → 연구를 하는 이유와 필요성
　　나. 연구 목적 → 연구를 통해 얻어낼 수 있는 성과와 기대 효과

Ⅱ. 본론(연구 내용)
　　가. 이론적 배경 및 선행 연구 → 논문을 이해시키기 위한 기본 원리 및 개념과
　　　　　　　　　　　　　　　　　　주제에 관해 이전에 연구되어 나온 결과
　　나. 연구 주제의 선정 → 어떠한 주제를 연구할 것인가
　　다. 연구 방법 → 어떤 방법으로 연구 할 것인가 (이론적 방법론)
　　　　　　　　　　　다시 실험 하더라도 비슷한 결과가 나오도록 이론 설계
　　라. 연구 활동 및 과정 → 실제 어떻게 연구하였는가(사진, 그림 자료 첨부)

Ⅲ. 결론(연구 결과 및 분석)
　　가. 연구 결과 → 어떤 결과를 얻었는가
　　나. 분석 → 결과를 통해 얻어낸 의미
　　다. 결론 → 연구의 최종 결과

Ⅳ. 참고문헌 → 참고한 책과 논문

소논문 쓰기 전에 작성하자! 연구 계획서

소논문은 연구 주제에 따라 짧게는 3개월, 길게는 1년 정도가 걸릴 수 있는 장기 프로젝트입니다. 중간에 길을 잃지 않으려면 '어떤 주제를 정했는지, 주제를 정한 이유는 무엇인지, 소논문을 쓰는 목적은 무엇인지, 연구 계획과 방법은 무엇인지, 진행 일정은 어느 정도 소요될 것인지, 참고 문헌은 어떻게 할 것인지' 등을 정리해두어야 합니다.

아래는 연구 계획서 양식입니다. 연구 계획서 양식은 소논문 작성법만을 집중적으로 다루는 책이나 여타 사이트 등에서도 참고할 수 있으니 굳이 이 양식을 쓰지 않아도 됩니다.

[연구 계획서 양식]

학번		이름	

연구 주제:

연구 동기 및 목적:

연구 계획 및 방법:
예)어떤 연구 방법을 쓸 것인지, 설계된 가설은 무엇인지 등

연구 진행 일정:

예상 참고 문헌:

소논문 작성법을 알아보자(feat. 또래 고등학생 소논문)

여러분 또래의 고등학생이 쓴 소논문입니다. 또래의 친구가 어떻게 작성해나갔는지 보며 소논문에 대한 이해를 높입시다. 본 소논문은 지면 사정상 수정·생략된 점과 또래 고등학생이 작성했으므로 전문성이 다소 부족한 것을 고려하여 읽어주시기 바랍니다.

지면의 변화에 따른 마찰력의 변화
(수주고등학교 운동장을 중점으로)

학교	수주고등학교
학번	20601
이름	고준혁
제출일	2016.12.16

초록

Ⅰ. 서론(연구 개요)
　가. 연구 동기
　나. 연구 목적

Ⅱ. 본론(연구 내용)
　가. 이론적 배경
　나. 연구 주제의 선정
　다. 연구 방법, 연구 활동 및 과정

Ⅲ. 결론(연구 결과 및 분석)
　가. 연구 결과
　나. 분석
　다. 결론

Ⅳ. 참고문헌

– 초록(Abstract) –

❶ 학교 운동장(우레탄 트랙)의 중금속 검출문제로 운동장 소재에 관한 학부모와 학생들의 관심도가 높아졌다. 본교의 운동장 또한 교체의 필요성이 대두하면서 'KS 규정에 적합한 우레탄, 마사토, 인조 잔디' 3개의 대안 물질이 제시되었다. 우리는 선택기준 중 '안전성'과 밀접한 '마찰력'에 대한 탐구를 통해 학생들의 물리적 피해를 최소화 하려 하였다. 학교 운동장의 특성상 달리기, 축구, 농구 등의 격한 활동을 해야 하므로 학생들이 잘 넘어지지 않도록 마찰력이 큰 물질이 안전하리라 생각하였다. ❷ 이를 위해 실제 운동장에서 '경사에서의 낙하시간 실험'을 통해 마찰력의 크기를 측정하여 세 물질 중 어떤 물질의 마찰력이 학교 운동장에 적합한지 실험해 보았다. 세 물질 중 마찰력이 가장 큰 물질이 무엇인지 자유 물체도표를 통해 수식을 유도하여 알아보고 이를 적용하여 학교 운동장에 적합한 물성을 지닌 대안 물질이 무엇인지 일반인들이 알 수 있도록 분석하였다. ❸ 그 결과 세 물질 중 우레탄의 낙하시간이 가장 길어 낙하시간의 상대적 비율상 마찰력이 크고 따라서 비교적 가장 안전하다 판명하여 'KS 규정에 적합한 우레탄 트랙'을 활용하는 것이 가장 좋을 것이라는 결론에 도달하게 되었다.

초록은 논문의 전체적인 내용과 결론을 요약해야 하며 ❶연구의 필요성 및 목적, ❷연구 방법, ❸연구 결과와 결론을 포함해야 합니다. 참고문헌을 인용하거나 표나 그림을 사용하지 않으며, 분량은 본문 규격으로 1장을 넘기지 않아야 합니다. 논문의 목적은 정보 전달이기 때문에 기본적인 형식과 절차를 지켜 작성해야 합니다. 모든 형식을 지킬 순 없더라도 기본적인 부분은 맞추어 작성해야 합니다.

Ⅰ. 서론(연구 개요)

가. 연구 동기

❶ 최근 전국적으로 학교 운동장 우레탄 트랙의 성분 검사를 수행한 결과, 중금속이 발견되어 운동장의 사용을 제한하게 되었다. 운동장 사용에 대한 불안감은 학생들뿐만 아니라 학부모, 온 국민에게까지 미치게 되었다. 본교는 중금속이 검출된 우레탄 트랙을 교체하는 대응 물질로 KS 규정에 적합한 우레탄, 마사토, 인조 잔디 중 1개를 택하여 결정하기로 하였다.

❶ 하지만 정보의 부족으로 인해 단순히 개인 기호로 모두의 안전과 직결되는 운동장 대응 물질을 선택하는 경향이 발생하고 있으므로, 물질을 선택할 때 의사 결정 기준이 될 수 있는 지표를 가이드라인 해 주고자 관련 실험을 하고 소논문을 작성하였다.

해당 선택 기준은 위생, 편안함, 심미성 등 여러 가지가 있지만 가장 중요하다고 판단되는 안전성을 최우선으로 고려하기로 하였다. 안전성은 걷기, 달리기, 격한 체육활동 중 미끄러지거나 넘어져 다치는 등의 상황과 같이 물리적인 피해와 직결되어 있기 때문이다. 이러한 상황을 포괄할 수 있도록 미끄러짐이나 넘어짐 등과 관련된 '마찰력' 개념과 '운동(외력의 작용)시 변화되는 값'을 고려하여 실험을 수행하였다. 해당 원리를 통해 안전성을 판단할 수 있다고 보았다.

나. 연구 목적

본교의 학생들은 제시된 세 개의 물질 중 어떠한 것이 안전한지 정보가 부족한 상태에서 단순히 개인 기호만으로 정하거나 올바른 선택을 하지 못하는 경우가 있기에 그것을 ❷ 실험으로 구체화한 결과를 도출해내어 정보를 제공해주고 어떠한 물질을 선택하는 것이 좋을지를 제시하여 안전한 운동장을 사용할 수 있도록 하기 위해 이 실험을 진행한다.

서론은 소논문의 주제를 선정하게 된 이유(연구 동기)와 소논문을 통해 나타낼 수 있는 성과(연구 목적)를 써야 합니다.

예를 들어 어떤 학생이 '왜 남탕보다 여탕에서 수건이 빨리 사라질까?'라는 궁금증 혹은 문제의식을 느끼고 이를 조사할 필요성을 느꼈다면 연구 동기가 됩니다. 간단하죠? 그리고 이 연구를 통해서 어떤 성과를 얻고 어떤 기대효과가 예상된다고 적으면 연구 목적이 됩니다. 어려워 보이지만 정말 별거 없습니다. 우리 책의 소논문에서 핵심을 짚어보자면 ❶이 연구 동기, ❷가 연구 목적이 됩니다.

Ⅱ. 본론(연구 내용)

가. 이론적 배경

1. 마찰력의 이론적 배경
1) 마찰력 : 물체의 운동을 방해하는 힘. 한 표면이 다른 표면을 스쳐 갈 때에는 언제나 서로의 표면에 평행한 마찰력이 작용한다.
2) 정지마찰력 : 물체에 외력과 같은 크기의 마찰력이 반대로 작용하여 두 힘이 평형을 이룬 상태. 이렇게 정지해 있는 물체에 작용하는 마찰력을 정지마찰력이라고 하며, 정지마찰력의 크기는 항상 외력과 같다.
3) 운동마찰력: 접촉한 상태에서 물체끼리의 상대적 속도가 있을 때 작용하는 마찰력으로, 수평으로 힘을 가하여 물체를 움직이는 경우뿐만 아니라 자동차 바퀴가 미끄러질 때 도로 표면과 바퀴 표면에도 작용한다.

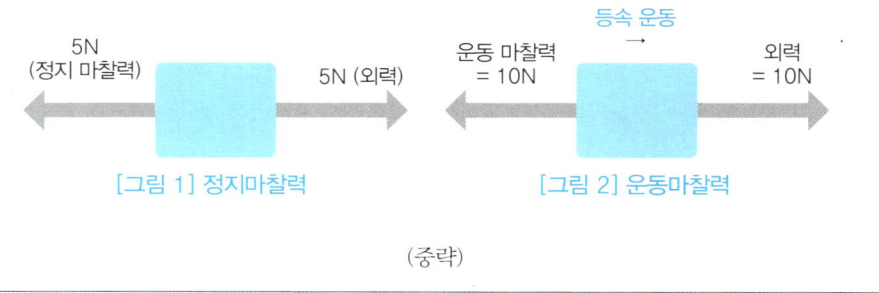

[그림 1] 정지마찰력   [그림 2] 운동마찰력

(중략)

어떤 주제에 관해 연구하려면 주제에 대한 배경 지식이 필요하겠죠? 이를 '이론적 배경'이라고 합니다. 논문의 최종 목적이 정보 전달임을 고려하여 읽는 이가 이해하고 이해할 수 있도록 작성하여야 합니다. 책의 소논문처럼 그림이나 도표, 사진 등을 사용하면 한결 더 이해시키기 좋겠지요.

나. 연구 주제의 선정

'경사면을 고려하여 마찰력을 비교하였을 때의 실질적 안전성'을 소주제로 선정하였다.

첫 번째 이유는 '안전성을 판단하는 기준은 마찰력'이라는 관점을 이 논문의 핵심적인 내용으로 생각했기 때문이다.

두 번째 이유는 비교적 정확하게 변인통제가 가능하기 때문이다. 마찰력이란 $f_{마찰력}$ = $\mu mg\cos\theta$라는 공식으로 구해낼 수 있는데 각(경사면)의 크기를 일정하게 하고 표면에 있는 트랙을 바꾸거나 각자 배치하면서 마찰계수를 바꾸어나가는 방식으로 변인통제를 비교적 정확하게 할 수 있으리라 생각했다.

박재성 외(2015)는 "2015년 기준 우리나라의 운동장에서의 시료의 분포가 불안정하며 경사도 유지가 올바르게 되지 않아서 운동장의 경사도가 매우 불량한 사례들이 많이 보이게 된다."라고 주장했다. 이것에서 아이디어를 얻어 학생들이 실질적으로 사용하는 운동장이 평평하지 않기 때문에 경사면이라는 조건을 추가해야겠다고 생각했다.

다. 연구 방법, 연구 활동 및 과정

연구 방법은 우레탄 트랙과 인조 잔디 트랙, 마사토를 독립변인으로 정하고 그 외의 모든 것들을 변인 통제한 후 나타나는 결과를 기록하여 평가한다.

독립 변인	통제 변인
우레탄 트랙 인조 잔디 트랙 마사토	넓은 판 비닐장갑 물 각도기 프로그램 압정 떨어뜨릴 물체

연구 활동은 다음과 같은 과정으로 진행되었다.

먼저 우레탄 트랙과 인조 잔디 트랙, 마사토를 넓은 판에 고정한 후 각도기 프로그램을 사용하여 40°의 각을 이루는 빗변이 되도록 압정과 물을 사용해 고정한다. 같은 물체를 세 물질의 일정한 위치에서 낙하시킨 후 낙하시간을 기록한다. 기록된 낙하시간을 정리하여 표로 작성한다.

※ 독립변인(우레탄 트랙, 인조 잔디 트랙, 마사토)을 제외한 나머지(넓은 판, 비닐장갑, 물, 압정, 각도기프로그램, 압정, 떨어뜨릴 물체)를 모두 철저히 변인통제 하였다.

'연구 주제의 선정'은 문제 해결을 위한 구체적 방법을 제시해야 합니다. '연구 방법'은 어떤 방법을 사용하여 연구를 진행할 것인지 자세히 설명하여야 하며, '연구 활동 및 과정'은 사진이나 그림, 도표 자료를 사용하여 설명하는 친절함이 필요합니다. 책에서는 지면 사정상 본래 있었던 사진을 게재하지 않았습니다.

Ⅲ. 결론(연구 결과 및 분석)

가. 연구 결과

물체	낙하시간	낙하시간의 상대적 비율(%)
마사토	01:02	23.44%
인조 잔디	01:58	36.32%
우레탄	01:75	40.24%

〈표 2〉 낙하시간 기록

나. 분석

우레탄의 낙하시간이 가장 긴 것으로 보아 마찰력이 가장 크게 작용하며, 이는 운동장을 우레탄 트랙으로 깔았을 때 다양한 체육활동 시 미끄러짐 또는 물체의 안정성에 있어서 이점을 가질 수 있다고 유추해낼 수 있다. 마사토, 인조 잔디, 우레탄의 순서대로 낙하시간이 길었고 이는 정지마찰력의 차이라고 생각한다.

세 트랙의 마찰계수가 다르므로 최대정지마찰력의 값이 다를텐데 최대정지마찰력을 이루는 값의 차이가 난다는 것은 어떤 물체가 마찰이 작용할 때 외력의 차이가 난다는 것이므로 최대정지마찰력이 클수록 많은 외력을 필요하며 더 안전하다고 볼 수 있다.

빗면에서의 마찰력은 $f_{마찰력} = \mu mg\cos\theta$인데 $\mu mg\cos\theta$가 같고 다를 수 있는 것은 μ(마찰계수)이기 때문에 마찰계수의 특성이 차이가 나는 것이라고 볼 수 있다.

다. 결론

정지마찰력, 외력의 크기, 마찰계수 등 여러 요소가 작용하여 마찰력이라는 힘이 작용한다. 세 물질을 직접 실험 후 비교하여 마찰력을 따져 본 결과 우레탄이 가장 안전하게 사용할 수 있는 트랙임을 입증했다.

따라서 본교는 이후에 중금속이 포함되어있지 않은 KS 규정에 적합한 우레탄 트랙을 선택 및 활용하여 안전한 운동장 조성에 힘써야 하며 이 사실을 학생들에게 알려 심리적 안정을 되찾을 수 있도록 힘써야 한다.

또한, 한겨레신문 2016. 07. 21 일자 4면(종합) 기사: '학교운동장 중금속 우레탄 트랙 속수무책인 교육청'에 따르면 초·중·고교 운동장 96곳의 우레탄 트랙에서 중금속 성분이 기준치 이상 검출이 되는 등 본교의 문제만이 아니므로 중금속 성분 검출로 골머리를 썩고 있는 다른 학교들 또한 학생들이 가장 안전하게 활동할 수 있는 KS 규정에 적합한 우레탄 트랙을 활용하여 운동장을 조성해야 할 것이다.

'연구 결과'는 연구 방법을 토대로 어떠한 결과를 얻었는지 사실대로 작성합니다. 본인이 세운 가설이나 실행했던 실험 방법이 틀렸다는 것을 인지하여도 그대로 작성해야 합니다.

　'분석'은 결과를 토대로 작성합니다. 예상과 결과가 다르다면 무엇이 잘못되었는지 오차의 이유를 서술해야 합니다. 예상과 결과가 일치할 경우에도 이유를 서술합니다. 완벽한 실험 설계로 예상된 결론을 내는 것도 중요하지만, 실패한 원인을 정확하게 찾아내는 것이 더 중요합니다. 실제로 대학에서 실험하거나 레포트를 쓸 때에도 채점의 기준이 될 만큼 중요한 항목입니다.

　'결론'은 앞에서 낸 연구 결과와 분석을 토대로 마무리 짓습니다. 연구 목적에서 서술했던 성과와 기대효과가 맞아떨어졌는지 확인하고 더 나아가 활용방안을 추가 기술하는 것도 좋은 방법입니다. 신문, 칼럼 등을 활용하여 비슷한 사례를 찾아내 기재하는 것도 하나의 팁입니다.

Ⅳ. 참고문헌 및 부록

1. 권기흥. 「인조 잔디 학교 운동장, 무엇이 문제인가?」. 『환경과생명 2008년 겨울호(통권 58호』, 2008.12
2. 김두만, 주만, 신동엽. 「마찰을 고려한 타이어 접지면의 접지압 분포에 관한 연구」. 『항공산업기술연구소 연구지 제 7집』. 1997

'참고 문헌'에는 논문의 작성과정에서 참고하는 모든 문헌을 기재합니다. 참고한 문헌의 특수한 사정을 고려하여 일관성 있게 작성되어야 하지만 논문을 제출하는 곳마다 인용문이나 참고 문헌의 표기법이 다르므로 항상 확인하고 수정해야 합니다. 책의 소논문은 한국교육개발원과 국제청소년학술대회 기준의 표기법을 바탕으로 작성했습니다.

세특을 화려하게 만들어주는 자율보고서

자율보고서란 경쟁력 있는 세부특기사항을 만들기 위해 과목 선생님에게 제출하는 일종의 과목보고서입니다. 융합적 사고를 발휘하여 보고서를 작성합시다.

자율보고서 어떻게 써야 할까?

자율보고서의 주제도 '남들은 생각하지 못하고 나만 생각해 볼 법한 주제', '전공 지식적 깊이가 있는 주제'로 소논문과 같게 잡아야 합니다. 그와 동시에 융합적 사고를 발휘하여 해당 과목과 희망 전공의 특성을 적절히 엮어내어 주제를 정해야 합니다.

본인의 희망 전공과 관련한 시사 문제에서 소재를 찾거나 RISS와 같은 논문사이트에 들어가서 무료로 공개된 논문을 살펴보며 아이디어를 얻는 것도 방법입니다. TED 같은 강연사이트를 참고해볼 수도 있겠지요. 남들이 이미 해 놓은 연구에서 힌트만 얻어 나만의 주제로 만들면 됩니다.

또는, 준비한 대회에서 입상하지 못했을 경우 그 결과물을 재활용하는 방법도 있습니다. 교내 영어 감상문 대회를 준비했는데 수상하지 못했다면 자료를 파기하지 말고 희망 전공과 적절히 연관지어 영어 과목 자율보고서로 제출하는 겁니다. 본인의 취미에서 전공 적합적 요소를 찾아 조사해보거나 실제 대학교 기출문제를 바탕으로 써볼 수도 있습니다. 여러분 또래의 고등학생들이 쓴 자율보고서를 보며 어떤 식으로 활용했는지 알아봅시다.

기술·가정 과목 자율보고서
모바일 결제시스템으로 인한 한국 경제의 변화

모바일을 중심으로 결제 수단이 재편되는 모바일결제시스템의 시대가 빠른 속도로 진행되고 있다. 미국의 경우 전체 통화량의 3퍼센트만이 실물 화폐이고, 나머지 97퍼센트는 그저 온라인상에 존재하는 숫자에 불과한 신용화폐라고 한다. 얼마 지나지 않은 미래에는 실물화폐, 즉 현금을 찾아볼 수 없을지도 모른다. 화폐의 실물은 사라지고 개념만 남아 다양하게 사용될 것이며 미래에는 금융과 IT기술이 결합한 핀테크 시대가 올 것을 예상할 수 있다.

핀테크란 금융(financial)과 기술(technique)의 합성어로 금융과 IT의 융합을 통한 금융서비스 및 산업의 변화를 통칭한다. 일상생활에서도 많이 사용되고 있으며 인터넷 뱅킹, ATM, 모바일 뱅킹, 앱카드 등이 있다.

(중략)

미래에는 지갑이 사라질 것이라고들 말한다. 스마트폰 혹은 그보다 발전된 기기가 소비핵심수단으로 자리잡아 결제수단이 통일될 것이라고 예측하기 때문이다. 기술이 발달함에 따라 소비습관은 변화한다. 다가오는 미래의 기술적 변동에 대해 자각하고 있어야 경제적인 분석을 수월하게 할 수 있다. 이번 자율보고서 작성을 통해서 순수하게 경제학 분야에만 파고들지 말고 여러 분야에 관심을 가지면서 융합적으로 돌아보아야한다는 것을 깨달았다.

학생의 희망 전공인 경제학과 기술·가정 과목을 융합적 사고를 발휘해 '핀테크'라는 소재로 엮어낸 자율보고서입니다. 평소 경제 관련 기사를 유심히 살펴보면서 핀테크의 개념을 알게 되었고, 융합적 사고를 훈련해온 덕에 핀테크가 '경제+기술'의 속성을 가진 것을 알아채고 자율보고서를 작성했습니다. 경영·경제 분야의 최신 트렌드를 정확하게 인지하고 있음이 드러나면서 학생의 전공에 관한 관심과 열정을 보여주는 자율보고서입니다.

책에는 지면 사정상 게재되지 않았지만 핀테크와 관련한 적절한 시각자료를 배치하여 이해를 도왔습니다.

2 희망 전공과 관련된 대회에 나간 후 결과물을 과목 자율보고서로 제출하라

○○고등학교 연구논문읽기대회 보고서

논문 분야 : 신문방송학

소주제 : 세계 대표 공영방송 도약을 위한 노력

소주제 선정 동기 : 공영방송은 여타 상업 방송보다 인지도가 높고 국가 방송의 큰 역할을 맡고 있으므로 타 방송에 비해 책임감과 존재감이 크다고 볼 수 있다. 하지만 공영방송은 세계적인 다매체·다채널 시대를 맞아 시장점유율의 하락이라는 위기에 놓였다. 언론 미디어 관련 직종을 꿈꾸는 사람으로서 문제의식을 느끼고 공영방송의 위기와 대응책에 대해 생각해보기 위해 관련 연구 논문을 읽고 분석해보는 시간을 갖고자 하였다.

논문 제목 및 저자 :
가. 사회적 콘텐츠(social contents) 생산과 활용을 통한 공영방송의 발전 방향 모색 / 김민하
나. 글로벌 경쟁력 강화를 위한 방송의 체질 개선 / 김용호

논문 내용 정리 : 두 논문 모두 공영방송의 발전을 위한다는 목적은 같다. 그러나 가 논문은 소셜미디어의 등장으로 인해 새로이 형성되는 커뮤니케이션 지형 변화에 직면하여, 공영방송의 사회적 책임과 역할에 대한 고찰을 바탕으로 공영방송의 범사회적인 성찰적 리더십을 수행하기 위해 '사회적 콘텐츠(social contents)'를 개념화하여 생산하고 활용할 것을 주장한다. 반면 나 논문은 '글로벌 경쟁력 강화를 위한 방송의 체질 개선'을 KBS의 경영평가로 논의를 좁혀, 해외 각국 공영방송들의 경영평가와 비교하며 KBS 경영평가의 문제점과 타당성을 제시했다.

(후략)

엄밀히 말하자면 학생의 희망 전공인 신문방송학과와 직접적인 관련이 없는 대회입니다. 하지만 학생은 융합적 사고를 발휘하여 희망 전공과 엮어냈습니다. 예시와 같은 대회 제출 자료를 자율보고서로 재창조할 경우, 수상을 하지 못하더라도 과목 선생님에게 제출하여 세부특기사항에 기재할 수 있다는 장점이 있습니다.

물리학적 관점으로 접근한 영화 〈너의 이름은.〉

저의 꿈은 신소재공학자입니다. 신소재공학자의 덕목은 화학·물리 분야에 관한 관심과 지식이라고 생각합니다. 평소 애니메이션을 즐겨보는 저는 영화 〈너의 이름은.〉에서 물리학적 요소를 찾아낼 수 있었고 이를 바탕으로 보고서를 쓰고자 하였습니다. 영화 내에서 찾아볼 수 있는 타임 패러독스와 상대성 이론을 설명하고, 티어매트 혜성의 크기와 속력, 폭발력 등을 계산해 보았습니다.

(중략)

티어매트 혜성: 영화 초반부에 나오는 혜성 조각의 입사각을 보면 핵이 분리될 때는 60도, 구름을 뚫고 바닥으로 직행하는 각도는 80도입니다. 만약 티어매트 혜성이 영화에서 나타난 것처럼 80도로 떨어졌다면 가속도와 그에 따른 공기와의 마찰 때문에 땅에 떨어지기 전에 불타 사라졌을 것입니다. 하지만 영화에선 최소 3번 정도 떨어졌습니다. 영화의 설정이 80도가 아니라 60도라면 가능한 일입니다.

소설판에서는 티어매트 혜성과 지구와의 근지점을 약 12만km로 예상합니다. 이 지점에서 혜성의 핵이 분리되었으리라 가정하고, 소설에서 언급된 30km/s의 속도를 바탕으로 계산하면 혜성이 분리된 후 떨어지는 시간은 $20000km \div 30km/s = 4000$초=66.6분입니다. 사람이 1km에 15분 정도 이동할 수 있다고 가정하면, 피난 가능 시간을 1시간 7분으로 계산할 수 있고, 마을 사람들이 대피할 수 있다는 결론이 나옵니다.

충돌 당시 폭발력: 크기 약 60m, 속도가 약 30km/s인 혜성이 지구와 충돌 당시 폭발력을 계산하려면 높이를 알아야 합니다. 역학에너지보존의 관점에서 시작점의 위치에너지=바닥에서 운동에너지이고, $mv^2/2 = mgh$라고 했을 때 소설에서 언급한 속도와 질량, 그리고 중력가속도 값을 대입하여 계산하면 높이를 얻을 수 있습니다. 계산을 해보고 쉽게 일반화해서 생각할 수 있게 일반적으로 폭발력을 생각할 때 기준으로 사용하는 TNT로 환산해 보면, TNT 2만 톤을 터트린 것과 위력이 비슷하다고 할 수 있습니다.

히로시마에 터진 원자탄은 TNT 15KT(킬로톤)입니다. 히로시마는 약 12Km 범위의 지역이 피해를 입었고, 사망자 78,000여 명, 부상자 98,000여 명, 행방불명자 10,000여 명이라는 큰 희생을 치렀습니다. 2만t=〉20,000,000kg 15kt=〉15,000,000kg인 것을 보아 영화상에서는 상당히 약한 강도로 충돌이 묘사되고 있습니다.

(후략)

평소 본인의 취미와 희망 전공을 엮은 자율보고서입니다. 얼핏 보면 애니메이션은 학생의 희망 전공인 신소재 공학과 아무런 연관이 없어 보입니다. 하지만 이 학생은 신소재 공학을 탐구하는데 필요한 물리학적 관점으로 영화 내에서 타임 패러독스와 특수 상대성 이론, 혜성을 뽑아내어 설명하고 계산했습니다.

영화를 보면서도 관련된 점을 찾아내는 것에서 전공에 대한 열정을, 이과 보고서에 걸맞게 실제 식으로 계산을 했다는 점에서 전공 적합성과 심화지식을 가졌음을 보여주고 있습니다.

4 희망 대학의 기출 문제를 바탕으로 작성하라

중용의 관점으로 바라본 근의 판별식

이차방정식의 근의 판별이 있습니다. 근의 판별은 판별식으로 하게 됩니다.

판별식이란 이차방정식의 계수들 간의 관계식으로, 그 근의 성질에 대한 정보를 알려줍니다.

판별식은 일반화하여 $ax^2+bx+c=0(a \neq 0)$의 판별식을 $D=b^2-4ac$로 정의합니다.

여기서, a, b, c가 실수일 때(실계수 이차방정식이라고 합니다.)

$D>0$이면, 이차 방정식은 두 개의 서로 다른 실근을 가지고

$D=0$이면, 이차 방정식은 서로 같은 실근(중근)을 가지고

$D<0$이면, 이차 방정식의 해는 두 개의 서로 다른 허근을 가집니다.

저는 이 판별식을 통해서 한문 시간에 배운 중용을 해석해보려 노력했습니다.

판별식을 대수적으로 바라보았을 때의 중용을 설명하겠습니다.

$D=0$인 상태는 깔끔하게 완전제곱식 $(f(x))^2$꼴로만 이루어져 있는 것을 볼 수 있습니다. 이는 모자라지도 않고 넘치지도 말라는 공자의 과유불급과 중용의 태도를 나타냅니다.

(Ex. $D>0$ $D=0$ $D<0$)

$y=x^2+4x+2$ $y=x^2+4x+4$ $y=x^2+4x+10$

$D=4^2-4 \times 1 \times 2>0$ $D=4^2-4 \times 1 \times 4=0$ $4^2-4 \times 1 \times 10<0$

$=>(x+2)^2-2$ $=>(x+2)^2$ $=>(x+2)^2+6$

$D=0$인 상태에서만 $(f(x))^2+a$이 아닌 꼴이라 상수항이 붙어있지 않습니다. 즉, $D=0$인 상태는 모자라지도 않고 지나치지도 말라는 중용과 과유불급을 지킨 유일한 식이라고 말할 수 있습니다.

판별식을 기하적으로 바라보았을 때의 중용을 설명하겠습니다.

$D>0$일 때에는 두 점에서 만나는 과욕을 부리는 것과 같고.

$\mathcal{D}\langle 0$일 때에는 자신의 이익을 챙기지 못한 것 같고.

$\mathcal{D}=0$일 때에는 적당히 자신의 이익도 얻으며 과욕을 부리진 않은 중용의 상태입니다.

(후략)

본인의 힘으로 주제를 찾기 힘들다면 희망하는 대학교의 논술전형이나 면접 기출문제를 참고하는 것도 좋은 방법입니다. 자신의 질문으로 재탄생시킨다면 더욱더 뛰어나겠지요.

위는 실제 대학 기출문제를 차용하여 작성한 자율보고서입니다. '한 평면 위의 직선과 원 사이의 관계를 주어진 제시문(과유불급)을 이용하여 설명하라.'라는 문제였습니다. 이처럼 대학에서는 융합적 사고를 강조한 문제를 많이 냅니다. 평소에 기출문제를 많이 풀어보고 자율보고서로 자기화한다면 어려운 면접을 미리 준비해두는 것과 같은 효과를 누릴 수 있습니다.

자기소개서는 어떻게 이루어져 있을까?

자기소개서 공통 문항 / 자기소개서 자율 문항

자기소개서 실전 트레이닝

들어가기에 앞서 / 자기소개서 0점 처리항목 / 대학의 인재상 / 활동 분류법 / 자기소개서 흐름도 /
자기소개서 실습 / 전공을 정하지 못한 고3을 위한 마지막 실습 / 자기소개서 독해법

합격자 자기소개서 vs 불합격자 자기소개서

합격자 자기소개서 독해 / 불합격자 자기소개서 독해

"
잘 키운
자기소개서,
열 스펙 안 부럽다
"

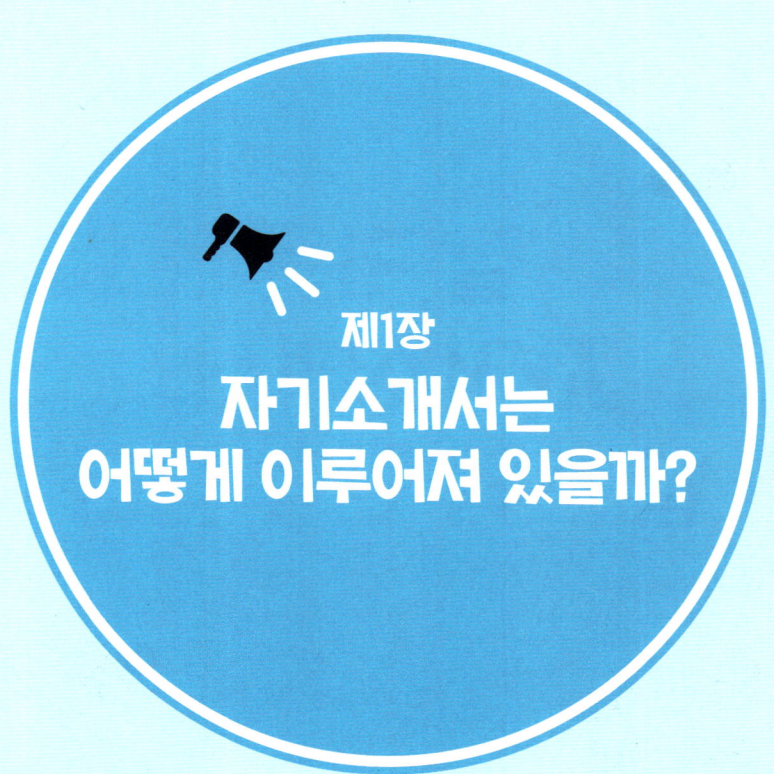

제1장

자기소개서는
어떻게 이루어져 있을까?

자기소개서 공통 문항 ⭐

자기소개서는 한국대학교육협의회에서 제시한 3개의 공통 문항과 1개의 대학별 자율문항으로 구성되어 있습니다. 각 문항의 의미를 알아보고 어떤 식으로 써야 할지 알아봅시다. 먼저 당부할 점은 모든 문항의 앞에 '전공과 관련하여'라는 말이 숨어있다고 생각해야 한다는 것입니다.

1번 문항

> **(전공과 관련하여) 고등학교 재학기간 중 학업에 기울인 노력과 학습 경험에 대해, 배우고 느낀 점을 중심으로 기술해 주시기 바랍니다.(1000자 이내)**

대다수 학생들은 1번 문항이 '학업에 기울인 노력과 학습 경험'이라는 말 때문에 공부법을 물어본다고 생각합니다. 그래서 '내신 성적을 올리기 위해 학습 플래너를 작성해 시간을 체계적으로 사용했다.', '취약과목이었던 수학 성적을 올리기 위해 오답노트를 이용했다.'와 같이 1차원적이고 식상한 내용을 서술합니다.

하지만 입학사정관은 학생의 공부법이 궁금한 것이 아닙니다. 학생이 희망하는 학과에 진학하기 위해 어떻게 전공 관련 지식을 습득했는지, 그 과정에서 어떤 노력을 기울였는지 궁금할 뿐이죠. 이를 뒷받침하기 위해 소논문이나 자율보고서 작성, 수상경력이 들어간다면 신뢰감이 높아지겠지요.

다음은 인하대 화학공학과 합격자 자기소개서의 1번 문항 일부입니다.

화학 교과의 '산화 환원' 단원 내용 중 금속의 이온화 경향성 차이를 이용하여 철의 부식을 막을 수 있다는 부분이 흥미로웠습니다. 음극화 보호법이 실제로 철의 부식을 막는 데 도움이 되는지와 현재 어떤 분야에서 활용되는지 깊이 있는 연구를 해보고 싶어 소논문 쓰기 대회에 참가했습니다.

'아연 같은 금속을 철과 연결하면 철의 부식을 막을 수 있을까'라는 궁금증을 안고 실험을 했습니다. 이 궁금증을 풀기 위해 철과 아연을 비커에 넣고 부식을 촉진하기 위해 묽은 염산을 넣었습니다. 그 결과 아연이 철의 부식을 막아 철이 산화되지는 않는다는 것을 확인할 수 있었지만, 수소기체가 발생했습니다.

'그렇다면 발생한 수소기체가 철에 미치는 영향은 없을까?'라는 생각이 들어 산화환원 반응에 대한 조사를 하게 되었습니다. 그 과정에서 수소가 금속 안에 흡수되어 기계적 성질을 약화해 쉽게 부스러지게 되는 수소약화라는 부작용이 있다는 사실을 알게 되었습니다. 겉으로 보면 문제점이 없어 보이던 방법도 속을 깊게 들여다보면 문제점이 있을 수 있다는 것을 깨닫게 되었습니다.

그리고 음극화 보호법이 현재 어떤 분야에 활용되는지 조사해 보던 중 선박 바닥의 철의 부식을 막을 때는 아연을, 석유 탱크의 철의 부식을 막을 때는 마그네슘을 것을 알게 되었습니다. 그런데 철의 부식을 막는 같은 역할을 위해서 왜 다른 금속을 쓰는지 궁금증이 들었습니다. 인터넷과 전공 서적에서 그 이유를 찾아본 결과 마그네슘과 같은 알칼리 토금속은 물과 반응해 수소를 발생시키고 발열반응을 일으키면서 녹을 수 있어 선박 바닥에 부착시킬 수 없다는 사실을 알게 되었습니다.

지망한 전공과 관련된 교과서에 나온 지식을 수동적으로 받아들이는 것이 아니라 의문을 가지고 스스로 연구하여 소논문을 작성하는 등 전공에 관한 자기 주도적 학습 태도를 보여주고 있습니다. 또한, 꼬리에 꼬리를 무는 식으로 궁금증을 가지고 실험을 전개하여, 교과과정에는 분산되어 있던 개념들을 한 번에 이해하여 성적 향상을 이루는 결과를 나타냈습니다.

1번 문항의 경우 글자 수 제한이 1,000자 이내인 만큼 500자씩 나누어 개별적인 두 가지 에피소드를 서술해도 됩니다.

2번 문항

> (전공과 관련하여) 고등학교 재학기간 중 본인이 의미를 두고 노력했던 교내활동을 3개 이내로 기술하고, 이를 통해 배우고 느낀 점을 기술해주시기 바랍니다. 단, 교외 활동 중 학교장의 허락을 받고 참여한 활동은 포함됩니다. (1500자 이내)

2번 문항은 학생 스스로 판단했을 때 의미가 있는 활동을 서술해야 하므로 활동을 수행한 이유를 설명하며 전공 적합성을 드러내야 합니다. 지금껏 해온 임원활동이나 동아리활동, 캠페인활동이 빛을 발하는 문항입니다.

일반적으로 500자씩 3가지 에피소드로 나누어 적지만 750자씩 2가지 에피소드로 나누어 작성해도 됩니다. 전공과 직·간접적으로 연결된 활동은 한 번 이상 꼭 기재하고 나머지는 본인만의 특별한 활동을 적는 것이 좋습니다. 입학사정관들이 수많은 자소서를 읽는 것을 감안하여 가장 눈에 띄고 흥미로운 에피소드를 골라 첫 번째로 배치하는 것이 전략적입니다.

아래는 연세대 경제학과 합격자 자기소개서의 2번 문항 중 일부입니다.

합격자 자기소개서

동아리를 통한 탐구 보고서 작성 활동은 진로를 고민하던 저에게 길을 제시해주었습니다. 독서 토론 동아리에서 진행한 태평양 전쟁에 관한 연구에서 저는 미국의 태평양 전쟁 참전의 경제적 배경을 알아보기로 했습니다. '태평양 전쟁과 미국의 자본주의'라는 주제를 잡고 제2차 세계대전사와 미국사를 다루는 책뿐 아니라 자본주의의 역사에 관한 책을 탐독했습니다. 그리고 세계 대공황과 시장 확보 두 가지 측면에서 미국의 참전을 바라볼 것을 제안했습니다. 수개월의 연구 끝에 동아리에서 그동안의 성과를 바탕으로 논문집을 발간하고 교내 세미나를 개최해 발표하는 시간을 가졌습니다. 이 과정에서 역사적 사건의 발생에는 경제적 유인이 강하게 작용함을 알았고 이는 인류 역사의 한 축을 담당하는 경제사에 관심을 갖는 계기가 되었습니다. 연구를 마무리하며 미국의 경제 상황을 이해하기 위해서는 대공황에 대한 이해가 필요하다는 사실을 알고 후속 연구 주제로 대공황을 선정했습니다. 곧 저는 대공황을 두고 대립하는 두 경제사상에 매료되었습니다. 케인지언과 통화주의자에서 시작된 서양의 근대 경제사상에 대한 흥미는 조선의 실학자들을 접하며 동양의 경제사상으로 이어졌고 관련 서적을 찾아 읽으며 경제사학자의 꿈을 키웠습니다. 두 차례에 걸친 탐구 보고서 작성 과정에서 학문에 임하는 진지한 태도를 배웠고 경제사 및 경제사상사로 진로를 구체화할 수 있었습니다.

이 학생은 독서 토론 동아리에서 진행한 태평양 전쟁 연구에서 미국의 전쟁 참전 이유가 당시 경제적 배경인 세계 대공황인 것을 알고, 역사적 사건의 발생에는 경제적 요인이 강하게 작용한다는 것을 깨달았다고 말합니다. 그것이 경제사에 대한 관심으로 이어졌으며, 후속 연구까지 이어져 경제 사상에 대해서도 큰 관심을 가져 경제사학자라는 꿈을 키우게 됐다고 서술합니다.

전공 적합성이 드러날 뿐만 아니라 뚜렷한 진로를 가지게 해주었으므로 학생 본인에게 의미 있는 활동이란 것을 명백하게 드러내 주는 자기소개서입니다.

3번 문항

(전공과 관련하여) 학교생활 중 배려, 나눔, 협력, 갈등 관리 등을 실천한 사례를 들고, 그 과정을 통해 배우고 느낀 점을 기술해 주시기 바랍니다. (1000자 이내)

혹시 앞의 두 문항과 3번 문항의 차이점을 알아채셨나요? 앞의 두 문항은 '고등학교 재학기간 중'이라는 문구가 붙었고 3번 문항은 '학교생활 중'이라는 문구가 붙었습니다. 3번 문항에는 고등학교를 제외한 초·중학교 재학기간 에피소드를 작성해도 된다는 이야깁니다. 하지만 학종은 고등학교 생활기록부를 위주로 판단하므로 되도록 고등학교 재학기간 에피소드를 작성하는 것이 좋습니다.

3번 문항에서 대학이 짚어내고자 하는 것은 학생의 '인성'입니다. 배려, 나눔, 협력, 갈등 관리라는 4가지 항목을 1가지 에피소드로 나타내도 되지만 저는 2가지 에피소드로 나누어 작성하는 것을 추천합니다. 배려, 나눔 항목은 '봉사활동'에서 겪은 에피소드를 중심으로 풀어내고 협력, 갈등 관리 항목은 동아리나 학급

내에서 겪은 갈등을 '리더십'으로 풀어나간 에피소드로 이끌어 나가는 것이 무난합니다. 다음은 이 점을 잘 나타낸 성균관대학교 글로벌경영학과 합격자 자기소개서입니다.

합격자 자기소개서

"언니 오늘은 왜 방에 안 와요?" 봉사활동에서 만난 희원이의 말은 진정한 관계가 무엇인지를 깨닫게 해준 계기가 되었습니다. 1학년 때부터 해왔던 보육원 봉사활동은 음식이나 천연 약품 등을 만들어 주는 것이 주요 활동이었습니다. 이들에게 물질적인 도움을 주는 것이 가장 중요하다고 생각했지만, 이것은 착각이었습니다. 희원이는 음식을 만들어 주는 언니보다는 가족처럼 함께할 수 있는 언니가 필요했던 것입니다. 그래서 다음 활동부터는 아이들의 고민을 들어주거나 함께 영화를 보러 나가고 산책을 하는 등 언니가 되어주려 노력하였습니다. 크리스마스에 아이들에게서 받은 '언니가 있어서 좋다'는 짧은 편지에 누군가에게 의미 있는 존재가 되었다는 생각이 들어 가슴이 뭉클했습니다. 아이들에게 도움을 주려고 관계를 맺기 시작한 후 서로에게 의미를 갖고 함께하는 과정에서 봉사하는 저희 역시도 도움을 받는다는 제가 느낀 봉사의 힘입니다. 참된 봉사란 물질적인 도움으로 베푸는 것이 아니라 받는 사람의 입장에서 힘이 되는 존재가 되는 것이라는 생각을 하게 되었습니다.

토론 동아리에서의 조장 역할은 힘들기도 했지만, 위기를 슬기롭게 극복하는 법을 가르쳐준 소중한 경험입니다. 모든 친구의 요구사항을 수용할 수 없었기에 어느 정도는 임의로 조를 배정할 수밖에 없었습니다. 이에 대해 불만을 가진 조원들이 나왔고 참여율은 저조했습니다. 문제를 해결하기 위해 먼저 주제 선정과 조 배치의 과정을 투명하게 공개하고 양해를 구했습니다. 또한, 이들의 적극적 참여를 유도하기 위해 선정 주제의 중요성과 관련 조사 자료를 공유하면서 사전 세미나를 하였습니다. 그 친구는 다음 모임에는 적극적으로 참여하였고 성공적으로 토론을 마칠 수 있었습니다. 이 일을 통해 갈등 상황에서 갈등의 뿌리를 뽑는 것은 한쪽의 입장만을 강요하거나 포기하는 것이 아니라 서로의 입장을 파악하고 문제 해결을 위해 자신이 제공할 수 있는 것들을 나누어 함께 문제를 해결하는 데에 도움을 줄 때 비로소 가능하다는 것을 느낄 수 있었습니다.

마지막으로 주의할 점 한 가지를 말씀드리면 리더십을 강조하기 위해 본인이 주도적으로 모든 일을 해결했다는 식이 아니라 친구들과 '협력'을 통해 풀어나갔다는 식으로 기재해야 한다는 점입니다.

동아리에서 선후배 간 심한 갈등이 있었습니다. 저는 이를 해결하기 위해 동아리 규칙을 만들었습니다. 선배가 후배에게 하기 싫은 활동을 강요하지 않도록 권고하였고, 동아리 시간에 휴대폰 사용을 자제하는 규칙을 적용하여 적극적으로 활동할 수 있도록 바꾸었습니다. 이런 방법으로 선후배갈등을 해소해 나갈 수 있었습니다.

동아리에서 선후배 간 심한 갈등이 있었습니다. 이를 해결하기 위해 후배들에게 익명의 설문 조사를 하여 문제점을 파악했습니다. 그 결과 '하기 싫은 활동을 강요하는 것'이 문제점으로 나타났습니다. 모든 동아리원이 참여하는 회의를 다수에 걸쳐 진행한 결과 '활동을 국한하지 말고 조를 짜서 원하는 주제에 대해 탐구해 볼 수 있도록 한다.'는 대안을 얻을 수 있었습니다. 또한, 동아리만족도 조사에서 1학기에 비해 2학기 만족도가 향상된 모습을 보여 동아리 대표자로서 뿌듯함을 느낄 수 있었습니다.

자기소개서 자율 문항

자기소개서 4번 문항은 대학마다 조금씩 다릅니다. 다음 표에서 서울 소재 주요 대학의 4번 문항의 주제를 살펴 봅시다.

【 2018 학생부종합전형 자기소개서 4번 문항 대학별 주제 】

대학명	주제	글자수
서울대	독서 3권 이내, 선정이유, 영향	각 500자 이내
연세대	지원동기, 준비과정, 교육환경이 미친 영향	1500자 이내
고려대	지원동기, 지원자를 선발해야 하는 이유	1000자 이내
서강대	지원 전공을 선택한 이유, 학업 및 진로계획	1000자 이내
중앙대	지원동기, 준비과정, 교육환경이 미친 영향	1500자 이내
경희대	지원동기, 준비과정, 교육환경이 미친 영향	1500자 이내
한국외대	지원동기, 준비과정, 교육환경이 미친 영향	1500자 이내
건국대	지원동기, 준비과정, 교육환경이 미친 영향	1500자 이내
가톨릭대	지원동기, 학업 및 진로계획	1000자 이내
국민대	지원동기, 진로탐색 경험	1000자 이내
동국대	지원 동기, 학업 및 진로계획	1000자 이내
서울시립대	지원동기, 진로계획	1000자 이내
인하대	지원동기, 준비과정	1000자 이내

위 표를 보면 서울 소재 주요 대학의 자기소개서 4번 문항은 일반적으로 지원동기, 학업 및 진로계획, 준비과정, 교육환경이 미친 영향 등으로 겹칩니다. 항목별로 어떤 내용을 중점으로 써야할지 알아봅시다. 공통 문항과 마찬가지로 '전공과 관련하여'라는 말이 숨어있다는 것을 잊지 마세요.

지원동기

지원하게 된 동기에서 언급해야 할 것은 '나만의 스토리'입니다.

단순히 '수학이 재밌어서 공부하다 보니 수학 자체에 관심이 생겼고 자연스레 수학 관련 학과에 지원하여 공부하고 싶어졌다.'처럼 뻔하고 재미없게 쓰는 것보다는 '어릴 적부터 하노이 탑을 가지고 노는 것이 좋았습니다. 그러던 중 이를 최소화하는 루트를 찾아낼 때 수열 개념이 큰 도움을 준다는 것을 알았습니다. 세상의 모든 현상을 숫자로 나타낼 수 있고 수학으로 세상을 발전시키는 것이 중요한 일임을 깨닫게 된 순간부터 저는 수학자가 되겠다고 마음먹었습니다.'라는 식으로 전공에 대한 흥미가 생긴 이유를 구체적이고 납득 가능하도록 설명해야 합니다. 다음은 이 점이 잘 드러난 국민대 컴퓨터공학과 합격자 자기소개서 4번 문항 일부입니다.

합격자 자기소개서

외동으로 자라온 저에게 항상 친구처럼 함께해주었던 것은 레고와 컴퓨터였습니다. 초등학교에 입학할 때쯤 접하게 된 레고 마인드스톰은 RobotC라는 언어를 통해 프로그래밍이 가능한 레고 로봇이었습니다. 어린 학생이 다루기 쉬운 언어는 아니었지만, 카메라가 흔들리지 않게 도와주는 도구를 만들겠다는 목표를 갖고 1년여 간의 짧지 않은 시간을 들여 레고를 이용한 스테빌라이저를 만들었습니다. 이때 처음 접해본 프로그래밍언어는 어렵게 느껴지기보다는 제가 생각을 얼마든 나타낼 수 있는 훌륭한 도구로 느껴졌습니다. 저는 이러한 프로그래밍 언어를 공부해 사람들의 삶을 더욱 편하게 해주는 소프트웨어를 만드는 프로그래머가 되기로 마음먹었습니다.

어릴 적부터 컴퓨터 언어를 통해 프로그래밍 가능한 레고를 즐겨서 놀았음을 말하면서 전공에 관심을 가지게 된 동기를 구체적으로 제시하고 있습니다. 학생이 다루기 어려운 프로그래밍 언어를 배우고 꾸준한 노력 끝에 결과물을 내는 등 전공에 관한 열정과 끈기 또한 드러내고 있습니다.

학업 및 진로계획

입학사정관은 여러분의 자잘한 학업 계획, 진로 계획이 궁금하지 않습니다. '토익 점수를 올리겠다, 외국어 공부를 하겠다, 자격증을 따겠다.'는 전공과 관련 없는 스펙 쌓기식의 이야기나 '좋은 회사에 들어가 성공하겠다.'는 식의 이야기는 피하세요.

이 문항에 감춰진 뜻은 '전공을 얼마나 이해하고 있나요?' 또는 '전공의 트렌드에 대해 알고 있나요?', '대학에 입학한 뒤 전공 관련 심화지식을 어떻게 익힐 건가요?'입니다. 따라서 학교 커리큘럼과 전공 트렌드에 대한 이해가 바탕이 되어야 합니다. 아래는 광운대 건축공학과 합격자 자기소개서 4번 문항 일부입니다.

합격자 자기소개서

입학 후 저는 학교에서 정해진 커리큘럼 과정에 따라 성실하게 학습할 것입니다. 그중 건설 경영이 특성화되어 있는 것 같다고 느꼈고, 이를 심도 있게 배워보고 싶습니다. 또한, 최근 주목받고 있는 IOT 기술을 더 다양한 방면으로 건축과 연관 짓고 싶습니다. 그리고 저는 곧 머지않아 북한과 통일이 될 거라고 생각합니다. 건축 관련 자료수집 중 특성화된 전공 관련 통일 기술 동아리를 만드는 일, 그중에 우리나라에서는 건축과 학생들이 집을 지어주는 봉사활동이 활발하게 벌어지고 있다는 것을 알게 되었습니다. 고등학교 때 동아리 창립 경험을 바탕으로 건축공학과 학생들과 건축 관련 동아리를 만들어 북한뿐만 아니라 세계 각국의 도움이 필요한 곳이라면 어디든 가서 그들에게 세계에서 가장 편안한 집을 지어주고 싶습니다. 저는 제 미래의 한 발짝을 광운대학교에서 시작하고 싶습니다.

이 자기소개서는 학과 커리큘럼을 자세히 살펴본 점과 특성화되어 있는 분야(건설 경영)와 전공 분야 트렌드(IOT기술)를 언급하면서 전공에 관한 열정을 드러내고 있습니다. 또한, 북한이라는 구체적인 대상을 포함하여 도움이 필요한 곳에 봉사할 수 있는 전공 동아리를 만들겠다는 포부를 드러내어 기대감을 주고 있습니다.

준비과정

관련 교과 과목 성적을 올린 것보다는 진로 희망과 관련한 활동을 하며 어떤 점을 배웠는지, 어떤 점을 배우기 위해 어떤 활동을 했는지 구체적으로 쓰는 것이 더 좋습니다. 아래는 고려대 행정학과 합격자 자기소개서 4번 문항 일부입니다.

> **합격자 자기소개서**
>
> 법과 제도는 분쟁이 발생할 경우 이를 해결하는 열쇠가 됩니다. 3년간 학급 임원을 하면서 저는 합리적으로 분쟁을 해결하는 능력을 키울 수 있었습니다. 영어 듣기평가 중 저희 반 스피커에 문제가 생겨 반 친구들에게 불이익이 돌아갈 뻔한 적이 있습니다. 시험이 종료된 후 저는 각반 반장들과 담당 선생님을 찾아가 이 상황을 알렸습니다. 그 결과 모두에게 공평한 논술 수행평가로 대체할 수 있었습니다. 이 경험을 통해 직접 집단의 분쟁을 해결했다는 자신감을 얻을 수 있었습니다. 또한, 언론중재위원회 인턴십에서 언론의 초상권 침해를 주제로 한 모의조정에 참여함으로써 분쟁 상황에 맞는 법을 선택해보았습니다. '시정권고 심의 기준 제1조'를 통해 언론사의 초상권 침해를 지적하여 적법절차에 따라 합리적으로 분쟁을 해결할 수 있었습니다. 이를 이어서 다른 청소년들도 법과 제도를 바로 알고 문제 상황을 예방할 수 있도록 청소년의회 사회부기자단으로도 참여하였습니다.

이 학생은 3년간 학급 임원을 하면서 법과 제도의 중요성, 그로 인해 분쟁을 해결하는 능력을 키웠다고 말하고 있습니다. 또한, 모의조정에 참여하여 분쟁 상황에 맞는 법을 선택하고 적법절차를 따라 보고, 청소년에게 취약한 법과 제도의 중요성을 말하기 위해 청소년의회 사회부기자단으로 참여했습니다. 이 사례들의 공통점은 학업 성적과 관련이 없다는 점입니다. 물론 '법과 사회'처럼 직접적 관련이 있는 과목의 성적을 올린 과정, 노력을 쓰는 것도 나쁘지 않습니다. 하지만 누구나 예측 가능한 과정입니다. 열심히 한 노력을 기재하지 말라는 것이 아닙니다. 누구나 생각할 수 있는 뻔한 것을 메인으로 삼지 마세요. 그런 자기소개서는 이미 수백여 개니까요.

교육환경이 미친 영향

이전 자기소개서의 교육환경 문항들을 살펴보면 '건축가이신 아버지의 부름으로 건축 현장에서 실습했었습니다.'라거나 '의사이신 아버지의 영향을 받아 어릴 적부터 해부학에 관심을 가졌습니다.'와 같은 부모님의 사회, 경제적 지위를 암시할 수 있는 내용에 대해 기재하는 것이 가능했습니다. 하지만 요즈음은 이를 금기시하는 분위기가 형성되었으므로 위와 같은 기술은 피하는 것이 좋습니다.

사실 대학에서는 학생의 출신 고등학교나 인적사항 등을 통해 어느 정도 파악하고 있으나 본인에게서 직접 개인적인 상황을 듣고 싶어 묻는 경우가 많습니다. 그러므로 학교 내의 교육환경을 쓰기보다는 가정 내 환경이나 개인적 상황을 진로와 엮어 쓰는 것이 좋습니다.

가정 형편이 어렵다면 '토목공학을 공부하기 위해선 물리와 수학의 활용능력배양이 중요하지만, 가정 형편이 어려워 학원에 다니며 배울 수 없었습니다. 하지만 학교 선생님에게 적극적으로 질문하고 도서관에서 관련 도서를 빌려 읽어보는 식으로 공부하며 극복할 수 있었습니다.' 식으로 극복, 의지, 끈기 등의 키워드로 잡고 작성하는 것이 좋습니다.

그렇지 않을 경우 '부모님은 오래전부터 제가 의사가 되길 원하셨습니다. 물심양면으로 지원을 해주셨지만 저는 그저 막연한 마음을 가진 채 공부할 뿐이었습니다. 하지만 학교 TED 대회를 준비하면서 제 인생은 뒤바뀌었습니다. 천문학 관련 강의를 듣고 아름다운 우주를 관찰하는 과학자가 되고 싶다는 열망을 품었습니다. 학원과 학교로 통학하는 시간에 칼 세이건의 『코스모스』라는 책을 반복해 보며 천문학자로서의 꿈을 키워갔습니다.' 라는 식으로 작성할 수 있습니다.

제2장
자기소개서
실전 트레이닝

들어가기에 앞서

자기소개서는 생활기록부만으로 전부 드러낼 수 없는 나의 장점을 콕 집어 '여기가 이렇게 예쁘다, 여기는 이런 식으로 잘났다.' 알려줍니다. 생활기록부는 열심히 운동하고 가꾸어 건강하게 만든 몸이고, 자기소개서는 그 몸을 아름답고 돋보이게 만들어주는 날개옷이라고 생각하면 이해하기 쉽습니다.

자기소개서를 잘 쓰기란 쉽지 않습니다. 비싼 사교육을 받을 수 없는 친구들은 시중에 출간된 관련 도서를 참고하거나 선생님과 선배들의 첨삭에 의존할 수밖에 없는 현실입니다. 학생부종합전형 관련 도서에 실린 합격자 자기소개서, 모범 자기소개서를 보아도 내가 쓴 자기소개서와 비교만 될 뿐 어떻게 해야 잘 쓸 수 있는지 명확히 알려주지 않습니다.

이런 점을 개선하기 위해 합격자들의 자기소개서를 패턴화하여 분석해보았더니 몇 가지 사실을 알 수 있었습니다. 문항별로 원하는 대답이 존재한다는 것, 그 대답을 하기 위해서 흐름이 필요하다는 것, 선생님과 선배에게 보이기 전에 나 자신이 먼저 치열한 첨삭을 해야 한다는 것 말입니다.

이를 자기소개서에 담아내기 위해선 훈련이 필요합니다. 그래서 2장에서는 각 문항에 적합한 활동을 나누어 배치하는 '활동 분류법'과 활동을 올바르게 이어나가도록 도와주는 '자기소개서 흐름도', 직접 자기소개서를 독해해보는 '자기소개서 독해법'을 배우게 됩니다. 훈련법마다 실습도 준비되어 있으니 성실히 수행하여 완벽하게 체화하도록 합시다.

자기소개서 0점 처리항목

자기소개서에 다음 사항을 기재할 경우 서류 평가에서 0점 또는 불합격 처리되니 주의하세요.

[자기소개서 기재 시 0점 처리 항목]

공인어학성적
영어(TOEIC, TOEFL, TEPS), 프랑스어(DELF, DALF), 중국어(HSK), 일본어(JPT, JLPT), 러시아어(TORFL), 스페인어(DELE), 독일어(ZD, TESTDAF, DSH, DSD), 상공회의소한자시험, 한자능력검정, 실용한자, 한자급수자격검정, YBM 상무한검, 한자급수인증시험, 한자자격검정

수학 · 과학 · 외국어 교과에 대한 교외 수상실적	
수학	한국수학올림피아드(KMO), 한국수학인증시험(KMC), 온라인 창의수학 경시대회, 도시대항 국제 수학토너먼트
과학	한국물리올림피아드(KPHO), 한국화학올림피아드(KCHO), 한국생물올림피아드(KBO), 한국천문올림피아드(KAO), 한국지구과학올림피아드(KESO), 한국뇌과학올림피아드, 전국정보과학올림피아드, 국제물리올림피아드, 국제지구과학올림피아드, 국제수학올림피아드, 국제생물올림피아드, 국제천문올림피아드, 한국중등과학올림피아드
외국어	전국 초중고 외국어(영어, 중국어, 일본어, 프랑스어, 독일어, 러시아어, 스페인어) 경시대회, IET 국제영어대회, IEWC 국제영어글쓰기대회, 글로벌 리더십 영어 경연대회, SIFEC 전국영어말하기대회, 국제영어논술대회

※위에서 열거된 항목 외에도, 대회 명칭에 수학·과학(물리, 화학, 생물, 지구과학, 천문)·외국어(영어 등) 교과명이 명시된 학교 외 각종 대회(경시대회, 올림피아드 등) 수상실적을 작성했을 경우 0점(또는 불합격)처리

※'교외 수상실적'이란 학교 외 기관이 개최한 대회 수상실적을 의미하며 학교장의 참가 허락을 받은 교외 수상실적이라도 기재 시 0점(또는 불합격)처리

※학생부 위주 전형의 자기소개서는 공교육 내에서 이루어진 활동을 작성하는 취지이므로, 위에서 제시되지 않은 항목이라도 사교육 유발요인이 큰 교외 활동(해외 어학연수 등)을 작성했을 경우, 해당 내용을 평가에 반영하지 않음.

학교생활기록부 기재 금지사항과 자기소개서 기재 금지 사항은 다릅니다. 생활기록부는 교육청 산하 기관을 제외한 모든 교외 활동이 기재 금지사항이지만 자기소개서는 표의 내용만 기재 금지 사항입니다. 또한 사교육 유발요인이 큰 교외활동(해외 어학연수 등)는 반영되지 않습니다. 자기소개서에 들어갈 내용이 기재 금지사항인지 잘 모르겠다면 해당 대학의 입학처에 반드시 문의하세요.

대학의 인재상

모든 대학교에는 '인재상'이 존재합니다. 정시전형에서 합격하기 위해 수능만 준비하고 있다면 신경 쓸 필요가 없지만 학종을 생각하고 있다면 얘기는 달라집니다. 인재상은 학교의 특성과 산학 협력 상황, 기업과 사회에서 바라는 점 등을 종합하여 바라는 인재상, 즉 원하는 학생의 특성을 기재해 놓았기 때문입니다. 대학별 인재상에 맞추어 자기소개서를 다르게 쓰는 것이 좋지만, 시간이 부족한 고등학생에게는 무리한 일이죠.

지원 학과가 같을 경우 다른 문항은 공통되어도 상관없으나 적어도 대학별 자율문항인 4번 문항만큼은 해당 대학의 인재상이 은근하게 녹아 들어가도록 써야 합니다. 사실 대부분 대학의 인재상은 크게 다르지 않습니다만 돌다리도 두드려 보고 건너듯 한 번 더 확인하고 최대한 맞추어 작성하는 것이 좋습니다.

4번 문항의 작성을 마친 다음 1, 2, 3번의 문항 중 해당 대학의 인재상과 맞지 않는 부분이 있다면 전체적으로 수정하세요. 따로 자율문항이 주어지지 않는다면 1, 2, 3번 중 한 문항에 은근하게 본인을 인재상에 걸맞은 인물로 표현해내는 것이 좋습니다.

대학	대학별 인재상
서울대	• 학교 교육과정을 성실히 이수하고 학업능력이 우수한 학생, 학교생활에서 적극적이고 진취적인 태도를 보인 학생, 글로벌 리더로 성장할 수 있는 자질을 지닌 학생, 다양한 교육적·사회적·문화적 배경과 경험을 지닌 학생, 사회적 약자에 대한 배려심과 공동체 의식을 가진 학생
연세대	• 기독교의 가르침을 바탕으로 진리와 자유의 정신에 따라 사회에 이바지할 지도자를 양성
고려대	• 성실성 : 자아실현과 인격 함양을 위해 학업 및 학교생활 전반에 걸쳐 노력하는 인재 • 리더십 : 지속적인 리더 활동과 성찰을 통해 지도력을 가진 인재 • 공선사후 정신 : 정의로운 가치관과 타인에 대한 배려심을 가지고 공동체에 참여하고 실천하는 인재 • 전공 적합성 : 전공 영역에 대한 열정과 국제적 이해와 교루 능력을 지니고 자신의 변화 발전을 위해 노력하는 인재 • 창의성 : 지속적인 호기심과 탐구심, 비판적 창의적 사고력과 문제 해결 능력을 지닌 창의적 인재
서강대	• 학문을 탐구하고 진리를 추구하면서 정의를 실천하고 인간의 존엄성과 생명의 가치를 존중하는, 사랑과 믿음을 갖춘 전인교육을 지향하며 인류 문화와 공동체의 발전에 헌신하는 인재
성균관대	• 인의예지(仁義禮智)와 신언서판(身言書判)을 갖춘 교양인 • 창의적 사고와 전문 지식을 갖춘 전문인 • 공동체 정신과 인류 사회에 공헌할 리더의 복합 능력을 갖춘 문화 시민 양성
한양대	• 교양인 : 폭넓은 교육을 통하여 근면하고 정직하며 겸손한 인재 • 전문인 : 전문 분야의 심오한 이론과 과도의 기술을 겸비한 인재 • 실용인 : 다양한 학문의 지식을 사회에 응용할 수 있는 인재 • 세계인 : 문화적 다원성을 이해하고 국제 사회에서 활약할 수 있는 인재 • 봉사인 : 지역 사회와 국가, 나아가 인류 사회의 번영에 공헌하는 인재
중앙대	• 자율적 교양인, 실용적 전문인, 실험적 창조인, 실천적 봉사인, 개방적 문화인
경희대	• 글로벌 리더십을 갖춘 실천적 세계인, 학문적 수립성과 실용적 전문성을 갖춘 창조인 인간과 자연 공동체의 조화를 모색하고 사유하는 문화인
한국외대	• 자주적 탐구인 : 합리적 사고를 할 수 있고 폭넓은 지식과 정심대도의 덕성을 갖추고 진리를 사랑하는 인재 • 국제적 한국인 : 평화를 사랑하며 민주적 의식이 투철하고 지도자적 인격을 갖추고 있으며 세계평화의 사절로서의 구실을 수행할 수 있는 인재. • 독창적 전문인 : 적어도 한 가지 이상의 외국어 구사능력을 갖추고, 해당 언어권에 대한 전문지식을 갖춤으로써 유능한 국제전문인력으로서의 자질을 구유한 창조정신이 있는 인재.
서울시립대	• 폭넓은 교양과 심오한 학문적 이론 및 창의적 전문기술을 지닌 지성인 • 성실한 근면을 바탕으로 책임과 의무를 다하는 건전한 인격을 갖춘 민주 시민 • 급변하는 미래 사회에의 적응력과 새 문화의 창조력을 함양하여 서울특별시와 국가 및 인류 사회 발전에 공헌할 수 있는 지도자

활동 분류법 ⭐

자기소개서를 작성하기 이전에 여러분의 활동내역을 정리해야 할 필요가 있습니다. 자기소개서 문항마다 필요한 항목이 나누어져 있기 때문이죠.

⫶1 활동내역 분류하기

[건설환경공학과를 희망하는 학생의 활동내역 예시]

희망 학과	건설환경공학과	
활동내역	• 교과 우수상(수학, 과학, 물리Ⅱ) • 학력경시대회 수상(수Ⅰ, 물리Ⅱ) • 동아리활동 경진 대회(과학동아리) • 동아리활동 경진 대회(반야독서회) • 청소년 과학 탐구 토론 대회 • 교내 학교 폭력 예방 글짓기 대회 • 동아리활동 보고서 대회 • 주변 하천 정화활동	• 봉사부 부장 • 족구반 • 청소년단체 RCY 봉사포스트활동 참여 • 진로정보부장 • 초·중등 학습지도보조 활동 • 환경공학소논문 연구진행 및 R&E보고서 작성 • 수학 물리 관련 도서 다수 읽음

자신의 생활기록부에 기재된 모든 활동을 뽑아냅니다. 그리고 '전공 적합성', '자기 주도적 태도', '봉사활동', '학업 능력', '나만의 활동' 목록별로 나누어 한눈에 알아볼 수 있도록 정리합니다. 학교활동리스트를 작성했지만 아직 수행하지 못한 활동의 경우 '학교활동리스트'칸에 기재합니다. 두 가지의 성격이 모두 나타나는 활동이라고 생각할 경우 중복해서 기입해도 됩니다.

[목록별로 정리한 활동내역]

전공 적합성	자기 주도적 학습 태도	봉사활동	학업 능력	나만의 활동	학교활동리스트
• 동아리활동 경진 대회 (과학동아리) • 환경공학소 논문 연구진행 및 R&E보고서 작성 • 청소년 과학 탐구 토론 대회 • 수학 물리 관련 도서 다수 읽음	• 동아리활동 경진 대회 (반야독서회) • 봉사부 부장 • 진로정보부장	• 주변 하천 정화 활동 • 초 · 중등 학습 지도보조 활동 • 청소년단체 RCY 봉사 포스트활동 참여	• 교과 우수상 (수학, 과학, 물리Ⅱ) • 학력경시대회 수상 (수Ⅰ, 물리Ⅱ) • 학력경시대회 (물리논술)	• 교내 학교 폭력 예방 글짓기 대회 • 족구반	• 과학 관련 기사를 읽으며 학과 트렌드 알아보기

⫶ 2 Flow map 작성

Flow map을 작성하는 가장 큰 이유는 문항별로 컨셉을 잡기 위함입니다. 자기소개서 1~4번 문항의 대략적인 컨셉을 생각해두어야 뒤에서 배울 자기소개서 흐름도를 적용하기도 쉽습니다. 간략하게 어떤 활동을 중심으로 자기소개서를 흐름화해나갈 것인지 생각하며 작성하세요.

1번 문항은 전공 심화학습 및 자기 주도적 학습 태도를 강조한 활동을 배치하는 것이 좋습니다. 2번 문항은 컨셉을 2, 3개로 나누어 전공과 관련한 활동 1~2개, 전공과 간접적으로 연계된 본인만의 특별한 활동 1개로 배치하세요. 3번 문항은 리더십, 자율성, 원만한 대인관계, 인성을 드러낼 수 있도록 임원활동이나 봉사활동 내역을 배치하고, 4번 문항은 지원 동기, 학과 트렌드, 학과 선택이유와 관련된 활동 또는 에피소드를 배치하는 것이 적절합니다. 4번의 경우 전공이 확실히 정해진 고등학교 3학년이 아니라면 작성하지 않아도 됩니다.

1번 문항
- 전공 심화학습
- 자기 주도적 학습 태도

2번 문항
- 전공과 관련한 활동
- 본인만의 특별한 활동

전공(계열)

3번 문항
- 리더십, 대인관계
  → 임원활동
- 인성 → 봉사활동

4번 문항
- 지원동기
- 학과 트렌드
- 학업 및 진로계획

【 활동내역을 배치한 Flow map 】

1번 문항
- 동아리활동 경진대회
- 환경공학 소논문 연구진행
  및 R&E 보고서작성

2번 문항
- 수학 · 물리 관련 도서 탐독
- 청소년 과학 탐구 토론 대회
- 주변 하천 정화활동

건설환경공학과

3번 문항
- 봉사부 부장 활동
- 초 · 중등 학습 지도 보조 활동

4번 문항
- 지원동기
- 학과 트렌드
- 학업 및 진로계획

자기소개서 흐름도

자기소개서를 쓰는 일은 2년 반의 고교생활 동안 수행한 활동조각들을 하나하나 모아 자신을 가장 돋보이고 아름답게 만들어줄 날개옷을 만드는 것과 같습니다. 조각을 모을 때도 아무렇게나 모으는 것이 아니라 순서대로, 흐름대로 놓아 실로 꿰매어야 합니다. 이렇게 자기소개서를 흐름화해서 나타내는 훈련법을 '자기소개서 흐름도'라고 합니다.

여기서는 한 학생의 자기소개서를 예로 들어 4번, 자율문항을 작성하는 법을 훈련해보겠습니다. 이 학생은 1, 2학년 생활기록부 진로희망상황에 경찰이라고 기재했지만, 3학년 때 급하게 건축가로 바꾸어 기재한 케이스였습니다.

문항: (전공과 관련하여) 본교에 지원하게 된 동기와 입학 후 학업계획 및 향후 진로계획에 대하여 구체적으로 기술해 주시기 바랍니다. (1000자 이내)
전공: 건축공학과
활동내역 및 특이사항:
- 2학년 우리 문화 세계 알리기 대회 수상
- 3학년 『우리가 정말 알아야 할 우리 한옥』 등 건축 관련 책을 다수 읽음
- 진로희망이 경찰(1, 2학년 진로희망기재)에서 건축가(3학년 기재) 바뀜

흐름도를 작성하기에 앞서 먼저 해야 할 일은 해당 자율문항의 내용과 지원하는 학과, 앞서 소개한 활동 분류법으로 배치한 활동내역을 적어보는 일입니다. 자기소개서 문항에는 '전공과 관련하여'라는 말을 꼭 적어두세요. 중간에 진로가 바뀌었다거나, 이 에피소드에서 꼭 드러내고 싶은 점이 있다거나 하는 특이사항이 있을 경우에도 적어두세요. 지원동기와 입학 후 학업계획 및 진로계획을 묻는 자

율 문항입니다. 실제 자소서를 쓸 때 한문항에서 묻는 질문의 개수대로 에피소드를 나누어 쓰는 것처럼, 흐름도를 작성할 때도 질문 내의 항목별로 나누어 작성하는 것이 좋습니다.

■ 지원동기

이 학생의 경우 1, 2학년 진로희망과 3학년 진로희망이 크게 차이가 난다는 특이사항이 있으므로 그 점을 고려하여 흐름도를 작성해야 합니다. 진로희망이 왜 바뀌었는지를 자기소개서에서 합리적으로 드러내야 합니다.

> 건축업에 종사하시는 아버지가 고생하시는 모습이 안쓰러워 건축에 부정적인 시선을 가지고 있었지만 2학년 2학기에 우리 문화 세계 알리기 대회에서 한옥의 아름다움을 조사하면서 건축에 대한 인식이 바뀌었음.

3학년에 진로를 바꿨으니 1, 2학년 때 수행한 활동에 전공 연관성이 부족한 것은 당연한 일이나 이를 곧이곧대로 쓸 순 없습니다. 어떻게든 살을 보태어야 합니다.

> 우리 문화 세계 알리기 대회에서 한옥을 주제로 다룬 것에 구체성을 더하기 위해 관련 기사와 책을 읽고 공부했음을 드러냈음.

이때 전공 적합적 지식을 습득했음을 강조하기 위해 구체적으로 실제 원리의 일부를 구체적으로 기술하는 것이 좋습니다.

> 건축 관련 책에서 한옥 처마의 길이로 계절마다 태양의 고도 변화를 이용한 자연 채광 시스템을 얻을 수 있는 점과 온돌의 우수성을 알게 되었고 이로 인해 건축의 매력에 빠지게 되어 관련된 교내 대회에 참가하고 꿈에 확신하게 되었음.

간과하지 말아야할 점은 '본교'에 지원하게 된 동기를 물어보고 있다는 점입니다. 다른 대학에도 건축공학과가 있는데 굳이 본교에 지원한 이유가 무엇이냐 묻는 것이죠. 이에 충실하게 답변하기 위해서는 해당 학교에 관한 공부와 관심이 필요합니다. 학교 홈페이지나 자료집, 관련 기사를 통해 학교의 인재상이나 커리큘럼, 산학 협력 상황 등을 알아보고 나의 성격이나 전공 적합성에 맞추어 대답하는 것이 정석적인 방법입니다.

> 학교 홈페이지에서 학과 커리큘럼을 찾아보았더니 평소 관심 가져온 건설경영 분야가 특성화되어 있는 것을 알게 되었음.

■ 입학 후 학업계획 및 진로계획

전공과 관련한 학업계획 및 진로계획을 설명해야 합니다. 전공 분야의 트렌드나 전문 지식을 잘 알고 있으며 대학 진학 후 이를 구체적으로 알아나가고 싶다고 기술하는 것이 무난합니다.

> 건설 분야에서 주목받고 있는 IOT 기술과 통일 후 건설 시장을 언급함.

실제 생활기록부에 기재된 내용으로 본인의 장점을 부각하여 학업계획이나 진로계획을 말한바 대로 이루어낼 수 있다는 포부를 드러내는 것도 좋은 방법입니다.

> 동아리 창립 경험을 살려 건축 관련 동아리를 만들고, 북한을 포함한 도움이 필요한 세계 각국에 가서 집을 지어주고 싶음.

다음은 자기소개서 흐름도를 바탕으로 쓴 광운대학교 건축공학과 합격생의 실제 자기소개서입니다.

4. 본교에 지원하게 된 동기와 입학 후 학업계획 및 향후 진로계획에 대하여 구체적으로 기술하시기 바랍니다. (1000자 이내)

고등학교에 올라오기 전까진 건축에 대한 부정적인 시선이 있었습니다. 건축가이신 아버지를 따라 건축 현장에 가면 노동으로 힘들어하는 사람들의 모습을 자주 보며 건축을 하지 않겠단 생각이 들었기 때문입니다. 하지만 고등학교 2학년 때 건축이란 것은 노동이 전부가 아닌 예술적이고 과학적인 아름다움을 복합적으로 표현하는 행위라는 것을 '우리 문화 세계 알리기 대회'에서 발표를 준비하면서 알게 되었습니다. 대회를 준비하던 중 '한옥에 대한 세간의 관심은 최근에 부쩍 달아오르고 있다.'라는 제목의 기사를 보고 관심이 생겨, 한옥에 대한 주제를 가지고 〈우리가 정말 알아야 할 우리 한옥(신영훈)〉을 읽으며 대회 준비를 했습니다. 한옥 처마의 길이는 우리나라 위도에서의 계절에 따른 태양의 고도 변화를 이용한 자연채광 시스템이라서, 동지에는 햇볕이 건물 안까지 비치게 하고 하지에는 건물 안으로 들어오지 않게 설계하여 여름에는 시원하고 겨울에는 따뜻하다는 사실과 함께 온돌의 우수성을 발표하였습니다. 그 후 저는 건축에 매력에 빠지게 되었고, 교내의 여러 대회에 건축을 주제로 참가하면서 건축가라는 꿈의 확신을 가졌습니다. 입학 후 저는 학교에서 정해진 커리큘럼 과정에 따라 성실하게 학습할 것입니다. 그중 건설 경영이 특성화되어 있는 것 같다고 느꼈는데 이를 심도 있게 배워보고 싶습니다. 또한, 최근 주목받고 있는 IOT 기술을 더 다양한 방면으로 건축과 연관 짓고 싶습니다. 그리고 저는 곧 머지않아 북한과 통일이 될 거라고 생각합니다. 건축 관련 자료수집 중 특성화된 전공 관련 통일 기술 동아리를 만드는 일, 그중에 우리나라에서는 건축과 학생들이 집을 지어주는 봉사활동이 활발하게 벌어지고 있다는 것을 알게 되었습니다. 고등학교 때 동아리 창립 경험을 바탕으로 건축공학과 학생들과 건축 관련 동아리를 만들어 북한뿐만 아니라 세계 각국의 도움이 필요한 곳이라면 어디든 가서 그들에게 세계에서 가장 편안한 집을 지어주고 싶습니다. 저는 제 미래의 한 발짝을 광운대학교에서 시작하고 싶습니다.

흐름도를 작성할 때 큰 틀을 잡아두고 중간중간 채워나간다는 느낌으로 최대한 상세하게 써야 합니다. 자기소개서 흐름도를 작성하는 5가지 방법을 알아보면서 훈련합시다.

자기소개서 흐름도 작성법 5

⇟ 1 책이나 신문을 이용하여 흐름을 엮어라

앞의 합격생 사례에서도 알 수 있듯 책이나 신문은 전공 적합성을 드러낼 수 있는 좋은 요소입니다. 전문적인 지식을 담고 있어 전공 심화적인 지식을 상세하게 표현할 수 있기 때문이죠.

책과 신문의 장점은 1, 2학년 때 읽지 못했거나 생활기록부에 기재하지 못했더라도 어느 정도 끼워 맞추기가 가능하다는 점입니다. 책을 3학년 때 읽고 생활기록부에 기재하더라도 자소서에는 2학년 말에 읽었다고 적을 수 있습니다. 이에 대해 질문이 들어온다면 2학년 때는 필요한 부분만 찾아 읽었기 때문에 기재를 하지 않았지만 3학년에 완독하고 기재했다고 설명하면 됩니다. 신문탐독은 생활기록부에 따로 기재하지 않으므로 내용만 잘 숙지하고 있다면 자소서에 설명한 시기에 읽지 않은 것이 드러나지 않습니다.

【 **책을 이용한 자기소개서 흐름도 예시** 】

> **문항:** (전공과 관련하여) 고등학교 재학기간 중 학업에 기울인 노력과 학습 경험에 대해 배우고 느낀 점을 중심으로 기술해 주시기 바랍니다.
> **전공:** 글로벌경영학과
> **활동내역 및 특이사항:**
> • 〈맨큐의 경제학〉을 읽고 이해가 가지 않는 부분을 정리하기 위해 그래프를 그려봄.

〈맨큐의 경제학〉을 읽고 교과서에 나오지 않는 정책의 원리와 효과(화폐 시장의 그래프, 이자율에 따른 투자의 탄력성, 구축효과와 승수효과)를 이해할 수 있었으며, decreasing cost industry에서 장기공급곡선이 우하향하는 현상을 이해하기 위해 인과적으로 정리한 후 그래프로 그려보고 이해할 수 있었음.

＋

인과관계와 원리를 통해 경제학을 이해할 수 있다는 자신감을 가짐.

1. 고등학교 재학기간 중 학업에 기울인 노력과 학습 경험에 대해 배우고 느낀 점을 중심으로 기술해 주시기 바랍니다.

경제 과목을 독학하던 저에게 〈맨큐의 경제학〉은 경제학의 기본원리를 알려준 선생님이 었습니다. 〈맨큐의 경제학〉을 통해 교과서에는 없는 화폐 시장의 그래프와 이자율에 따른 투자의 탄력성과 같이 원리를 통해 정책의 원리를, 구축 효과와 승수효과를 통해 정책의 효과를 이해할 수 있었습니다. 학습 도중 decreasing cost industry에서 장기공급곡선이 우하향하는 현상을 이해하기 위해 백지에 기업과 시장을 분리하고 그 둘의 상호작용을 순차적, 인과적으로 정리한 결과를 그래프로 그려보았습니다. 이를 통해 기업의 시장진입 증가로 인한 생산량 증가가 기업의 비용곡선에 영향을 끼쳐 결국 시장에서 장기공급곡선이 우하향하게 된다는 사실을 이해할 수 있었습니다. 인과관계와 원리를 통해 경제학을 이해할 수 있다는 자신감이 생겼고, 원리를 찾는 저의 학습법은 내신과 교내 경시대회에서 좋은 성적을 거두는 데에도 도움이 되었습니다.

[신문을 이용한 자기소개서 흐름도 예시]

문항: (전공과 관련하여) 고등학교 재학기간 중 학업에 기울인 노력과 학습 경험에 대해 배우고 느낀 점을 중심으로 기술해 주시기 바랍니다.
전공: 컴퓨터공학과
활동내역 및 특이사항:
직업인 초청 특강을 듣고 프로그래머가 소통이 필요한 직업임을 알고 소통능력을 키우기 위해 신문을 읽으며 글쓰기 연습을 함.

직업인 초청 특강을 듣고 프로그래머가 소통을 필요로 하는 직업이라는 것을 알게 됨.

소통능력을 향상해야겠다는 필요성을 느끼고 신문을 읽으며 다양한 생각 방식을 알아보고 글쓰기 연습을 시작함. 처음에는 몇 개의 단어를 이어서 글을 쓰거나 신문을 읽고 짧게 메모하는 것도 버거웠지만, 꾸준히 노력한 끝에 신문의 모든 면을 읽고 그 날의 화두를 주제로 노트 한 페이지 분량의 글을 작성할 수 있게 됨.

친구들과 의견을 나누는 데 어려움이 없어지고, 최적의 알고리즘을 찾을 수 있게 되어 컴퓨터 공부에도 도움을 받음.

합격자 자기소개서

1. 고등학교 재학기간 중 학업에 기울인 노력과 학습 경험에 대해, 배우고 느낀 점을 중심으로 기술해 주시기 바랍니다.

컴퓨터 프로그래머가 되겠다는 꿈을 갖고 대부분 시간을 컴퓨터 공부에만 열중하였습니다. 그 결과 저는 사람과의 대화보다 컴퓨터와의 대화가 쉽게 느껴지게 되었습니다. 그런 저에게 학교의 직업인 초청 특강을 위해 방문하신 IT업계 종사자분은 프로그래머라는 직업이 다른 분야의 사람과 소통을 해야 하는 직업이라는 것을 일깨워주셨습니다. 이런 이야기를 듣고 저는 사람들과 의견을 나눌 줄 아는 프로그래머가 되기 위해 소통능력 향상의 필요성을 느꼈습니다. 말의 토대가 되는 것은 글이므로 글의 완성도가 높아지게 되면 사람들과의 의사소통 능력도 함께 자라날 것이라는 생각에 글쓰기를 시작했습니다.

우선 글쓰기에 앞서 다른 사람들의 생각을 읽으며 다양한 생각 방식을 알아보고 싶었습니다. 우리 학교는 매주 화, 목요일 아침 현관에 일간지가 놓여있습니다. 등굣길에 한 부씩 가져와 점심시간마다 오피니언 면을 주의 깊게 살피며 기자들의 생각을 읽어보고 신문 한구석에 제 생각도 짧게나마 남겨 보았습니다. 처음 며칠간은 몇 개의 단어를 이어놓는 것도 힘들었지만, 금세 단어가 하나둘씩 늘어나 점차 문장의 형태를 이뤄가는 것을 보며 뿌듯함을 느꼈습니다. 짧게 적어두던 글에 살이 붙어 문단의 모습이 갖춰질 때 쯤 신문의 모든 면을 읽고 그날의 화두를 주제로 하여 노트 한 페이지분량의 생각을 써보기 시작했습니다. 꾸준히 글을 쓰며 쌓이는 경험이 글쓰기의 가이드라인이 되어 저의 글과 말을 더욱 매끄럽게 만들어 주자 친구들과 의견을 나누는 데에도 어려움이 없어졌습니다. 게다가 글쓰기는 컴퓨터 공부에도 도움을 주었습니다. 한가지 문제를 가지고 논리적으로 생각하며 글 쓰는 연습은 다양한 방면으로 생각하는 법을 길러주어 최적의 알고리즘을 찾는 데에도 도움이 되었습니다. 꾸준하게 써온 글이 불러온 커다란 나비효과를 느끼며 프로그래머에게도 인문학적 소양이 필요하다는 것을 알게 되었습니다. 단순히 시험을 잘 보기 위해 노력한 것이 아니라 제 꿈을 이루기 위해 열정을 갖고 꾸준히 노력 때문에 이러한 결과를 얻을 수 있었다고 생각합니다.

⤙ 2 생활기록부상의 대회를 전공과 엮어라

가장 기본적이지만 확실한 방법입니다. 학종은 기본적으로 생활기록부 기록을 우선시하기 때문이죠.

【 생활기록부상에 기재된 대회와 엮은 자기소개서 흐름도 예시 】

문항: (전공과 관련하여) 고등학교 재학기간 중 본인이 의미를 두고 노력했던 교내 활동을 배우고 느낀 점을 중심으로 3개 이내로 기술해 주시기 바랍니다. 단, 교외 활동 중 학교장의 허락을 받고 참여한 활동은 포함됩니다.
전공: 컴퓨터공학과
활동내역 및 특이사항:
• 대한민국 학생발명전시회에 참가하여 '태양광 음용수 살균 적정기술 장치'를 개발하고 수상함.

대한민국 학생발명전시회에 참가하게 되면서 오염된 물이 원인인 질병으로 사람이 죽어간다는 기사를 접하고 태양빛으로 최소한의 살균만 가능해도 도움을 줄 수 있겠다는 생각을 함.

태양전지에서 생산된 전기로 메쉬형 광촉매를 회전시키고 찌꺼기를 손쉽게 제거할 수 있는 장치를 구현하기 위해 ICY 연구 경험과 '제로 에너지'라는 적정, 지속가능기술을 더한 시너지 효과를 핵심으로 잡았음.

수상을 함과 동시에 '태양광 화학반응을 이용한 실내공기 정화장치 개발'이라는 새로운 도전을 하는 계기로 삼음.

2. 고등학교 재학기간 중 본인이 의미를 두고 노력했던 교내 활동을 배우고 느낀 점을 중심으로 3개 이내로 기술해 주시기 바랍니다.

대한민국 학생발명전시회 참가는 저에게 광화학적 수처리를 비롯한 에너지·환경 전문가로서의 꿈을 더욱 심화시켰습니다. '태양광 음용수 살균 적정기술 장치'는 저개발 국가나 아프리카 등의 오지에서 오염된 물이 원인인 질병으로 사람이 죽어간다는 기사를 접하면서, 태양빛으로 최소한의 살균만 가능해도 혜택을 줄 수 있겠다는 아이디어로 시작하였습니다. 그래서 제작 과정에서는 태양전지에서 생산된 전기로 메쉬형 광촉매를 회전시키고 가라앉은 찌꺼기를 손쉽게 제거할 수 있는 장치를 구현하려 했습니다. 여기에는 ICY의 연구 경험과 '제로 에너지'라는 적정, 지속 가능기술을 더한 시너지 효과가 핵심이었습니다. 심사과정에서도 광화학 이론과 공학을 융합한 기술로서 비용 절감, 지속 운전이 가능하다는 활용 측면에서 큰 칭찬(장관상인 금상)을 받았습니다. 그리고 저에게는 '태양광 화학반응을 이용한 실내공기 정화장치 개발'이라는 새로운 도전의 밑거름이 되었습니다.

3 미래자기소개서 활동을 이용하라

앞에서 배운 미래자기소개서 훈련법은 실제 자기소개서를 작성할 때도 유용하게 쓸 수 있습니다. 미래 자기소개서의 특징은 한 가지 활동에 대한 내용을 되도록 구체적으로 기재하는 것이기 때문에 흐름도에 적용한다면 구체적인 기술이 가능합니다. 이미 작성해 놓은 내용을 요약하거나 상황에 따라 조금씩 덧붙이면 되니까요. 또한, 충분히 융합적 사고를 기반으로 작성한 내용이기 때문에 전공 연관성이 높습니다.

[**미래자기소개서를 이용한 자기소개서 흐름도 예시**]

문항: (전공과 관련하여) 고등학교 재학기간 중 학업에 기울인 노력과 학습 경험에 대해, 배우고 느낀 점을 중심으로 기술해 주시기 바랍니다.
전공: 신소재공학과
활동내역 및 특이사항:
• 〈어벤져스〉를 보고 '영화 감상문 대회'에 참가
• '소논문 쓰기 대회'에서 〈그래핀의 심층 분석과 실용적 활용〉이라는 소논문을 제출하여 우수한 성적을 얻음

고등학교 1학년 때 영화 감상문 대회를 준비하기 위해 〈어벤져스〉를 보고 감상문을 제출한 후 신소재에 관심을 갖게 됨.

소재에 관한 탐구를 이어나가며 '그래핀의 심층 분석과 실용적 활용〉이라는 관련 논문을 소논문 쓰기 대회에 제출하여 우수한 성적을 거둠.

합격자 자기소개서

1. 고등학교 재학기간 중 학업에 기울인 노력과 학습 경험에 대해, 배우고 느낀 점을 중심으로 기술해 주시기 바랍니다.

공학자의 기본 소양은 물질에 대한 의문과 탐구라고 생각합니다. 그래서 궁금증이 생기면 탐구해보려 노력해왔습니다. 가장 기억나는 탐구는 '캡틴 아메리카 방패 소재에 대한 감상과 분석'이라는 제목으로 영화 감상문 대회에 제출했던 감상문입니다. 고등학교 1학년 때 화 감상문 대회에 나가게 되어 영화 〈어벤져스〉를 보게 되었는데 평소 아이언맨을 좋아했던 저는 캡틴 아메리카와의 승부에서 그가 패배했다는 사실을 믿을 수 없었습니다. 그래서 승부의 원인을 심층적으로 분석한 뒤 이를 바탕으로 '캡틴 아메리카의 방패 소재에 대한 분석과 승부'라는 제목의 감상문을 제출하였습니다. 분석 결과 캡틴 아메리카의 방패가 승리에 큰 역할을 했다는 생각이 들었습니다. 캡틴 아메리카의 방패 소재는 현실 세계에는 존재하지 않는 소재로 이름은 '비브라늄'입니다. 이 소재는 물리적인 운동에너지를 흡수하여 상대방의 공격에서의 충격을 최대한 완화해주는 핵심코어 물질이 된다는 사실을 알게 되었습니다. 이에 반해 아이언맨의 슈트는 실제 있는 물질인 '티타늄'을 이용해 제작되었다는 사실도 알게 되었습니다. 티타늄은 알루미늄 합금보다 2배나 강해 항공기 제작에 쓰일 정도로 강한 소재입니다. 그런데 전투력에 미치는 영향력을 분석해보니 비브라늄이 티타늄을 간단히 부숴버릴 수 있을 정도의 강도라는 사실을 알게 되었습니다. 이를 통해 전투력을 분석해보니 소재의 차이가 캡틴 아메리카가 이길 수 있었던 강력한 원인이 된 것을 알게 되었습니다.

단순히 소재 하나가 승부에 큰 영향을 미치는 것을 보고 저는 소재에 대한 탐구를 더 진행해 보고 싶었고 교내에 소논문 쓰기 대회가 열린다는 소식을 듣고 팀원들을 모아 참가하였습니다. '그래핀의 심층 분석과 실용적 활용'이라는 주제를 잡아 연구를 통해 그래핀은 band gap이 없어 전류를 차단하기 어려워 상용화가 어렵다는 사실과 전자산란으로 인해 가장자리가 불안하다는 단점이 있다는 사실을 알아냈습니다. 하지만 보론나이트라이드와의 결합을 통해 극복할 수 있고 강철보다 200배 물리적으로 강하며 구리보다 100배나 전기전도성이 강해 이용 가능한 부분이 많다는 것을 알게 되었습니다. 위의 내용과 그래핀이 반도체의 집적도를 증대시키는 데 효과적이며 전지를 만들 때 이용하면 좋다는 내용을 담은 소논문을 제출하여 좋은 성적을 얻을 수 있었습니다.

4 소논문을 이용해 전공 적합적 깊이를 더해라

입학사정관들은 소논문 자체의 완성도보다는 작성 과정이나 전공에 관한 관심을 눈여겨봅니다. 그러므로 전공에 관한 소논문을 작성했다는 내용을 자소서에 기재하면 전공 적합성과 자기 주도적 태도에서 높은 점수를 받을 수 있습니다.

[소논문을 이용한 흐름도 예시]

문항: (전공과 관련하여) 고등학교 재학기간 중 본인이 의미를 두고 노력했던 교내 활동을 배우고 느낀 점을 중심으로 3개 이내로 기술해 주시기 바랍니다. 단, 교외 활동 중 학교장의 허락을 받고 참여한 활동은 포함됩니다.
전공: 글로벌경영학과
활동내역 및 특이사항:
• 저금리정책으로 인한 위기를 다룬 칼럼을 스크랩하고 경제 관련 도서 〈달러의 위기〉를 통해 아베노믹스의 영향을 예측하는 소논문을 작성함.

칼럼을 통해 일본의 저금리정책에 대한민국이 안심하기에는 이르다는 것을 알게 됨.

부수적으로 내수 진작의 중요성에 대해 알게 되고 피해를 최소화할 수 있는 방안에 대한 궁금증이 생겨 경제 관련 도서 〈달러의 위기〉를 참고하여 아베노믹스의 영향을 예측하는 소논문을 작성함.

자국의 이익을 위해 신흥국들이 피해를 입는 정책을 펼쳐야하는지에 대한 혼란을 겪었지만 결국 옳지 않다는 판단을 내리고 세계적인 영향을 고려한 정책으로 위기를 극복해야 한다는 신념을 더 굳게 가지게 됨.

2. 고등학교 재학기간 중 본인이 의미를 두고 노력했던 교내 활동을 배우고 느낀 점을 중심으로 3개 이내로 기술해 주시기 바랍니다. 단, 교외 활동 중 학교장의 허락을 받고 참여한 활동은 포함됩니다.

스크랩을 하며 저금리정책으로 금융위기를 겪은 신흥국들에 비해 한국이 선전하고 있으나 안심하기에는 이르다는 칼럼을 접했습니다. 내수진작이 없으면 유동성 함정과 거품 경제 등 부작용을 일으키는 미봉책으로 그칠 수 있다는 조원들과의 진단 외에 정책이 세계시장에 미칠 영향과 그 피해를 최소화할 수 있는 방안에 대해 궁금증이 생겼고 〈달러의 위기〉 등을 통해 미국의 예를 조사하여 아베노믹스의 영향을 예측하는 소논문을 작성하였습니다. 한 국가로서는 장기간의 침체를 극복하고 자국을 보호하기 위한 효과적인 정책이었지만 신흥국들이 그 부작용을 감당해야 할 수도 있다는 결론을 내리며 국가 성장과 세계의 균형 도모 중 어느 것이 옳은지 혼란을 겪어야 했습니다. 하지만 이기적인 정책은 결국 국가를 위기로 내몬다는 것 역시 확인할 수 있었기에 국가의 성장을 해하지 않는 범위에서는 국제 사회의 안정이 우선되어야 한다는 저의 신념을 굳힐 수 있었고 이러한 신념을 가지고 한국의 국제적 영향력이 커짐에 따라 더욱 세계적인 영향을 고려한 정책으로 위기를 예방하고 극복하는 데에 이바지해야겠다고 다짐했습니다.

5 동아리활동을 이용해 흐름을 엮어라

전공과 관련된 동아리활동을 구체적으로 기재할 경우 전공에 관한 열정과 탐구력을 자연스럽게 드러낼 수 있습니다.

[동아리활동을 이용한 흐름도 예시]

문항: (전공과 관련하여) 고등학교 재학기간 중 본인이 의미를 두고 노력했던 교내 활동을 배우고 느낀 점을 중심으로 3개 이내로 기술해 주시기 바랍니다. 단, 교외 활동 중 학교장의 허락을 받고 참여한 활동은 포함됩니다.

전공: 유기응용재료공학과

활동내역 및 특이사항:

• 자율동아리활동 중 문제의 통제 단서에 의문점을 느꼈으나 관련 도서를 찾아 이유를 알게 됨.

문제를 풀어보는 자율동아리활동 중 문항마다 지문 끝에 있는 통제 단서에 의구심을 가짐.

관련 도서를 찾아보고 실제 원리를 알게 됨.

작은 단서라도 놓치지 않으려는 꼼꼼한 문제분석의 중요성을 인식하고 화학연구원으로서 갖춰야할 관찰력을 키울 수 있었음.

합격자 자기소개서

2. 고등학교 재학기간 중 본인이 의미를 두고 노력했던 교내활동을 배우고 느낀 점을 중심으로 3개 이내로 기술해 주시기 바랍니다. 단, 교외 활동 중 학교장의 허락을 받고 참여한 활동은 포함됩니다.

'화학으로 소통하는 즐거움, 자율동아리'

함께 대화하며 문제를 풀고 다른 접근법들을 공유하는 자율동아리활동 중, 저는 산과 염기 문제를 풀다 이상한 점을 발견했습니다. 문항마다 지문 끝에 '단, 혼합 용액 부피는 혼합 전 각 용액의 부피의 합과 같다.'라는 부피 변화를 통제하는 단서가 있는데, 이는 '중화반응 시 부피는 증가한다.'는 원리와 모순되기 때문입니다. 우리는 토의를 통해 이 단서는 계산이 지나치게 어려워지는 것을 막으려는 조치이고, 실제 부피증가의 원인은 '중화열에 의한 열팽창'이 아닐까 하고 추측해 보았습니다. 하지만 관련 도서를 찾아보니, 부피증가의 지배적 요인은 중화반응 시, H^+이온과 OH^-이온이 결합하여 물 분자가 될 때 두 이온의 이온반경보다 물 분자의 반경이 더 크기 때문이었습니다. 이를 통해, 단 하나의 단서라도 놓치지 않는 꼼꼼한 문제분석의 중요성을 인식했으며 화학연구원으로서 갖춰야 할 세심한 관찰력을 키울 수 있었습니다.

자기소개서 실습 ⭐

가상의 활동내역으로 자기소개서 실습해보기

가상의 활동내역으로 모의 자기소개서 실습을 해봅시다. 고 1, 2학년일 경우 수행한 활동이 적거나 완성되지 않았으므로 본인의 자소서를 작성하기 어려울 수 있습니다. 가상의 활동내역을 바탕으로 활동을 분류하고 흐름도를 작성해보는 실습을 하여 훗날 진짜 자기소개서를 완성도 높게 작성할 수 있도록 실력을 기릅시다.

가상의 활동내역으로 실습을 마친 후 작가가 제시한 모범 가이드라인과 대조하면서 본인이 잘한 점과 부족한 점을 생각해보세요. 완벽한 정답은 없지만 올바른 방향성은 있습니다. 모범 가이드라인에서 많이 벗어났다면 관점을 바꾸어 볼 필요가 있습니다.

희망 학과	미디어커뮤니케이션학과	
활동내역	• 교내 사회과학 경시대회 금상 • 소논문 경진대회 장려상 • 교내 토론 대회 우수상 • 방송반 활동 • 교내 토론동아리활동	• 음악동아리활동 • 학생회 기획 활동 • 위안부 수요 집회 지속적 참가 • 국어 방과 후 학교 수강 • 미디어 관련 도서 10권 읽음

⋛1 활동 분류하기

전공 적합성	자기 주도적 학습 태도	봉사활동	학업 능력	나만의 활동	학교활동리스트

⋛2 Flow 맵 작성하기

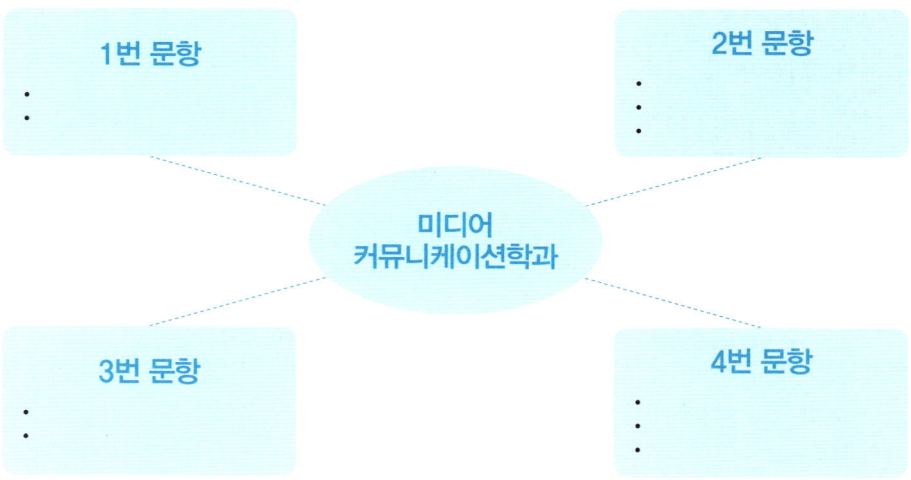

3 흐름도 작성하기

컨셉 1

컨셉 2

2. 고등학교 재학기간 중 본인이 의미를 두고 노력했던 교내활동을 배우고 느낀 점을 중심으로 3개 이내로 기술해 주시기 바랍니다.

컨셉 1

컨셉 2

컨셉 2

3. 학교생활 중 배려, 나눔, 협력, 갈등 관리 등을 실천한 사례를 들고, 그 과정을 통해 배우고 느낀 점을 기술해 주시기 바랍니다.

컨셉 1

컨셉 2

4 모범 가이드라인

희망 학과	미디어커뮤니케이션학과	
활동내역	• 교내 사회과학 경시대회 금상 • 소논문 경진 대회 장려상 • 교내토론대회 우수상 • 방송반 • 교내 토론동아리활동	• 음악동아리활동 • 학생회 기획 활동 • 위안부 수요 집회 지속적 참가 • 국어 방과 후 학교 수강 • 미디어 관련 도서 10권 읽음

전공 적합성	자기 주도적 학습 태도	봉사활동	학업 능력	나만의 활동	학교활동리스트

• 방송반 활동
• 미디어 관련
  도서 탐독
• 교내 토론대회
  우수상
	• 국어 방과 후
	  학교 수강
	• 소논문 경진
	  대회 장려상
	• 교내 사회과학
	  경시대회 금상
	• 학생회 기획
	  활동
		• 위안부 수요
		  집회 지속적
		  참가
			• 교내토론대회
			  우수상
			• 교내 사회과학
			  경시대회 금상
			• 소논문 경진
			  대회 장려상
				• 교내토론동아
				  리활동
				• 음악동아리
				  활동
				• 학생회 기획
				  활동
					• 미디어 트렌드
					  에 관한 기사를
					  스크랩하고 자
					  율보고서 작성

1번 문항
• 방송반 활동으로 배운 점
• 국어 방과 후 학교 활동

2번 문항
• 소논문 경진 대회
• 사회과학 경시대회
• 학생회 기획 활동

**미디어
커뮤니케이션학과**

3번 문항
• 위안부 수요 집회 참여

4번 문항
• 지원 동기
• 미디어 트렌드 반영시키기

1. 고등학교 재학시간 중 학업에 기울인 노력과 학습 경험에 대해, 배우고 느낀 점을 중심으로 기술해 주시기 바랍니다.

컨셉 1

방송반 활동을 하면서 겪은 어떤 사건이나 계기로 인해 방송PD를 꿈꾸게 됨.
방송반 활동을 더 잘해내고 싶은 마음에 방송 관련 지식을 자기 주도적으로 찾아보고 공부함.
PD라는 직업은 방송의 기술적 부분뿐만 아니라 좋은 원고를 고를 수 있는 국어 능력이 필요하다는 생각을 하게 됨.
이를 위해 국어 방과 후 학교 활동을 하게 되었으며 국어 선생님에게 좋은 글을 보는 안목을 배우려 노력함. 방과 후 활동 시간 이외에도 선생님을 찾아가 괴롭힐 정도로 열정적으로 임함.

2. 고등학교 재학기간 중 본인이 의미를 두고 노력했던 교내활동을 배우고 느낀 점을 중심으로 3개 이내로 기술해 주시기 바랍니다.

컨셉 1

미디어 관련 책을 읽은 후 관련 주제를 더욱 구체적으로 탐구해보기 위해 교내 소논문 경진대회를 준비함.
관련 신문 기사와 책, 논문을 찾아보면서 더욱 심화된 전공 지식과 트렌드를 알게 되고 이를 반영하여 소논문을 작성함.
학교 교지에 실리고 장려상을 수상하는 등 좋은 평가를 받음.

컨셉 2

'미디어가 사회에 끼치는 영향력'이라는 주제로 교내 사회과학 경시대회를 준비하기로 함.
관련 책과 기사, 논문을 탐독하면서 여러 사례를 접하고, 순기능과 역기능으로 나누어 정리하고 해결방안을 제시함.
교내 사회과학 경시대회에서 수상하여 좋은 결과를 얻음.
미디어의 순기능을 이용하는 훌륭한 PD가 되어야겠다는 다짐을 하게 되었음.

컨셉 2

학내 프로그램 기획 활동이 진로와 관련한 좋은 경험이 될 것 같아 학생회 활동을 시작함.
프로그램 기획 활동을 하면서 현장에서 겪을 수 있는 어려움을 느꼈고 이를 극복하기 위해 다양한 시도를 함.
3년간의 학생회 활동은 후에 PD로서 프로그램을 기획할 때 많은 도움을 줄 것으로 생각함.

3. 학교생활 중 배려, 나눔, 협력, 갈등 관리 등을 실천한 사례를 들고, 그 과정을 통해 배우고 느낀 점을 기술해 주시기 바랍니다.

컨셉 1

위안부 수요 집회에 꾸준히 참여하면서 위안부 문제에 관심을 가지게 되었고 친구들에게도 심각성을 알리고 싶어짐.
학생회에서 위안부 관련 동영상을 만들 것을 제안하고 진행했지만 진행 과정에서 역할 분담 문제로 갈등을 빚음.
여러 번의 회의를 통해 갈등을 해결하려 다 같이 노력함. 개인적으로는 연출로서 일을 더 맡고, 진행 상황을 책임지고 확인하는 등 노력을 보임.
우여곡절 끝에 만든 동영상으로 친구들이 위안부 문제에 관심을 두게 된 것에 뿌듯함을 느낌. 앞으로 사람들의 인식개선을 돕는 프로그램을 만들고 싶다는 생각을 함.
사람들의 인식개선을 위한 프로그램을 만드는 PD가 되고 싶다는 생각을 하게 되었음.

나의 자기소개서 실습해보기

실제 나의 활동내역으로 활동을 분류하고 흐름도를 작성해 봅시다.

자기소개서를 작성할 정도로 활동을 수행하지 못했다면 학교활동리스트로 작성한 임의의 활동을 적으세요. 일단 학교활동리스트란으로 분류해놓은 후 실제 활동을 수행하고서 다른 칸으로 분류하면 됩니다.

희망 학과	
활동내역	

1 활동 분류하기

전공 적합성	자기 주도적 학습 태도	봉사활동	학업 능력	나만의 활동	학교활동리스트
•	•	•	•	•	•
•	•	•	•	•	•
•	•	•	•	•	•
•	•	•	•	•	•

2 Flow 맵 작성하기

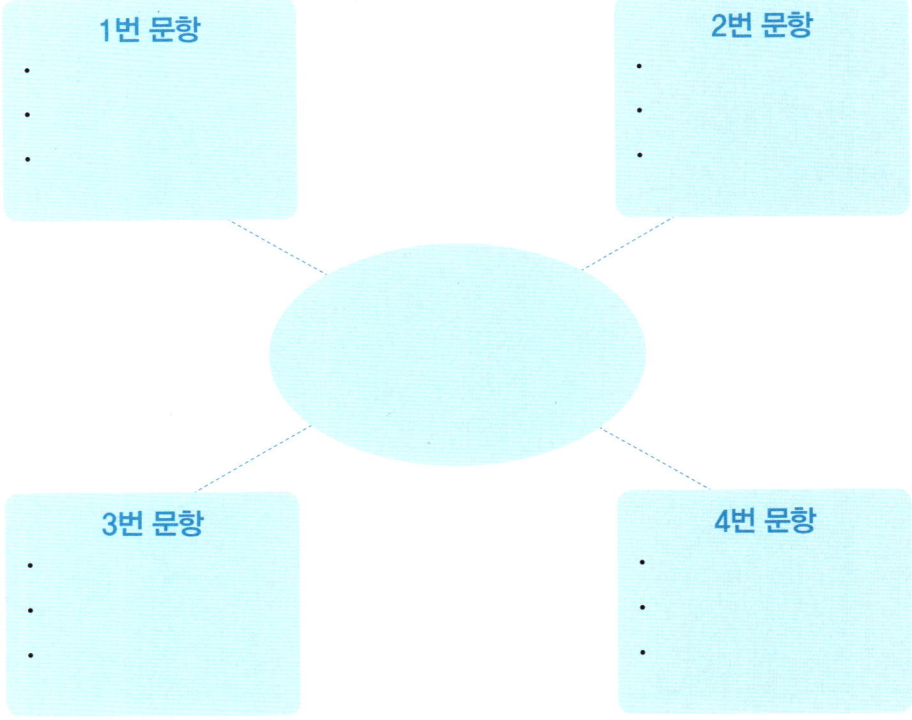

3 흐름도 작성하기

> 1. 고등학교 재학기간 중 학업에 기울인 노력과 학습 경험에 대해, 배우고 느낀 점을 중심으로 기술해 주시기 바랍니다.

컨셉 1

컨셉 2

2.고등학교 재학기간 중 본인이 의미를 두고 노력했던 교내활동을 배우고 느낀 점을 중심으로 3개 이내로 기술해 주시기 바랍니다.

컨셉 1

컨셉 2

컨셉 2

3. 학교생활 중 배려, 나눔, 협력, 갈등 관리 등을 실천한 사례를 들고, 그 과정을 통해 배우고 느낀 점을 기술해 주시기 바랍니다.

컨셉 1

컨셉 2

4번 문항은 학교별 자율문항이므로 1장에서 설명한 자율문항 유형별로 작성하거나, 희망하는 대학의 3개년 자율문항을 살펴보고 그에 맞추어 작성합니다.

4 흐름도를 바탕으로 자기소개서 작성하기

"모든 초고는 쓰레기다."

–어니스트 헤밍웨이–

유명한 작가들은 초고를 쓴 후 몇 번이나 고쳐 쓸까요? 베르나르 베르베르는 개미를 쓸 때 120번 이상, 헤밍웨이는 노인과 바다를 쓸 때 무려 400번 이상 고쳐 썼다고 합니다. 수십, 수백 번의 퇴고에 걸쳐 예술이 태어났으니 예술은 쓰레기 더미 위에서 피어나는 꽃이라고 봐도 무방하겠지요. 여러분의 자기소개서 또한 수없이 고치고 또 고쳐야 합니다.

흐름도를 바탕으로 책에 써본 후 읽어보세요. 읽으면 읽을수록 고쳐야 할 내용이 수없이 보입니다. 처음 쓴 자기소개서를 컴퓨터로 옮겨 파일화해두고 시간이 날 때마다 보고 고쳐야 합니다. 이후에 나올 '자기소개서 독해법'과 '합격자 자기소개서 분석'을 읽은 후 자기소개서를 다시 들여다보면 고칠 부분이 또 한가득 생겨있을 겁니다. 몇 번이고 더 고치세요. 그래야 합격자 자기소개서로 거듭날 수 있습니다.

2. 고등학교 재학기간 중 본인이 의미를 두고 노력했던 교내활동을 배우고 느낀 점을 중심으로 3개 이내로 기술해 주시기 바랍니다. (1500자 이내)

전공을 정하지 못한
고3을 위한 마지막 실습 ⭐

고3, 끝날 때까지 끝난 게 아니다.

학교생활의 대부분이 마무리되어가는 고등학교 3학년. 지난 3년 간 나름 대회도 참여하고, 동아리활동도 하고, 이것저것 활동을 열심히 했지만 길을 찾지 못하고 방황하는 고3 학생들이 생각보다 많습니다. 담임선생님이 추천해 준 학과를 무턱대고 지원할 수도 없는 노릇이고 이런 답답한 상황에서 학종을 준비하는 것은 스스로 생각하기에도 무모하게 느껴질 테죠. 하지만 우리는 이 상황을 극복해 나갈 수 있습니다.

앞에서 설명하는 활동 분류법이나 자기소개서 흐름도는 희망 전공이나 계열이 뚜렷한 학생들에게는 큰 도움이 되지만, 전공조차 명확히 정하지 못한 채 고3이 되어버린 친구들에겐 큰 효과를 발휘하지 못합니다. 전공을 정해놓고 전략적으로 생활기록부를 만들어나가지 못했다면, 이미 기재된 생활기록부를 최대한 활용하여 전공을 만들어갈 수밖에 없습니다.

조금 자극적으로 말하자면 학종은 '귀에 걸면 귀걸이 코에 걸면 코걸이'입니다. 그러므로 지금이라도 본인의 생활기록부를 분석하고 가장 적합한 전공을 도출해내면 합격 가능성이 없진 않습니다. 생활기록부에 기재된 활동을 모두 쓴 뒤 스토리를 만들어 연관된 전공을 찾아내야 합니다. 그중 확정된 전공으로 모범 가이드라인 예시처럼 모든 활동을 Flow map 배치해 본 후 자기소개서 흐름도를 작성합니다. 매끄럽게 본인의 활동과 연결할 수 있고, 본인만의 스토리가 나오는 전공으로 지원한다면 합격 가능성은 분명히 있습니다.

고백하자면, 자기소개서 흐름도 첫 번째 예시로 나오는 광운대학교 건축공학과 합격자도 같은 케이스의 학생이었습니다. 학생의 생활기록부를 분석한 뒤 스토리를 이끌어 낼 수 있는 전공을 압축해낸 결과 건축공학과가 가장 적합하다는 판단이 들었고 학종 원서를 모두 건축공학과로 지원한 결과 본인의 성적과 활동보다 우수한 대학에 합격할 수 있었습니다.

입시는 전략입니다. 고등학교 3학년, 늦지 않았습니다.

1 활동내역 나열하기

1학년 때부터 수행한 모든 활동을 기록해주세요. 세부특기사항, 독서, 동아리활동, 수상경력 등 빠짐없이 작성하세요.

활동내역

⫶ 2 임시 Flow 맵 작성하기

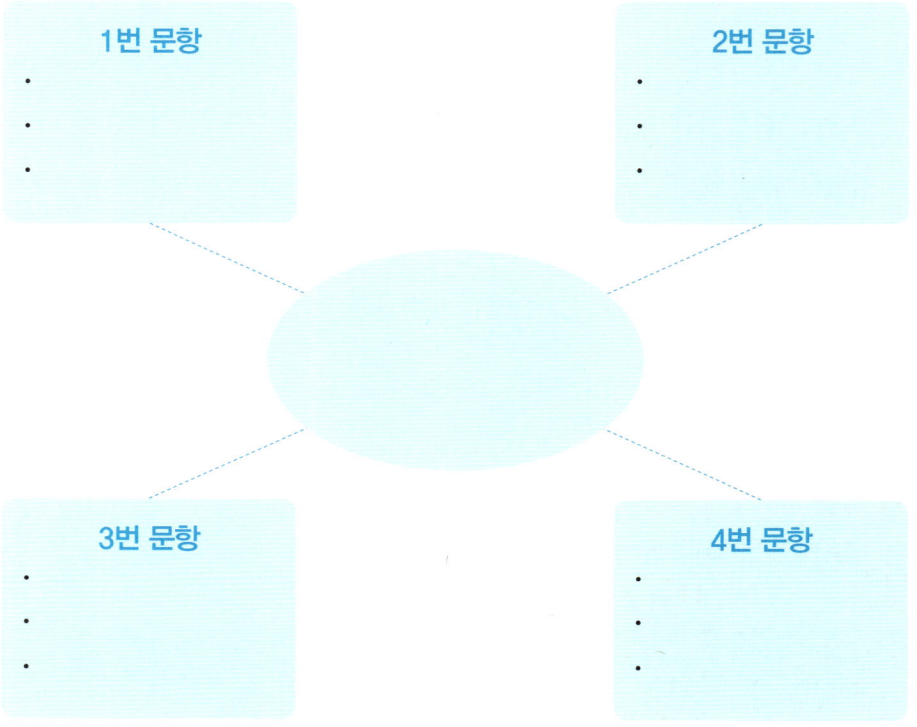

임시 Flow맵을 작성할 때는 중앙의 희망 전공란을 비워둡니다.

　1번 문항은 독서활동이나 깊은 지식의 소논문, 심화 학습 및 자기 주도적 학습 태도를 강조한 활동을 씁니다. 2번 문항은 본인만의 특별한 활동을 모두 나열합니다. 대회 참여, 수상, 소논문 작성, 동아리활동 등이 있겠지요. 3번 문항은 리더십, 자율성, 원만한 대인관계, 인성을 드러낼 수 있도록 임원활동이나 봉사활동과 관련한 활동을 모두 쓰세요. 4번 문항은 지원 동기, 학과 트렌드, 학과 선택 이유와 관련된 활동 또는 에피소드를 배치하는 곳이지만 희망 전공을 정해지 못했으니 관심 있는 학과나 대학을 써두세요.

⅔ 3 고교생활 동안 기억에 남았던 스토리 작성하기

고등학교 3년 동안 기억에 남았던 스토리를 써 봅시다. 수행한 활동과 연계되어 있으면 좋겠지만, 수행한 활동과 연계되어 있거나 책이나 신문, 개인적인 경험을 통해 배우고 느낀 점 등을 자유롭게 적어주세요. 당시 사회적 이슈를 접하고 느낀 점, 선생님·친구들과의 관계, 학교나 특정 단체, 인물에게 불만을 품었던 점 등 별 것 아닌 것 같은 이야기라도 무조건 적으세요. 기억하고 있다면 알게 모르게 여러분에게 영향을 끼친 사건이니까요.

활동	스토리

활동	스토리

4 활동과 스토리에 연관성 있는 전공을 적어보자

활동과 스토리에 조금이라도 연관성 있는 전공은 모두 적으세요. 한 활동과 스토리에 여러 전공을 중복해서 써도 됩니다.

활동 혹은 스토리	전공

칸을 다 채우고 나면 가장 많이 중복된 3개를 아래 칸에 적고, 본인이 생각하기에 가장 가능성 있고 도전해볼 수 있겠다 싶은 전공을 선택합니다.

5 선택한 전공을 바탕으로 자기소개서 흐름도 작성하기

최종 전공을 선택했다면 앞의 자기소개서 흐름도 부분으로 돌아가서 활동을 진행합니다.

자기소개서 독해법

본격적으로 학종을 공부하면서 학생부종합전형이나 자기소개서 작성법에 관한 많은 책을 읽었습니다. 하지만 합격자 자기소개서를 보여주기만 하거나 별 도움이 되지 않는 짧은 코멘트를 달아주기만 하는 경우가 대다수였고 도대체 어떻게 써야 자기소개서를 잘 쓸 수 있는지 의문감만 생길 뿐이었습니다.

그러다 문득 '접근법을 바꿔야 하는 것이 아닐까?'라는 생각이 들었습니다. 그래서 언어영역에서 문학·비문학을 독해하듯 자기소개서도 독해해보기로 했습니다. '이 자기소개서는 이런 점이 장점이다.'라고 적혀있는 것을 수동적으로 받아들이는 것이 아니라 제 손으로 직접 해부해보기로 마음먹었습니다. 그랬더니 합격자 자기소개서에서 공통으로 나타나는 요소가 무엇인지, 그 요소들을 어떤 흐름으로 나타내고 배열해야 하는지 알 수 있었습니다.

여러분도 직접 독해해 보아야 합니다. 처음엔 뭘 어떻게 시작해야 할지, 지금 내가 가는 방향이 맞는지 혼란스러울 것입니다. 하지만 한 편, 두 편 꾸준히 하다 보면 자연스럽게 흐름이 보입니다. 처음에는 책에 나와 있는 대로 독해해보고, 그 후에는 스스로의 관점으로 직접 독해해보기 바랍니다.

또한, 합격자 자기소개서뿐만 아니라 본인이 쓴 자기소개서도 독해해야 합니다. 객관적으로 나의 자기소개서가 합격자 자기소개서와 같은 흐름으로 나아가고 있는지, 필요한 요소가 들어 있는지 따져보아야 합니다.

자기소개서 독해법 YES or NO

합격자 자기소개서에 아래 항목이 반영되어 있는지 체크하며 독해하세요.

☐ 질문에 '전공과 관련하여'라는 말이 생략되어 있음을 인지하고 작성되었는가?

☐ 전공 심화 지식이 충분히 들어가 있는가?

☐ 융합적 사고를 고려하여 작성되었는가?

☐ 전공의 트렌드가 반영되었는가?

☐ 대학의 인재상이 반영되었는가?

☐ 자기 주도적 활동을 중심으로 작성하였는가?

☐ 아까운 활동보다 전공과 연관된 최선의 활동을 위주로 넣었는가?

☐ 본인의 독자적인 능력이 아니라 타인과의 협력을 바탕으로 갈등을 해결했는가?

☐ 누구나 경험할 수 있는 뻔한 스토리가 아닌 나만의 스토리로 채워졌는가?

　

위의 요소뿐만 아니라 여러분이 자기소개서를 독해하면서 느끼고 배운 점이 있다면 반드시 표시해두세요. '이전 자기소개서에서는 소논문을 작성하면서 전공 심화 지식을 얻은 것을 강조했는데 이 자기소개서는 동아리원과 갈등을 해결한 사례로 나타냈네?', '나랑 희망 전공과 수행한 활동이 겹치는데 이런 식으로 나타낼 수도 있겠구나!' 등 느낀 점을 모두 기록해 두고 훗날 나의 자기소개서를 쓸 때 참고하세요.

합격자 자기소개서 독해

이 자기소개서의 주인공은 고등학교 시절 저와 가장 친한 친구입니다. 옆에서 지켜본 친구는 내신 성적은 학교에서 좋지 못했지만, 자신이 관심 가진 컴퓨터에 관해서 만큼은 또래 그 누구보다 열정적이었습니다. 그저 자신이 관심 있는 컴퓨터와 관련된 활동이 재미있어 자발적으로 했습니다. 그래서 이 친구가 7등급이라는 낮은 내신 성적으로 국민대학교에 합격했다는 소식이 들렸을 때 모두 기적의 케이스라고 입을 모아 말했습니다.

하지만 제가 학종을 본격적으로 공부하면서 친구의 자기소개서를 받아본 결과 학종은 운이 아니라 실력으로 갈린다는 것을 인정할 수밖에 없었습니다. '대한민국 고등학생 중 몇 명이나 이렇게 전공 적합적이고 깊은 내용을 자기소개서에 나타낼 수 있을까?'라는 생각이 들었기 때문입니다. 그 자기소개서를 독해해보면서 합격자 자기소개서란 어떻게 구성되어 있는지 살펴봅시다.

> **1. 고등학교 재학기간 중 학업에 기울인 노력과 학습 경험에 대해, 배우고 느낀 점을 중심으로 기술해 주시기 바랍니다. (1000자 이내)**

컴퓨터 프로그래머가 되겠다는 꿈을 갖고 대부분 시간을 컴퓨터 공부에만 열중하였습니다. 그 결과 저는 사람과의 대화보다 컴퓨터와의 대화가 쉽게 느껴지게 되었습니다. 그런 저에게 학교의 직업인 초청 특강을 위해 방문하신 IT업계 종사자분은 프로그래머라는 직업이 다른 분야의 사람과 소통을 해야 하는 직업이라는 것을 일깨워주셨습니다. 이런 이야기를 듣고 저는 사람들과 의견을 나눌 줄 아는 프로그래머가 되기 위해 소통능력 향상의 필요성을 느꼈습니다. 말의 토대가 되는 것은 글이므로 글의 완성도가 높아지게 되면 사람들과의 의사소통 능력도 함께 자라날 것이라는 생각에 글쓰기를 시작했습니다.

▶ 직업인 초청 특강을 통해 프로그래머라는 직업이 소통능력이 필요하다는 것을 알게 된 후 소통능력을 기르기 위해 신문탐독을 하고 글쓰기 연습을 하는 등 노력하는 모습을 보여주고 있음. 전공에 대한 열정과 자기 주도적 학습 태도가 엿보임.

우선 글쓰기에 앞서 다른 사람들의 생각을 읽으며 다양한 생각 방식을 알아보고 싶었습니다. 우리 학교는 매주 화, 목요일 아침 현관에 일간지가 놓여있습니다. 등굣길에 한 부씩 가져와 점심시간마다 오피니언 면을 주의 깊게 살피며 기자들의 생각을 읽어보고 신문 한 구석에 제 생각도 짧게나마 남겨 보았습니다. 처음 며칠간은 몇 개의 단어를 이어놓는 것도 힘들었지만, 금세 단어가 하나둘씩 늘어나 점차 문장의 형태를 이뤄가는 것을 보며 뿌듯함을 느꼈습니다. 짧게 적어두던 글에 살이 붙어 문단의 모습이 갖춰질 때쯤 신문의 모든 면을 읽고 그날의 화두를 주제로 하여 노트 한 페이지분량의 생각을 써보기 시작했습니다. 꾸준히 글을 쓰며 쌓이는 경험이 글쓰기의 가이드라인이 되어 저의 글과 말을 더욱 매끄럽게 만들어 주자 친구들과 의견을 나누는 데에도 어려움이 없어졌습니다. 게다가 글쓰기는 컴퓨터 공부에도 도움을 주었습니다. 한 가지 문제를 가지고 논리적으로 생각하며 글 쓰는 연습은 다양한 방면으로 생각하는 법을 길러주어 최적의 알고리즘을 찾는데에도 도움이 되었습니다.

▶ 융합적 사고 능력을 발휘하여 언뜻 보기에 컴퓨터 분야와 관련 없어 보이는 글쓰기 능력을 엮어냈고 노력 과정을 구체적으로 제시하여 신뢰감을 높임.

꾸준하게 써온 글이 불러온 커다란 나비효과를 느끼며 프로그래머에게도 인문학적 소양이 필요하다는 것을 알게 되었습니다. 단순히 시험을 잘 보기 위해 노력한 것이 아니라 제 꿈을 이루기 위해 열정을 갖고 꾸준히 노력한 덕분에 이러한 결과를 얻을 수 있었다고 생각합니다.

▶ 앞의 내용을 바탕으로, 프로그래밍할 때에도 인문학적 소양이 필요함을 느꼈으며 꿈을 이루기 위해 노력했음을 한 번 더 강조함.

---

2. 고등학교 재학기간 중 본인이 의미를 두고 노력했던 교내 활동을 배우고 느낀 점을 중심으로 3개 이내로 기술해 주시기 바랍니다. 단, 교외 활동 중 학교장의 허락을 받고 참여한 활동은 포함됩니다. (1500자 이내)

많은 학생과 과학적 생각을 나눠보고자 평소 마음이 통하는 친구들과 함께 '공공데이터'라는 주제의 교내 과학탐구토론대회에 참가했습니다. 공공데이터에 대한 논문을 작성하기 위해선 먼저 이들을 검토해봐야 한다는 생각이 들어 국내외 공공기관에서 제공하는 자료들을 내려받아 보았습니다.

▶ 자기 주도적인 탐구 능력을 보여주고 있음.

여러 자료를 검토해본 결과 국내의 공공데이터는 시각화되어 배포되는 외국의 자료와는 다르게 전문성 없이는 이해하기 힘든 문서의 형태를 나타내고 있었습니다. 이들은 다른 공공물과 같이 대중이 쉽게 접할 수 있어야 하지만 실망스럽게도 그렇지 못한 모습을 보였습니다. 그래서 저희는 '사용자의 접근성'에 중점을 두고 해외의 사례를 벤치마킹 하여 누구나 쉽게 이해할 수 있는 형태로 변환시키기로 했습니다.

▶ 문제를 인식하고 본인의 전공 관련 능력으로 해결하려 노력함.

우선 시각화를 할 공공데이터로 한국 석유공사가 제공하는 국내 유가 정보를 내려 받아 통계 언어인 R을 이용한 전처리 과정을 통해 컴퓨터가 쉽게 처리할 수 있는 자료로 변환하였습니다. 그 후 그래프를 작성하기 위해 R의 barplot 함수를 이용하여 간단한 시각화를 진행해 보았습니다. 그러자 이들은 대부분의 쉽게 이해할 수 있는 수준의 형태로 단순해져 '사용자의 접근성'이 뛰어난 자료가 되었습니다. 저희 논문은 여러 평가 항목 중 주제에 대한 충실성에서 최고점을 받아 괜찮은 성적을 거둘 수 있었습니다. 이러한 과정을 통해 성공적인 다양한 사례를 분석하고 이를 적절히 벤치마킹하는 것은 중요하다는 걸 깨달았습니다.

▶ 전공 심화 지식을 기재하고 실제 이용 가능한 해결 방법을 제시하여 학생의 전공 적합성에 관한 신뢰를 높임.

2학년 1학기 영어수업에서 '사형제도가 왜 시행되어야 하는가'를 저만의 논리로 연설하여 청중으로부터 좋은 호응을 받았을 때 큰 성취감을 느꼈습니다. 고등학교 입학 초까지만 해도 단순한 말하기에도 어려움을 느꼈던 제가 여러 사람 앞에서 말로써 제 논리를 펴고 공감을 얻었던 것은 저에게 즐거운 충격으로 다가왔고 저의 가능성을 발견하는 기회가 되었습니다.

▶ 단순한 말하기에도 어려움을 느꼈을 만큼 취약했던 소통 능력을 향상해 발전 가능성을 보여줌. 1번 문항과 맞닿아있는 부분이라 더욱 신뢰감을 줌.

저는 이것을 발판으로 친구들과 함께 교내 모의법정 대회에 도전하기로 하였습니다. 모의법정 대회를 준비하는 동안에는 영어수업에서의 성공적인 발표의 요인을 다시 생각해 봤습니다. 사전에 빈틈없이 완벽하게 준비해놓은 대본과 이를 숙지하여 나오게 되는 자신감 있는 모습이 청중들에게 좋은 인상을 남길 수 있었다고 생각합니다. 저희 팀의 주제인 '스토킹 피해자의 정당방위 여부'에서 우선 저는 정당방위와 과잉방위의 성립 조건을 찾아보고 비슷한 실제 판례를 읽어본 후, 이를 바탕으로 역할을 맡은 친구들 개개인의 특징을 살려 모의법정 대본을 만들었습니다. 대회가 시작되자 많은 학생이 지켜보는 자리에서 모두 처음엔 조금 떨리는 모습을 보였지만 이내 모두 안정을 되찾고 사전에 약속된 몸짓과 대본에 충실히 하여 완벽에 가까운 모습을 보여주었습니다. 마지막으로 선생님의 '절창'과 '자창'이 무엇이냐는 질문에 준비한 내용을 막힘없이 대답하며 모의법정을 마쳤습니다. 최선을 다한 결과로 저희는 최우수상을 받았습니다. 이 경험을 통해서 한 번의 성공이 다른 도전의 자신감으로 이어지고 이런 것들이 저를 더욱 성장시키는 계기가된다는 것을 알았습니다.

▶ 수업에서 연설하는 것에서 나아가 모의법정 대회에 참가하여 입상하는 등 안주하지 않고 도전하는 모습을 보여줌.

저는 'Pew a Pew'라는 진로진학 동아리를 만들어, 꿈이 없거나 진로에 대한 자세한 계획이 없는 친구들과 함께 각자 한가지 직업을 조사하고 발표하는 시간을 가졌습니다.

▶ 직접 진로진학 동아리를 만들고 동아리장을 맡는 등 자기 주도적인 모습을 보여줌.

30분 동안 자신이 조사한 직업에 대해 발표하기 때문에 사전에 발표 자료를 준비하는 것이 매우 중요했습니다. 하지만 친구들의 발표가 시작되자, 발표 내용이 갈피를 잡지 못하며 어수선한 모습을 보였고, 자신이 발표하고자 했던 내용을 확실히 발표하지 못하였습니다. 그래서 저는 동아리 시간 전마다 발표에 어려움을 느끼는 친구와 함께 발표 자료를 다듬으며 간략한 대본을 만들었습니다. 비록 파워포인트를 만들며 많은 시간을 보내기도 하고 힘들었지만, 발표 자료를 완성한 후 매끄럽게 진행되는 발표를 보면서 뿌듯함을 느끼기도 하였습니다. 이를 통해 배려가 나의 시간을 잠시 빌려주는 것으로도 실천할 수 있다는 것을 알게 되었습니다. 그 후 '작은 것부터 배려하는 사람이 되자.'는 다짐을 하게 되었습니다.

▶ 동아리장으로서 발표에 어려움을 느끼는 친구를 돕기 위해 자신의 시간과 노력을 할애하는 모습을 통해 3번 문항의 키워드인 배려, 나눔을 드러내고 있음.

1학년이 끝나갈 때쯤, 반 친구들과의 추억을 남기기 위해 학급문집을 만들게 되었고, 예산 등을 정하기 위해 학급 회의를 열었습니다. 하지만 좋은 추억을 남기고 싶어 하는 아이들과 돈을 적게 내고 싶어 하는 아이들과의 의견이 조율되지 않았습니다. 결국, 서로 타협하지 못한 채 회의가 끝났습니다. 저는 모두가 함께 만족할만한 방안을 찾기 위해, 학급문집을 만들어본 선생님들께 조언을 구하고, 을지로 4가의 인쇄소 골목을 뛰어다니며 가격조사를 했습니다.

▶ 갈등을 해결하기 위해 말만 앞서는 것이 아니라 고등학생이 경험해보기 힘든 인쇄소 골목을 뛰어다니며 직접 조사를 하며 솔선수범하는 모습을 구체적으로 보여줌.

조사한 내용을 학급회의에서 발표하며 '돈을 적게 내고 싶어 하는 마음은 이해하지만, 좋은 추억을 오래 간직하자는 마음으로 기분 좋게 만들자.'는 의견을 제시하였습니다. 그 후 회의를 통해 반 친구들 간의 의견을 이해하고, 적정한 이견을 조율할 수 있었습니다. 학급문집 시안을 만들며 힘이 들었지만, 모두 힘을 합쳐 학급문집에 들어갈 내용을 준비하는 모습을 보고 뿌듯함을 느낄 수 있었습니다. 또한, 이 경험을 통해 평소 알지 못했던 능동적이고 주체적인 저의 모습을 발견할 수 있었습니다.

▶ 갈등을 해결하기 위해 자신이 발로 뛰어 얻어낸 자료와 함께 의견을 제시하면서도 독선적인 방법이 아니라 친구들의 의견을 배려하여 좋은 방향으로 끌어냄.

외동으로 자라온 저에게 항상 친구처럼 함께해주었던 것은 레고와 컴퓨터였습니다. 초등학교에 입학할 때쯤 접하게 된 레고 마인드스톰은 RobotC라는 언어를 통해 프로그래밍이 가능한 레고 로봇이었습니다.

▶ 전공에 관심이 생기게 된 이유를 뻔한 이야기가 아니라 누구라도 이해 가능할 만한 나만의 스토리를 풀어냄.

어린 학생이 다루기 쉬운 언어는 아니었지만, 카메라가 흔들리지 않게 도와주는 도구를 만들겠다는 목표를 갖고 1년여간의 짧지 않은 시간을 들여 레고를 이용한 스테빌라이져를 만들었습니다. 이때 처음 접해본 프로그래밍언어는 어렵게 느껴지기보다는 제가 생각을 얼마든 나타낼 수 있는 훌륭한 도구로 느껴졌습니다. 저는 이러한 프로그래밍 언어를 공부해 사람들의 삶을 더욱 편하게 해주는 소프트웨어를 만드는 프로그래머가 되기로 마음먹었습니다.

▶ 1년이라는 시간 동안 끈기를 가지고 자기 주도적인 활동을 함. 스테빌라이져라는 전공 심화 지식 요소를 드러내어 신뢰감을 줌. 소프트웨어 프로그래머가 되기 위해 직접 프로그래밍 언어를 공부하는 열정을 보여줌.

고등학교 진학 후에는 다양한 프로그램을 구상하고 만들어왔습니다. 사람들의 의견을 물어보는 소셜 네트워크 서비스인 Check List, 학생들의 편의를 도와주는 S Manager 등 여러 가지를 만들어왔지만, 교내 과학탐구 대회를 준비하며 떠오른 아이디어로 기획했던 Data Hub는 저에게 특별한 기회를 주었습니다.

▶ 실제 공학자의 덕목인 '알고 있는 것을 바탕으로 편의를 제공한다'를 활동을 통해 실현함으로써 전공 적합성을 보여주고 전공 지식에 관해 상당히 깊이가 있음을 드러냄.

Data Hub는 데이터 시각화 및 공유 사이트로, 개인이나 기관이 직접 축적한 데이터를 업로드하거나 이들에 시각화를 진행하여 판매하는 사이트입니다. 대략적인 인터페이스와 컨셉은 구상했지만, 전문적인 능력을 요하는 일부 기술적인 부분은 구현하지 못했습니다. 혼자 작업하는 데 한계를 느껴 도움 받을 곳을 찾던 중 올해 4월에 한국에 설립된 구글 캠퍼스에서 입주할 스타트업을 구한다는 소식을 접했습니다. 곧바로 구글 창업지원부서에 연락하여 캠퍼스 Data Hub의 사업계획서를 제출하고 서류전형에 신청하였습니다.

▶ 지적탐구를 발휘하기 위한 활동에서 지식적 한계를 느끼자 도움이 필요함을 느끼고 실제 기업에 지원해보는 등 자기 주도적이면서 협업을 중요시하는 태도를 나타냄.

몇 주가 지나자 구글로부터 서류전형 합격연락을 받게 되었습니다. 그 후 캠퍼스에 다니며 다른 스타트업 사람들과 생각을 나누거나 구글 직원들로부터 도움을 받기도 하고, 여러 유명 인사들의 강연을 들으며 저의 능력과 경험을 키워갔습니다.

▶ 전공에 관한 열정과 소통 능력이 뛰어남을 보여줌. 지원한 국민대학교의 인재상인 실천하는 교양인, 소통하는 협력인, 앞서가는 미래인, 창의적인 전문인에 부합하는 것을 은근히 드러내고 있음.

합격자 자기소개서 독해 실습

아래의 합격자 자기소개서를 여러분이 직접 분석해본 뒤 뒷장의 작가가 독해한 내용과 비교해 봅시다. 어떻게 해야 할지 막막하고 자신 없더라도 꼭 해보세요.

> **1. 고등학교 재학기간 중 학업에 기울인 노력과 학습 경험에 대해, 배우고 느낀 점을 중심으로 기술해 주시기 바랍니다. (1000자 이내)**

경제 과목을 독학하던 저에게 〈맨큐의 경제학〉은 경제학의 기본원리를 알려준 선생님이었습니다. 〈맨큐의 경제학〉을 통해 교과서에는 없는 화폐 시장의 그래프와 이자율에 따른 투자의 탄력성과 같이 원리를 통해 정책의 원리를, 구축효과와 승수효과를 통해 정책의 효과를 이해할 수 있었습니다. 학습 도중 decreasing cost industry에서 장기공급곡선이 우하향하는 현상을 이해하기 위해 백지에 기업과 시장을 분리하고 그 둘의 상호작용을 순차적, 인과적으로 정리한 결과를 그래프로 그려보았습니다. 이를 통해 기업의 시장 진입 증가로 인한 생산량 증가가 기업의 비용곡선에 영향을 끼쳐 결국 시장에서 장기공급곡선이 우하향하게 된다는 사실을 이해할 수 있었습니다. 인과관계와 원리를 통해 경제학을 이해할 수 있다는 자신감이 생겼고, 원리를 찾는 저의 학습법은 내신과 교내 경시대회에서 좋은 성적을 거두는 데에도 도움이 되었습니다. 특히 비교우위에 입각한 무역의 효용성을 공부하며 떨칠 수 없던 의문은 '그렇다면 1차적인 산업을 하던 국가는 영원히 1차적인 산업을 하게 되는 것이 아닌가'였습니다. 선생님의 추천으로 읽게 된 〈나쁜 사마리아인들〉을 통해 무비판적인 세계화가 개도국에게는 독이 될 수 있다는 사실을 알게 되었습니다. 시장을 개방한 뒤 뚜렷한 성장을 보이지 않는 인도, 대만의 사례를 보며 중소국가들이 자유무역 시장에 합류하기 적합한 시기를 분석하기 위한 조사를 시작하였습니다. 〈공격받는 자유무역〉, 〈사다리 걷어차기〉등의 책을 읽으며 자유무역의 이점과 선진국들의 성장배경을 확인하는 한편 중소국 분류의 국가들의 국가정책과 그들의 경제수준, 사회적 수준에 대해 조사하였습니다. 내수의 비중, 유치산업의 성장, 시장의 구조 등을 기준으로 나름의 잣대를 구상하며 제가 막연히 꿈꿔왔던 세계의 균형발전을 위한 방법을 구체화시킬 수 있었으며 상대국의 상황을 파악하고 서로에게 득이 되는 무역을 하기 위한 통상가의 중요성을 상기하여 경제 공부에 더욱 집중할 수 있는 계기가 되었습니다.

직접 독해한 내용

경제 과목을 독학하던 저에게 〈맨큐의 경제학〉은 경제학의 기본원리를 알려준 선생님이 었습니다. 〈맨큐의 경제학〉을 통해 교과서에는 없는 화폐 시장의 그래프와 이자율에 따른 투자의 탄력성과 같이 원리를 통해 정책의 원리를, 구축 효과와 승수효과를 통해 정책의 효과를 이해할 수 있었습니다.

▶ 책을 이용하여 흐름을 매끄럽게 잡았음. 책을 통해 교과서에 나오지 않는 전공 심화 지식을 알아가는 모습으로 자기 주도적 학습 태도를 보여주고 있음.

학습 도중 decreasing cost industry에서 장기공급곡선이 우하향하는 현상을 이해하기 위해 백지에 기업과 시장을 분리하고 그 둘의 상호작용을 순차적, 인과적으로 정리한 결과를 그래프로 그려보았습니다. 이를 통해 기업의 시장진입 증가로 인한 생산량 증가가 기업의 비용곡선에 영향을 끼쳐 결국 시장에서 장기공급곡선이 우하향하게 된다는 사실을 이해할 수 있었습니다.

▶ 전공에 관한 깊이 있는 지식을 다루어 전공 적합성과 열정을 드러내고 있음. 책을 읽고 넘어가는 것에 그치지 않고 직접 그래프를 그려보며 이해하는 모습에서 자기 주도적 학습 태도와 학습에 관한 끈기를 드러냄.

인과관계와 원리를 통해 경제학을 이해할 수 있다는 자신감이 생겼고, 원리를 찾는 저의 학습법은 내신과 교내 경시대회에서 좋은 성적을 거두는 데에도 도움이 되었습니다. 특히 비교우위에 입각한 무역의 효용성을 공부하며 떨칠 수 없던 의문은 '1차산업이 위주인 국가는 영원히 1차산업에 머무르는 것이 아닌가'였습니다.

▶ 원리를 찾는 학습법으로 전공에 관해 치열하게 공부하고 있다는 것을 암시함과 동시에 자연스럽게 내신과 교내경시대회에서 좋은 성적을 올렸음을 강조함. '1차산업이 위주인 국가는 영원히 1차산업에 머무르는 것이 아닌가'라는 질문이 세계시장에 대한 분석과 흐름을 더 중시하는 글로벌경영학과의 특성을 고려한 적절한 질문이었음.

선생님의 추천으로 읽게 된 〈나쁜 사마리아인들〉을 통해 무비판적인 세계화가 개발도상국에 독이 될 수 있다는 사실을 알게 되었습니다. 시장을 개방한 뒤 뚜렷한 성장을 보이지 않는 인도, 대만의 사례를 보며 중소국가들이 자유무역 시장에 합류하기 적합한 시기를 분석하기 위한 조사를 시작하였습니다.

▶ 세계화와 시장 개방 등을 언급하는 등 '글로벌 경영학과'의 특성을 고려하였음.

〈공격받는 자유무역〉, 〈사다리 걷어차기〉 등의 책을 읽으며 자유무역의 이점과 선진국들의 성장배경을 확인하는 한편 중소국 분류의 국가들의 국가정책과 그들의 경제 수준, 사회적 수준을 조사하였습니다. 내수의 비중, 유치산업의 성장, 시장의 구조 등을 기준으로 나름의 잣대를 구상하며 제가 막연히 꿈꿔왔던 세계의 균형발전을 위한 방법을 구체화할 수 있었으며 상대국의 상황을 파악하고 서로에게 득이 되는 무역을 하기 위한 통상가의 중요성을 상기하여 경제 공부에 더욱 집중할 수 있는 계기가 되었습니다.

▶ 나름의 잣대를 구상하여 방법을 정리하고 서로에게 득이 되는 무역을 해야 한다는 통상 가적 사고를 하고 있다는 언급을 통해 성균관대학교의 인재상인 '창의력을 바탕으로 차 세대 글로벌리더'의 자격을 갖추고 있음을 간접적으로 드러내고 있음.

자기소개서 독해에 뚜렷한 정답이 있는 것은 아닙니다. 제가 나타낸 관점과 여러 분의 관점이 있습니다. 하지만 전반적으로 이 흐름에서 벗어나지 않도록 해야 합 니다. 또한, 본인의 자기소개서도 이렇게 다른 사람의 자기소개서를 보는 것처 럼 객관적으로 독해할 수 있어야 합니다.

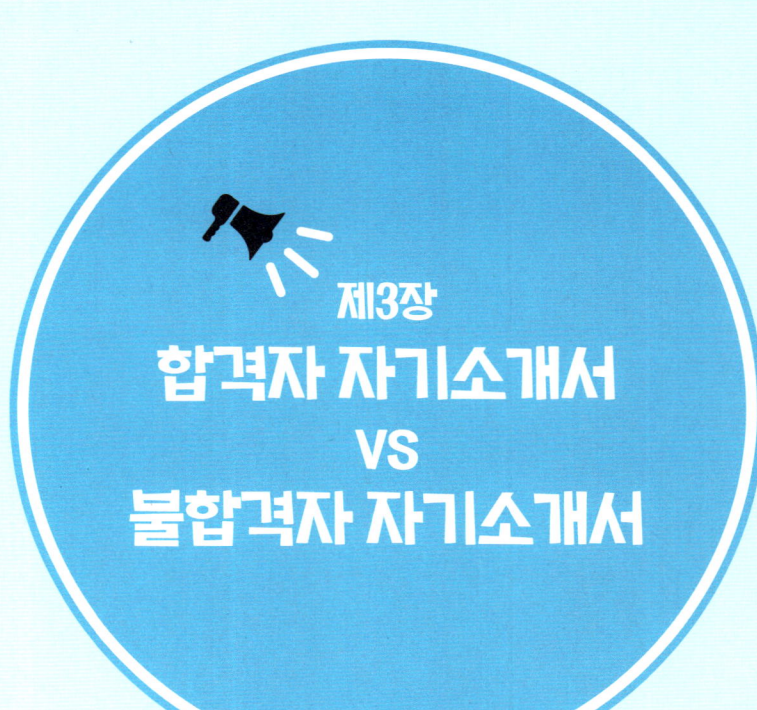

제3장
합격자 자기소개서
VS
불합격자 자기소개서

합격자 자기소개서 분석

연세대학교 경제학과

> **1. 고등학교 재학기간 중 학업에 기울인 노력과 학습 경험에 대해, 배우고 느낀 점을 중심으로 기술해 주시기 바랍니다. (1000자 이내)**

❶ 평소 친구들에게 '이런 곳까지 읽었어?'라는 말을 자주 들을 정도로 교과서를 꼼꼼히 읽는 편이었습니다. 학습 활동에 나와 있는 과제까지 읽다 보니 이를 직접 해보며 공부하면 재밌겠다는 생각을 하게 되었습니다. 사회 문화 교과서 속 '우리나라 가족 구성 방식의 변화'라는 주제의 과제를 수행하며 의아한 점을 발견했습니다. 꾸준히 감소하던 확대 가족의 비율이 2000년 이후 새롭게 증가했던 것입니다. 핵가족화되어 가는 현대 사회에서 확대 가족의 증가는 쉽게 이해되지 않았고 ❷ 보건복지부와 통계청에서 제공한 여성 경제활동 참가율과 아동 복지 시설 현황 자료를 보고 핵가족의 양육 기능 약화로 인해 조부모가 그 기능을 담당하게 된 것이 원인이라고 결론 내렸습니다. 그러나 제 결론의 큰 오류를 발견했습니다. 확대 가족 중에서도 3세대 이상 가구 비율은 감소한 것입니다. 이는 부부와 기혼 자녀로 구성된 2세대 확대 가족의 증가를 뜻했고 앞서 내린 결론으로는 이를 설명할 수 없었습니다. 그래서 다시 한번 그 원인을 밝혀보기로 했습니다. 먼저 자료를 꼼꼼히 분석하지 않은 채 성급하게 결론을 내린 탓에 실수를 범했다고 생각했습니다. 따라서 자료에 제시된 내용의 의미를 정확히 파악하려고 노력하는 한편 다양한 시각에서 통섭적으로 접근해 보려고 힘썼습니다. 우리나라뿐 아니라 해외 사례도 살펴보고 사회학, 경제학, 의학 분야의 통계 자료를 수집하며 각 자료 간의 관계를 파악하기 위해 노력했습니다. 그 결과 거주할 주택 마련의 어려움, 담보 대출 주택의 압류 확산 등 다양한 요인이 어우러져 현대의 확대 가족 증가라는 흥미로운 결과를 가져왔음을 알 수 있었습니다. 여전히 조사 과정과 결론에는 미흡한 점이 많았지만, 이 과정에서 가족 형태의 정의를 정확하게 이해할 수 있었습니다. 또한, 정확한 자료 해석 능력이 사회 과학을 연구하는 사람으로서 꼭 지녀야 하는 자질임을 깨닫는 동시에 ❸ 하나의 사회 현상에는 다양한 요소가 작용함을 느끼고 사회 문화 탐구 방법의 하나로 간학문화의 필요성을 느꼈습니다.

1번 문항 독해

❶ 평소 교과서를 꼼꼼히 읽으며, 수동적으로 받아들이는 것이 아니라 의문점을 가지는 등 비판적인 시각으로 바라보는 것을 언급함으로써 학교 수업에 충실하고 자기 주도적인 학습 태도를 지녔음을 강조하고 있다.

❷ 각종 자료를 통해 다양한 시각에서 문제에 대해 접근하고 의문이 완전히 해소될 때까지 끈질기게 노력하여 결론을 도출해내는 모습에서 자기 주도적 학습 태도와 탐구성이 뛰어남을 알 수 있다.

❸ 현상의 원인은 한 가지 요소가 아니라 다양한 요소로 작용하므로 융합적 사고 능력이 필요하다는 것을 드러내고 있다.

---

2. 고등학교 재학기간 중 본인이 의미를 두고 노력했던 교내 활동을 배우고 느낀 점을 중심으로 3개 이내로 기술해 주시기 바랍니다. 단, 교외 활동 중 학교장의 허락을 받고 참여한 활동은 포함됩니다. (1500자 이내)

❶ 중국어를 배우며 언어를 문화로부터 분리한 채 공부하기란 쉽지 않다는 생각이 들었습니다. 그래서 중국 문화를 심층적으로 알아보고자 외국어 계열 학생들을 중심으로 중국 동아리를 만들었고 중국의 문화를 탐구하고 그 내용을 소개하는 영상 제작으로 구체적인 활동 방향을 정했습니다. 동아리 시간에 원어민 선생님께 '중국의 미래를 이끌 미래 산업은 무엇이라고 생각하시나요?'라는 질문을 던졌는데 '문화산업'이라는 뜻밖의 대답을 들을 수 있었습니다. 생소한 중국의 문화산업은 중국 소개라는 동아리의 취지에 잘 부합하는 소재라고 생각했고 이에 대한 영상 시나리오 작성을 시작했습니다. ❷ 우선 KOTRA와 KOCCA 자료를 통해 중국 문화 산업 현황을 파악했습니다. 저는 영화 산업과 스포츠 산업에 비중을 두었습니다. 우후죽순 생겨나는 중국의 체인 영화관과 두 자릿수의 흥행 수입 증가율은 중국이 영화 대국으로 거듭날 잠재력이 있음을 보여주었습니다. 또한, 예능과 드라마와는 달리 중국 시장에서 빛을 발하지 못하는 한국 영화에 대한 생각을 시나리오에 담았습니다. 스포츠 산업에서는 특히 축구에 집중했습니다. 시진핑 주석의 축구에 대한 대대적인 투자와 1억 중국 축구팬을 활용한 한국 축구 산업의 부흥을 함께 전달하려고 노력했습니다. 시나리오를 작성하며 중국이 이제는 제조업만이 아니라 문화산업 분야에서도 세계 시장에서 입지를 굳건히 하는 경제 대국임을 새삼 깨달았습니다. 또한, 친구들과 중국의 의복, 교육, 소수민족 등 다양한 주제의 시나리오를 공유하며 중국 문화의 새로운 면모를 확인할 수 있었습니다. 이는 중국 문화 관련 교과목에서 좋은 성적을 거두는 밑거름이 되었습니다.

❸ 동아리를 통한 탐구 보고서 작성 활동은 진로를 고민하던 저에게 길을 제시해주었습니다. 독서 토론 동아리에서 진행한 태평양 전쟁에 관한 연구에서 저는 미국의 태평양 전

쟁 참전의 경제적 배경을 알아보기로 했습니다. ❹ '태평양 전쟁과 미국의 자본주의'라는 주제를 잡고 제2차 세계대전사와 미국사를 다루는 책뿐 아니라 자본주의의 역사에 관한 책을 탐독했습니다. 그리고 세계 대공황과 시장 확보 두 가지 측면에서 미국의 참전을 바라볼 것을 제안했습니다. 수개월의 연구 끝에 동아리에서 그동안의 성과를 바탕으로 논문집을 발간하고 교내 세미나를 개최해 발표하는 시간을 가졌습니다. 이 과정에서 역사적 사건의 발생에는 경제적 요인이 강하게 작용함을 알았고 이는 인류 역사의 한 축을 담당하는 경제사에 관심을 갖는 계기가 되었습니다. 연구를 마무리하며 미국의 경제 상황을 이해하기 위해서는 대공황에 대한 이해가 필요하다는 사실을 알고 후속 연구 주제로 대공황을 선정했습니다. 곧 저는 대공황을 두고 대립하는 두 경제사상에 매료되었습니다. ❸ 케인지언과 통화주의자에서 시작된 서양 근대 경제사상에 대한 흥미는 조선의 실학자들을 접하며 동양의 경제사상으로 이어졌고 관련 서적을 찾아 읽으며 경제사학자의 꿈을 키웠습니다. 두 차례에 걸친 탐구 보고서 작성 과정에서 학문에 임하는 진지한 태도를 배웠고 경제사 및 경제사상사로 진로를 구체화할 수 있었습니다.

2번 문항 독해

❶ 언어와 문화가 밀접한 연관이 있다는 생각에 직접 자율동아리를 만들어 활동하는 등 자기 주도적 학습 태도를 보여주고 있다.

❷ '왜' 중국의 영화 산업과 스포츠 산업에 비중을 두고 영상 시나리오를 작성하였는지에 관한 과정을 구체적으로 설명하면서 활동 과정을 생생하게 표현하고 있다.

❸ 동아리활동을 통해 희망 진로를 뚜렷이 잡아가는 과정을 보여주고 있으며 독서토론 동아리 내에서도 지원 학과와 관련된 주제를 맡아 조사하는 등 전공 적합성을 드러내고 있다.

❹ 전공과 관련한 도서를 읽고 소논문을 작성하여 세미나를 개최해 발표한 사실을 언급하면서 전공 적합성을 드러내고 있다

---

3. 학교생활 중 배려, 나눔, 협력, 갈등 관리 등을 실천한 사례를 들고, 그 과정을 통해 배우고 느낀 점을 기술해 주시기 바랍니다. (1000자 이내)

❶ 개인 간의 갈등도 분명 심각한 문제이며 원만한 해결을 위해 힘쓸 필요가 있습니다. 그러나 저는 국가 간 교류의 증가와 함께 긴장과 마찰 또한 빈번해진 세계에서 갈등을 더 큰 틀에서 바라볼 필요를 느꼈습니다. 따라서 국가 간 그리고 문화 간 갈등의 심각성에 주목했습니다. 지구촌 갈등의 중심에는 이슬람이 있다고 생각했습니다. 이슬람에 대한 폭넓은 이해가 갈등 해결의 시작이라고 느꼈지만, 저 스스로는 이슬람에 대해 무지한 것이 사실이었습니다. 그러던 중 강원 고교생 인문학 캠프를 접했습니다. ❷ 〈이슬람〉이라는 책을 읽고 저자와 만날 수 있는 시간이 마련되어 있었고 이슬람에 대한 깊은 이야기를

나눌 기회라 생각해 캠프에 참가하게 되었습니다. 〈이슬람〉의 저자 이희수 교수님과의 만남은 아랍권에서 벌어지는 분쟁을 객관적으로 바라보는 시각을 갖게 해 주었습니다. 그동안 우리는 서구에 의해 만들어진 왜곡된 시각으로 이슬람을 바라보고 있었고 이로 인한 오해가 더 큰 편견을 만들어 내고 있음을 느꼈습니다. 이슬람과의 교류 확대로 이슬람에 대한 주체적인 시각을 정립하는 것이 시급함을 알 수 있었습니다. ❸ 일각에서는 서구 세계가 이슬람을 상대로 펼치는 전쟁이 반인륜적 집단의 처단과 인류 평화를 위한 불가피한 전쟁인 듯 말하지만 저는 더는 전쟁을 합리화해서는 안 된다고 생각했습니다. 이슬람 가치를 고수하면서도 서구 세계와 조화를 이루는 터키를 보면 분명 두 지역 간 화해의 장이 마련될 수 있을 것 같았습니다. 서구는 양보의 자세를, 이슬람은 수용의 자세를 가짐으로써 상호 존중의 가치를 실현한다면 두 지역 간 갈등의 해결을 넘어 전 인류가 공영하는 길을 닦을 수 있다는 확신이 들었습니다. 이슬람을 중심으로 한 국제 사회의 갈등 관리에 대한 진지한 고민은 앞으로 지구촌 갈등의 조정자로 발돋움하는 발판이 될 수 있을 것이라 생각합니다. ❹ 글로벌 시대를 이끌어 갈 지식인으로서 국가 간 이해관계를 조정하고 협력을 끌어낼 방안을 고민하는 역할에 충실히 임할 것을 다짐합니다.

3번 문항 독해

❶ 일반적으로 교내에서의 갈등, 개인 간의 갈등을 다루는 것과 달리 사회의 갈등에 초점을 맞추어 다른 자기소개서와 차별화하였다.

❷ 책을 통해 지식을 습득하고 저자와의 만남을 얻기 위해 캠프에 참가하는 모습을 통해 자기 주도적인 학습 태도를 보여주고 있다.

❸ 자신과 반대되는 의견을 함께 제시한 후 반박하면서 주장에 대한 깊이를 더하고 있다.

❹ 연세대학교의 인재상인 '국제화에 대한 균형 잡힌 시각을 기반으로 한 리더십'을 은근히 드러내고 있다.

---

4. 고등학교 재학기간 중 진로 선택을 위해 노력한 과정 또는 개인적인 어려움이나 좌절을 극복한 과정을 사례를 들어 구체적으로 기술해 주시기 바랍니다. (1000자 이내)

경제학이라는 학문을 처음 접한 것은 중학교 때였습니다. 사회 시간에 기초 수준의 미시, 거시 경제를 배우게 되었는데 ❶ 사회 과목임에도 인과 관계의 철저한 이해를 바탕으로 현상을 분석한다는 점에서 과학적 성격이 배어 있음을 느꼈습니다. 과학자를 꿈꾸던 제가 경제학에 눈을 뜨게 된 순간이었습니다.

❷ 고등학교에 입학한 후에는 경제 동아리를 통해 경제학에 대한 흥미를 이어갔습니다. 동아리 토론에 참여하기 위해서는 매주 정해지는 경제학 서적을 읽어야 했습니다. ❸ 처

음 접하는 경제학 서적들은 경제에 대한 기초 지식이 부족했던 제가 이해하기 쉽지 않았습니다. 따라서 깊이 있는 경제학을 수학하고자 경제 개방형 방과 후 수업을 신청했습니다. 99점의 우수한 성적으로 수업을 이수한 것은 경제에 대한 자신감을 키워주었습니다.

저는 양질의 도서를 읽으며 경제학도의 길을 걷겠다는 다짐을 확고히 했습니다. 역사와 경제 분야의 논문을 작성하며 갖게 된 관심을 바탕으로 경제학의 발전 과정과 근대 경제학자들의 사상을 다루는 책들을 읽어나갔습니다. 책을 통해 엿본 경제학자들의 학문에 대한 열정은 저의 가슴을 뛰게 했습니다. ❷ 〈조선을 구한 13인의 경제학자들〉이라는 책을 읽은 후 앞서 공부한 서양의 경제학자들과 책을 통해 새롭게 알게 된 조선의 실학자들을 비교할 수 있었습니다. 조선과 서양의 학자들 사이에 존재하는 유사성은 저를 놀라게 했습니다. ❹ 소비를 중시한 박제가와 케인스의 공통점을 찾을 수 있었고 중농주의와 중상주의의 대립은 동양의 경제사도 세계사적 보편적 흐름에 맞춰 발전해왔음을 일깨워주었습니다. 유수원의 이론으로 맬서스의 인구론을 비판할 수 있음을 깨닫자 그동안 평가절하 되어온 동양 경제사상의 연구 가치를 느꼈습니다.

고등학교 생활은 제 진로에 대해 고민하고 그 길을 찾아가는 여정이었습니다. 그리고 마침내 경제사학자라는 꿈을 찾았습니다. ❺ 대학에 진학한 후 동서양을 막론한 광범위한 경제사를 탐구할 것입니다. 그리고 이를 토대로 동서양의 경제사상 비교 연구를 진행해보고 싶습니다.

4번 문항 독해

❶ 사회과목의 과학적인 성격을 뽑아냄으로써 융합적인 사고를 유도하였으며 이를 과학자를 꿈꾸다가 경제학에 관심을 두게 된 계기로 언급하면서 본인만의 스토리로 구축하였다.

❷ 전공과 관련된 동아리에서 활동하고 책을 읽은 것을 언급하면서 전공 적합성을 드러내고 있다.

❸ 경제학에 관한 기초 지식이 부족하다는 것을 깨닫고 방과 후 수업을 신청하여 우수한 성적을 얻었음을 언급하면서 자기 주도적 학습 태도와 어려움을 극복한 사례를 함께 드러내고 있다.

❹ 조선과 서양의 경제학자들의 공통점을 찾으면서 동양 경제사상이 결코 폄하될만한 영역이 아님을 깨닫고 경제사상에 관한 관심을 가지게 되었음을 드러낸다.

❺ 대학 진학 후 학업 계획에 대해 자발적으로 언급함으로써 전공에 관한 열정을 보여주고 있다.

고려대학교 행정학과

❶ 1학년 사회수업에서 '사회 갈등은 당사자 간에 합리적 의사결정으로 해결해야 한다.'는 대목에 의문이 생겼습니다. 당사자 간에 이해관계가 충돌되는 상황이라면 반드시 어느 한쪽이 손해를 볼 수밖에 없을 텐데 합리적 의사결정을 내린다는 것이 모순처럼 느껴졌기 때문입니다. 선생님께서는 이러한 때에는 법과 제도가 당사자 모두의 합의를 끌어낼 수 있는 대안이 될 수 있다고 말씀해 주셨습니다. 그 뒤에도 '다수의 합의로 만들어진 법과 제도가 반드시 옳다고 할 수 있을까?' 같은 궁금한 점들을 자주 질문드렸더니 제게 '정의와 법, 자유와 평등의 법' 강의를 추천해 주셨습니다.

❷ 일주일 동안 역사 속의 법과 최근 사건의 판례를 중심으로 흥미진진하게 법을 접할 수 있었습니다. 그중 법의 종류에 대한 강의 중에 교수님께서 "링컨의 노예 해방 선언이 과연 위헌일까?" 하고 물으셨습니다. 링컨의 노예 해방이 훌륭한 업적임을 알면서도 교수님의 질문에 위헌이 아니라는 타당한 근거를 댈 수가 없었습니다. 당시 실정법상에는 노예가 개인의 사유재산이었고, 사유재산은 헌법에 보장된 권리이기 때문에 링컨의 노예 해방은 개인의 재산권을 침해한 행위에 해당한다고 생각했기 때문입니다. 교수님께서는 실정법 외에도 자연법이 존재하며, 노예제도가 자연법상 인간의 존엄성을 침해하였으므로 위헌이라고 말씀해 주셨습니다. 노예제도가 윤리적으로는 어긋나지만, 당시 실정법에 따라야 한다고 맹목적으로 판단했던 저 자신을 반성하였습니다. 또한, 법과 제도를 준수하는 과정에서 링컨의 예처럼 피해를 볼 수 있는 경우도 발생할 수 있다고 생각했습니다. ❸ 이를 바탕으로 3학년 법과 정치뿐 아니라 모든 교과를 무조건 수용하며 공부하기보다는 비판적으로 공부하려 노력하였습니다. 또한, 법과 제도는 사회 구성원에게 합리적이고 정당하게 이행되어야 한다는 신념을 키우며 행정 법학에 관심을 기울이게 되었습니다. 행정 법학 연구원이 되어 올바른 법과 제도가 사회적 갈등을 해소하는 열쇠가 될 수 있도록 노력할 것입니다.

1번 문항 독해

❶ 학교 수업을 들으면서 생긴 의문점과 해소 과정을 언급하면서 자기 주도적 학습 태도를 보여주고 있다.

❷ 링컨의 노예 해방 선언과 자연법, 실정법이라는 주제를 나만의 이야기로 엮어내면서 전공 적합성, 전공 심화 지식을 드러내고 있다.

❸ 수동적인 학습 태도가 아닌 비판적으로 받아들이는 자기 주도적 학습 태도와 융합적 사고를 드러내고 있다.

❶ "한국의 삼성 vs 미국의 애플"

기업의 이름 앞에 국가명이 붙을 정도로 두 기업의 특허 분쟁에 당사국뿐만 아니라 전 세계의 이목이 집중되었습니다. ❷ 이 특허 소송에서 양국 법원이 상이한 판결을 내려 '그 이유가 무엇일까' 하는 궁금증에서 출발하여 지적 탐구 과정을 이어갔습니다. 먼저 교내 동아리에서 이 사안을 주제로 프레젠테이션을 준비하면서 무엇보다 지금처럼 지식과 정보가 중요한 정보화 사회에 특허는 국가 경쟁력 강화의 핵심 요소라는 판단을 하였습니다. 그래서 유사 특허 소송을 찾아 분석하면서 우리나라 특허 제도의 문제점을 연구하고 개선 방안을 찾는 것이 한국 특허 발전에 기여하는 길이라는 취지로 논문을 작성하였습니다.

논문을 작성하기 위해서 국가 학술 정보원 리스 논문 사이트에서 선행연구를 하고 특허 분쟁의 소송 현황을 비교 분석하면서 한국 특허 관리의 문제점을 도출하였습니다. 문제는 국내의 사회적 분위기가 특허 가치를 폄하하여 평가하는 관행이었습니다. 한국 법원의 특허 소송에서 애플에 청구한 손해배상금이 미국보다 훨씬 적었던 까닭도 이러한 영향이었을 것으로 생각하였습니다. 이러한 문제점을 짚으며 IT뿐만 아니라 다양한 분야에서 디자인 및 상표 등록 등 특허의 중요성이 강조되고 있는 만큼 우리나라 또한 특허나 지적 재산권의 가치를 제대로 인정하고 국민의 인식을 제고시키는 것이 필요하다고 주장했습니다. 이를 통해 한국 경제 발전에도 크게 이바지할 수 있을 것이라 확신하였습니다.

❶ "대한민국 통일에 대해 어떻게 생각하니?"

사회문화 선생님께서 통일에 대한 생각을 물으신 적이 있습니다. 통일되면 이산가족 문제가 해결되고, 남한의 기술력과 북한의 지하자원이 합쳐져 경제 대국이 될 것 같다는 제 대답에 너무 이상적이라고 지적하셨습니다. 통일을 고대하기 전에 통일에 대한 철저한 준비가 선행되어야 한다는 선생님의 말씀이 가슴에 깊이 남았습니다. 그래서 통일 청소년위원회에 참가하였습니다. 또래 청소년들과 토론을 하고 캠페인을 펼치면서 통일에 대한 막연한 환상에서 벗어나 통일에 대한 현실을 직시할 수 있었습니다. 북한 인권 워크숍에서는 탈북자들의 증언을 통해 북한 주민들의 인권 실태를 생생하게 접하였고, 남한과 다른 북한의 사상은 물론 정치, 경제 체제에서도 큰 장벽을 체감할 수 있었습니다. 하지만 희망은 있었습니다. 하이서울 페스티벌에 참가해 북한 떡을 직접 팔면서 통일에 대한 관심을 고취했는데, 시장님을 포함한 많은 시민이 독려해 주시며 통일의 필요성을 통감하셨습니다. 이 활동을 마치고 큰 보람의 여운을 다 느끼기도 전에 함께 활동했던 친구 중 한 명이 탈북자라는 사실을 알고 크게 놀랐습니다. 얼마 전까지만 해도 '북한 주민'이라는 말조차 낯설었는데, 나와 조금도 다르지 않은 친구를 보면서 마음의 거리를 줄이면 통일의 길은 더욱 가까이에 있지 않을까 생각했습니다. ❸ 그 이후로 통일 문제에 더 관심을 가지게 되었고, 현재 진행되고 있는 통일 나눔 펀드에 매달 참여하여 통일을 더욱 앞당길 수 있도록 만들어야겠다고 생각했습니다.

2번 문항 독해

❶ 다소 긴 분량의 2번 문항을 두괄식 배치하여 한 눈에 들어오게 구성하였다.

❷ '삼성과 애플의 소송'이라는 이슈를 단순 가십거리로 지나치지 않고 지적 탐구 주제로 삼아 소논문을 작성하는 과정에서 자기 주도적 학습 태도와 전공 적합성을 보여주고 있다.

❸ 고려대학교의 인재상인 '통일을 준비하는 애국적 대한인'을 한 에피소드에 걸쳐 세밀하게 표현하고 있다. 학생이 지원 학교에 대해 철저히 조사하고 그 점을 자기소개서에 반영했음이 드러난다.

3. 학교생활 중 배려, 나눔, 협력, 갈등 관리 등을 실천한 사례를 들고, 그 과정을 통해 배우고 느낀 점을 기술해 주시기 바랍니다. (1000자 이내)

❶ 초·중학교 시절에는 봉사다운 봉사를 할 기회가 적었다는 생각에 고등학교에 들어가자마자 다솜모아반 봉사동아리에 들었습니다. 처음으로 하는 요양원 봉사였지만 원래 조부모님과 함께 살고 있어서인지 할머니들께 쉽게 다가갈 수 있었습니다. 더욱이 제가 돌봐 드리는 할머니께서는 무척 쾌활하셔서 저희를 반갑게 맞이해 주시고 손자처럼 좋아해 주셨습니다. 청소를 마치고 나면 안마를 해 드리면서 말벗도 되어 드렸는데, 봉사가 끝나고 돌아갈 때면 바깥까지 나오셔서 보이지 않을 때까지 손을 흔들며 배웅해 주시곤 하셨습니다.

❷ 그러던 할머니께서 언젠가부터 병실 침대에 누워 온종일 눈을 감고 계셨습니다. 선뜻 다가가지 못하고 주뼛거리고 있는데, 요양원 관계자분들끼리 하시는 말씀이 매달 내는 요양원 이용료도 오랫동안 밀리고 곧 생신인데 자식들도 찾지 않아서 그러신 것 같다는 것이었습니다. 저는 경제적인 이유도 있겠지만 찾아오지 않는 자식들을 그리워하다가 병이 나신 게 아닌가 싶어서 가슴이 뭉클했습니다. 돌아오는 길에 저는 동아리 부원들에게 할머니 생신 파티를 열어 드리자고 제안했습니다. 그래서 다음 봉사 때 작은 케이크와 카네이션을 사서 할머니께 가져다 드렸습니다. 그리고 할머니께 안마를 해 드리고 게임도 하며 잠시라도 즐거운 시간을 만들어 드렸더니 웃으시며 좋아해 주셨습니다.

이를 통해 ❸ 노인 복지를 위한 선진 의료법이나 노인복지법이 잘 마련되어 있어도 절대 채워지지 않는 것이 바로 주위의 관심과 사랑이라는 것을 깨달았습니다. 그래서 동아리에서 의견을 모아 소외계층을 위한 지역 공동체의 지속적인 관심과 배려가 중요함을 알리는 캠페인을 하고 바자회를 열어 성금을 모았습니다. 물론 생각했던 것만큼 바로 큰 호응을 이끌어낼 수는 없었지만 성과를 떠나서 누군가는 끊임없이 알려야 한다고 생각했습니다. 이러한 작은 외침들이 더 넓은 세상으로 메아리가 되어 퍼져나갈 수 있도록 제 주위의 어두운 곳부터 세심히 살피고 그분들에게 도움의 손길을 줄 수 있도록 지속적으로 노력할 것입니다.

3번 문항 독해

❶ 3번 문항의 키워드인 배려, 나눔을 봉사활동 에피소드로 적절히 배치하였으며 봉사동아리에 들어가 활동한 것으로 일회성이 아닌 지속적인 활동이었음을 간접적으로 드러내고 있다.

❷ 구체적인 스토리를 제시하며 신뢰감과 생동감을 높였다.

❸ 법과 제도로만 해결될 수 없는 부분이 있음을 인지하고 이를 극복하기 위해 캠페인과 바자회를 진행하는 모습에서 자기 주도적 학습 태도와 타인을 배려하는 모습을 엿볼 수 있다.

4. 해당 모집 단위에 지원한 동기와 준비과정을 기술해 주시기 바랍니다. (1000자 이내)

❶ 교내 토론대회에서 선행학습금지법에 대해 찬반 토론을 한 적이 있습니다. 선행학습금지가 일시적으로 학생들의 학업 부담을 줄여줄 수는 있지만, 공교육의 선행학습 제한이 도리어 사교육을 부추길 수 있는 반쪽짜리 법안이라는 생각에 선행학습 금지에 반대 입장을 취하였습니다. 토론과는 별개로 선행학습금지법이 시행되자 제 우려대로 1년이 지난 지금 사교육 증가라는 결과를 낳았습니다. ❷ 이 과정의 가장 큰 피해자인 학생으로서 이처럼 현실을 반영하지 못하는 법과 제도가 얼마나 많은 사람에게 피해를 주는지 깨닫게 되었습니다. 저는 우리 사회에서 이와 같은 상황들이 반복되지 않도록 행정법학을 연구하고자 행정학과에 지원하였습니다.

❸ 월드비전 비전 메이커의 일원으로 편지 번역봉사를 하며 다양한 나라 아동들의 소식을 전하였습니다. 그중에는 볼리비아 같은 자원 부국 아동의 편지도 있었습니다. 봉사하면서 자원 매장량이 많은 국가도 빈곤율이 높은 것을 보고, 올바른 국가의 정책과 행정이 뒷받침되어야 국가가 성장할 수 있다는 것을 깨닫게 되었습니다.

법과 제도는 분쟁이 발생할 경우 이를 해결하는 열쇠가 됩니다. ❹ 3년간 학급 임원을 하면서 저는 합리적으로 분쟁을 해결하는 능력을 키울 수 있었습니다. 영어 듣기평가 중 저희 반 스피커에 문제가 생겨 반 친구들에게 불이익이 돌아갈 뻔한 적이 있습니다. 시험이 종료된 후 저는 각반 반장들과 담당 선생님을 찾아가 이 상황을 알렸습니다. 그 결과 모두에게 공평한 논술 수행평가로 대체할 수 있었습니다. 이 경험을 통해 직접 집단의 분쟁을 해결했다는 자신감을 얻을 수 있었습니다. 또한, ❺ 언론중재위원회 인턴십에서 언론의 초상권 침해를 주제로 한 모의조정에 참여함으로써 분쟁 상황에 맞는 법을 선택해 보았습니다. '시정권고 심의 기준 제1조'를 통해 언론사의 초상권 침해를 지적하여 적법절차에 따라 합리적으로 분쟁을 해결할 수 있었습니다. 이를 이어서 다른 청소년들도 법과 제도를 바로 알고 문제 상황을 예방할 수 있도록 청소년의회 사회부기자단으로도 참여하였습니다.

4번 문항 독해

❶ 선행학습금지법에 대한 명확한 자신의 주장을 가지고 토론대회에 임하는 모습에서 전공에 관한 관심과 자기 주도적 태도를 느낄 수 있다.

❷ 탁상공론같은 법과 제도로 인해 피해를 입는 사람은 따로 있으며 이를 방지하기 위해 행정법학을 연구하고자 해당 학과에 지원했다고 언급함으로써 지원동기를 매끄럽게 설명하고 있다.

❸ 봉사활동을 하면서 국가의 올바른 정책과 행정이 뒷받침되어야 국민이 행복할 수 있음을 다시 한 번 깨닫고 법과 제도의 중요성을 피력하고 있다.

❹ 학급 임원 활동을 통해 합리적으로 집단 분쟁을 해결하는 능력을 길렀음을 나타내고 있다.

❺ 전공과 연관된 여러 활동을 수행한 모습에서 전공적합성을 드러내고 있다.

성균관대학교 글로벌 경영학과

경제 과목을 독학하던 저에게 ❶ 〈맨큐의 경제학〉은 경제학의 기본원리를 알려준 선생님이었습니다. 〈맨큐의 경제학〉을 통해 ❷ 교과서에는 없는 화폐 시장의 그래프와 이자율에 따른 투자의 탄력성과 같이 원리를 통해 정책의 원리를, 구축효과와 승수효과를 통해 정책의 효과를 이해할 수 있었습니다. 학습 도중 decreasing cost industry에서 장기공급곡선이 우하향하는 현상을 이해하기 위해 ❸ 백지에 기업과 시장을 분리하고 그 둘의 상호작용을 순차적, 인과적으로 정리한 결과를 그래프로 그려보았습니다. 이를 통해 기업의 시장진입 증가로 인한 생산량 증가가 기업의 비용곡선에 영향을 끼쳐 결국 시장에서 장기공급곡선이 으하향하게 된다는 사실을 이해할 수 있었습니다. 인과관계와 원리를 통해 경제학을 이해할 수 있다는 자신감이 생겼고, 원리를 찾는 저의 학습법은 내신과 교내 경시대회에서 좋은 성적을 거두는 데에도 도움이 되었습니다. 특히 비교우위에 입각한 무역의 효용성을 공부하며 떨칠 수 없던 의문은 ❹ '그렇다면 1차적인 산업을 하던 국가는 영원히 1차적인 산업을 하게 되는 것이 아닌가'였습니다. 선생님의 추천으로 읽게 된 ❶ 〈나쁜 사마리아인들〉을 통해 무비판적인 세계화가 개도국에게는 독이 될 수 있다는 사실을 알게 되었습니다. ❺ 시장을 개방한 뒤 뚜렷한 성장을 보이지 않는 인도, 대만의 사례를 보며 중소국가들이 자유무역 시장에 합류하기 적합한 시기를 분석하기 위한 조사를 시작하였습니다. ❶ 〈공격받는 자유무역〉, 〈사다리 걷어차기〉등의 책을 읽으며 자유무역의 이점과 선진국들의 성장배경을 확인하는 한편 중소국 분류의 국가들의 국가정책과 그들의 경제 수준, 사회적 수준에 대해 조사하였습니다. 내수의 비중, 유치산업의 성장, 시장의 구조 등을 기준으로 ❺ 나름의 잣대를 구상하며 제가 막연히 꿈꿔왔던 세계의 균형발전을 위한 방법을 구체화시킬 수 있었으며 상대국의 상황을 파악하고 서로에게 득이 되는 무역을 하기 위한 통상가의 중요성을 상기하여 경제 공부에 더욱 집중할 수 있는 계기가 되었습니다.

1번 문항 독해

❶ 전공과 관련한 다수의 책을 이용하여 흐름을 전개하였다.

❷ 교과서에 없는 전공 심화 내용을 찾아 공부하는 자기 주도적 학습 태도를 보여주고 있다.

❸ 어려운 부분을 이해하기 위해 직접 그래프를 그려보는 모습을 통해 자기 주도적인 학습능력을 강조하였다.

❹ 자신의 의문점을 기록해 본인만의 스토리를 구축하였다.

❺ 세계화에 따른 자유무역 시장의 개방과 그로 인한 결과, 통상가로서의 중요성 등을 언급함으로써 글로벌경영학과의 특성과 적합한 내용을 기재하였다.

❶ 경제경영 동아리에서 한 다양한 활동 중 신문을 스크랩해 조별로 토론하는 활동은 시사적 이슈에 대한 인식과 흥미를 넓히는 계기가 되었습니다. ❷ 특히 공기업 적자에 대한 기사는 막대한 부채비율에도 사치스러운 복리를 유지하는 경영실태를 통해 기업의 도덕적 해이와 민영화의 필요성에 대해 고민해보게 하였습니다. 조원들과 다양한 현상을 평가하고 대안을 제시하려 하였고 이러한 활동기록들을 NIE경진대회에 출품하여 좋은 결과를 얻었습니다. 스크랩 활동을 통해 사회의 다양한 경제현상에 대해 비판적으로 바라볼 수 있었고 인과관계를 밝혀 정책의 결과를 예측하기도 했습니다. ❸ 또한 평소 유심히 보지 않던 분야를 다루며 사회가 유기적으로 연결되었다는 인식을 갖게 되어 경제뿐 아니라 사회 전반으로 관심을 넓힐 수 있었습니다.

스크랩을 하며 저금리정책으로 금융위기를 겪은 신흥국들에 비해 한국이 선전하고 있으나 안심하기에는 이르다는 칼럼을 접했습니다. ❹ 내수진작이 없을 경우 유동성 함정과 거품 경제 등 부작용을 야기하는 미봉책으로 그칠 수 있다는 조원들과의 진단 외에 정책이 세계시장에 미칠 영향과 그 피해를 최소화하기 위한 방안에 대해 궁금증이 생겼고 〈달러의 위기〉 등을 통해 미국의 예를 조사하여 아베노믹스의 영향을 예측하는 소논문을 작성하였습니다. 한 국가로서는 장기간의 침체를 극복하고 자국을 보호하기 위한 효과적인 정책이었지만 신흥국들이 그 부작용을 감당해야 할 수도 있다는 결론을 내리며 국가 성장과 세계의 균형 도모 중 어느 것이 옳은지 혼란을 겪어야 했습니다. 하지만 이기적인 정책은 결국 국가를 위기로 내몬다는 것 역시 확인할 수 있었기에 국가의 성장을 해하지 않는 범위에서는 국제 사회의 안정이 우선되어야 한다는 저의 신념을 굳힐 수 있었고 이러한 신념을 가지고 한국의 국제적 영향력이 커짐에 따라 더욱 세계적인 영향을 고려한 정책으로 위기를 예방하고 극복하는 데에 이바지해야겠다고 다짐했습니다.

❺ 글로벌한 시각을 키워준 계기는 학교의 국제교류 활동에 대표로 참가하여 상해에서 8일간 러시아, 스페인 등 다양한 국가에서 온 학생들과 함께한 문화 탐방입니다. 처음에는 서로 다른 문화로 소통에 어려움을 겪었습니다. 특히 저의 중국인 파트너의 특유의 느릿함과 다른 조에 신경 쓰느라 부족한 집중력 때문에 갈등을 겪었습니다. 이러한 갈등은 그의 집을 방문하면서 해소되었습니다. Ally는 7명이 함께 사는 대가족으로, 다른 가족의 일을 도와주는 것이 습관이 되었던 것이었습니다. 또한 온 가족이 문제를 공유하고 매 순간 서로 관심을 가지고 함께 하는 것을 중시하였습니다. 친구의 배경을 이해하고 나니 다른 나라의 친구들에게도 그들만의 문화가 있을 것이라 생각하며 더욱 쉽게 다가갈 수 있었습니다. 저희가 서로의 배경을 이해하고 특수성을 인정하려고 노력했을 때 더 가까워지고 한 마음으로 목표를 이뤄낼 수 있었던 것처럼 국제 관계도 마찬가지라고 생각합니다. 표면적인 협력관계를 구축하는 것을 넘어 다양한 교류를 통해 상대국을 이해하고 그

들의 배경을 파악하려고 노력하면 마음이 통하는 진정한 '세계화'를 이루어 세계가 하나 되어 함께 성장할 수 있을 것이라고 확신할 수 있었습니다.

2번 문항 독해

❶ 희망 전공과 관련된 동아리활동으로 전공 적합성을 드러내었다.

❷ 학과에서 최근 뜨거운 이슈인 '기업의 도덕적 해이와 민영화'에 대해 다룬 내용을 기재하였다.

❸ 기사를 스크랩하며 다양한 시각을 가지고 융합적 사고를 발휘할 수 있게 되었다.

❹ 칼럼을 읽으며 생긴 의문점을 해소하기 위해 소논문을 작성하는 모습에서 자기 주도적 학습 태도와 전공에 관한 열정을 엿볼 수 있다.

❺ 구체적인 나만의 스토리를 제시하며 글로벌 경영학과에서 필요한 덕목을 효과적으로 나타내었다.

---

3. 학교생활 중 배려, 나눔, 협력, 갈등 관리 등을 실천한 사례를 들고, 그 과정을 통해 배우고 느낀 점을 기술해 주시기 바랍니다. (1000자 이내)

"언니 오늘은 왜 방에 안 와요?" 봉사활동에서 만난 희원이의 말은 진정한 관계가 무엇인지를 깨닫게 해준 계기가 되었습니다. ❶ 1학년 때부터 해왔던 고아원 봉사활동은 음식이나 천연 약품 등을 만들어 주는 것이 주요 활동이었습니다. ❷ 이들에게 물질적인 도움을 주는 것이 가장 중요하다고 생각했지만 이것은 착각이었습니다. 희원이는 음식을 만들어 주는 언니보다는 가족처럼 함께할 수 있는 언니가 필요했던 것입니다. 그래서 다음 활동부터는 아이들의 고민을 들어주거나 함께 영화를 보러 나가고 산책을 하는 등 언니가 되어주려 노력하였습니다. 크리스마스에 아이들에게서 받은 '언니가 있어서 좋다.'는 짧은 편지에 누군가에게 의미 있는 존재가 되었다는 생각이 들어 가슴이 뭉클했습니다. 아이들에게 도움을 주려고 관계를 맺기 시작한 후 서로에게 의미를 갖게 되었고 함께하는 과정에서 봉사를 하는 저희 역시도 도움을 받는 것이 제가 느낀 봉사의 힘입니다. ❷ 참된 봉사란 물질적인 도움으로 베푸는 것이 아니라 받는 사람의 입장에서 힘이 되는 존재가 되는 것이라는 생각을 하게 되었습니다.

토론 동아리에서의 조장역할은 힘들기도 했지만 위기를 슬기롭게 극복하는 법을 가르쳐준 소중한 경험입니다. 모든 친구들의 요구사항을 수용할 수 없었기에 어느 정도는 임의로 조를 배정할 수밖에 없었습니다. 이에 대해 불만을 가진 조원들이 나왔고 참여율은 저조했습니다. 문제를 해결하기 위해 먼저 주제 선정과 조 배치의 과정을 투명하게 공개하고 양해를 구했습니다. 또한, 이들의 적극적 참여를 유도하기 위해 선정 주제의 중요성과 관련 조사 자료를 공유하면서 사전 세미나를 하였습니다. 그 친구들은 다음 모임에는 적극적으로 참여하였고 성공적으로 토론을 마칠 수 있었습니다. ❸ 이 일을 통해 갈등 상황에서 갈등의 뿌리를 뽑는 것은 한쪽의 입장만을 강요하거나 포기하는 것이 아니라 서로의 입장을 파악하고 문제 해결을 위해 자신이 제공할 수 있는 것들을 나누어 함께 문제를 해결하는 데에 도움을 줄 때 비로소 가능하다는 것을 느낄 수 있었습니다.

3번 문항 독해

❶ 일회성이 아니라 지속적인 봉사활동을 해왔음을 드러내고 있다.

❷ 봉사의 진정한 의미에 대해 깨달은 점을 잘 표현하였고 실제 이름을 언급하는 등 구체적인 기재로 신뢰도를 높였다.

❸ 경영학과의 특성상 중요한 집단추진력을 발휘한 부분을 강조하고 강요보단 화합을 통해 갈등을 해결하려 노력한 점을 나타내었다.

경북대학교 인문사회자율학부

1. 고등학교 재학기간 중 학업에 기울인 노력과 학습 경험에 대해, 배우고 느낀 점을 중심으로 기술해 주시기 바랍니다. (1000자 이내)

❶ '외고 입학'은 제 인생의 첫 목표 성취였기 때문에 그만큼 뿌듯했고 기대도 컸습니다. 하지만 기숙사 생활에 적응하기 힘들었고 치열한 경쟁 스트레스가 컸기에 고민 끝에 일반고로 전학했습니다. 그런데 전학 후에도 문제가 해결되기보다 오히려 자존감이 떨어졌고 점점 퇴보하는 느낌이었습니다. 그때 저를 잡아준 것은 엄격했던 수학 선생님의 조언이었습니다. 걱정만 한다고 상황이 나아지지는 않으니 공부를 왜 하는지부터 스스로 답을 찾으라는 말씀에 시험 성적에만 매달렸던 자신을 많이 반성하고, 꿈을 향해 저를 변화시켜 나가기로 했습니다. 우선 자기관리가 잘 안 되는 것이 가장 큰 문제였는데 플래너를 이용해 하루의 모든 시간을 분 단위까지 계획해서 실천해 나갔고, 스톱워치로 실제 계획을 이행한 시간을 기록하면서 꼼꼼히 점검했습니다. 그 과정에서 시간의 소중함을 새삼 깨달으며 다시는 무기력하게 시간을 낭비하지 않겠다는 각오를 다질 수 있었습니다. 그런데 수학은 시간 투자만으로 나아지지 않았습니다. 수업 중 조별활동으로 발표를 맡게 되어 며칠을 공부했지만 제대로 설명하지 못해 조원들에게 미안했고 자괴감이 많이 들었습니다. 그때 오히려 '수학 네가 뭔데 나를 이렇게까지 부끄럽게 만드는 거야?'하는 오기가 생겼습니다. 교과서와 익힘책의 내용을 수십 번 풀어보면서 개념을 완벽히 이해했고, 틀린 문제를 7일 간격으로 2번씩 오답 정리를 하여 같은 실수를 범하지 않도록 노력했습니다. 그렇게 수학 공부에 가장 많은 시간을 투자한 결과, 성적이 2등급 이상 오르는 성취감을 맛보았고 어려운 수학 문제를 포기하지 않고 풀 듯 어떤 문제가 닥쳐도 포기하지 않는 근성이 길러졌습니다. ❷ 한편 역사 다큐멘터리를 만들고 싶은 꿈이 있기에 역사 과목을 즐겁게 공부해왔습니다. 나만의 책을 만든다는 생각으로 스토리 북 형식으로 개념 정리를 했더니 더 흥미진진하면서도 쉽게 내용을 기억할 수 있었습니다. 이런 경험들을 통해 앞으로 철저한 시간 관리와 성실함으로 노력한다면 나의 꿈을 이룰 수 있다는 자신감을 얻었습니다.

1번 문항 독해

❶ 고등학교 재학기간 동안 겪은 어려움, 시련을 언급한 뒤 극복해가는 과정을 진술하고 구체적으로 나타내어 나만의 스토리로 표현하였다.

❷ 학생의 희망 진로가 PD인 점, 지원 학과가 인문사회자율학부인 점을 고려하여 융합적 사고로 잘 나타내었다.

'논문'이라는 것은 왠지 어렵게만 느껴지고 직접 써볼 엄두가 나지 않았었는데, 2학년 때 교내에서 2014 프로젝트 학습 논총 대회가 열린다는 소식에 ❶ 언론 분야에 관심이 많은 친구 2명과 인천아시안게임을 미디어와 마케팅 관점으로 바라보는 논문을 써보자는 욕심을 냈습니다. 먼저 스포츠와 미디어 간의 관계에 대한 전반적인 이해를 위해 자료를 조사해보니 스포츠 미디어는 스포츠의 문화적 발전에 도움에 기여한 점도 많았지만, 미디어에서 비롯된 역기능 또한 많았습니다. 미디어는 스포츠 상업주의를 극대화 시켰을 뿐만 아니라 다양한 기사가 실시간으로 생산이 되는 현대의 미디어 환경으로부터 비롯된 분열과 투쟁, 사회계층 간의 참여 격차 등의 사회적 문제점 또한 일으켜 이에 대한 개선의 필요성을 느낄 수 있었습니다. 단순히 미디어가 스포츠 대중화에 기여한다는 생각에서 벗어나 스포츠가 미디어에 의해 상업주의에 퇴색되지는 않았는지에 대해서 비판적으로 수용할 필요성을 느꼈고 그러한 상업주의를 능동적으로 해결해 나갈 수 있는 능력을 갖춘 언론인으로 성장하고 싶다는 각오를 다지게 되었습니다. 1년이라는 시간 동안 '스포츠와 미디어 그리고 마케팅'이라는 논문을 완성했다는 뿌듯함을 느끼고 제 꿈을 더 구체적으로 세우게 된 값진 경험이었습니다.

한편 고등학교에 다니면서 영어 UCC, 광고영상 UCC 등의 제작에 활발히 참가 했었지만 늘 ❷ 지식과 실력이 부족하다는 아쉬움이 남았기에, 학교 방과 후에 진행된 'UCC 제작이론' 수업을 신청해 촬영 구도, 촬영기법 등 다양한 지식들을 쌓을 수 있었습니다. 때마침 학교에서 교내 학교 홍보 영상 대회가 개최되어 배운 것들을 적용해 보고 실전 경험을 체험할 기회라고 여기고 참가하였습니다. 다소 가벼운 마음으로 시작한 UCC 제작은 도전의 연속이었습니다. ❸ 우선 기존 학교 홍보영상 형식의 틀을 깨는 것을 큰 목표로 삼았는데 생각했던 것과 달리 구상이 쉽지 않았고 계속 다른 홍보 영상들을 쫓는 자신을 발견할 수 있었습니다. 그래서 생각을 뒤집어 기존의 광고를 무조건 벗어나기보다 오히려 그것을 차용하는 패러디 형식을 택했습니다. 촬영에서도 구도를 실행에 옮겼음에도 예상한 그림이 나오지 않았고 환경적으로 많은 제약이 있었습니다. 그럼에도 저희는 포기하지 않고 촬영을 수십 번 거듭하면서 상황에 맞는 구도를 개척해 나갔고, 편집 또한 노력을 기울인 끝에 참신하고 완성도 있는 영상을 완성했으며 UCC 대회에서 은상을 차지하는 쾌거도 이루었습니다. 촬영구도, 프레임 설정 등 기술적인 면을 습득할 수 있었을 뿐만 아니라 무엇보다 저에게 가장 의미가 있었던 것은 제작에 있어서 개척하는 것을 두려워하지 않고 도전해 나갔고 끝까지 포기하지 않았다는 사실입니다. 평범하지 않은 창의적 영상을 만든다는 것이 쉽지 않기에 포기하고 싶은 마음도 간혹 생겼습니다. 그러나 친구와 협력하면서 문제점을 함께 해결해 나가고자 노력했으며 성공해 내겠다는 의지를 다지면서 이미 제작 PD가 된 것 같은 기쁨도 함께 누렸던 활동이었습니다.

2번 문항 독해

❶ 희망 전공이 비슷한 친구들과 함께 인천아시안게임을 스포츠-미디어-마케팅 입장에서 바라보는 논문을 작성하는 과정을 상세하게 설명하고 있다. 그 과정에서 미디어의 역할과 폐해 등을 알게 되었으며, 상업주의를 능동적으로 해결해 나갈 수 있는 언론인으로 성장하고 싶다는 포부를 드러냄으로써 자기 주도적 학습 태도, 전공 적합성, 융합적 사고, 나만의 스토리를 모두 담아내었다.

❷ 자신의 희망 진로인 PD에게 필요한 지식과 기술적 능력을 보완하기 위해 방과 후 수업을 신청하는 모습에서 자기 주도적 학습 태도를 보여주고 있다.

❸ 교내 학교 홍보 영상 대회를 준비하는 과정에서 희망 진로를 이루기 위해 필요한 기술적 능력과 도전하는 정신을 배울 수 있었음을 드러내고 있다.

❹ 전반적으로 진로 개발 역량 능력이 뛰어난 것을 보아 경북대학교의 인재상인 '자기 삶과 터전에 자부심을 갖고 주도적으로 개척하는 사람'을 잘 드러내고 있다.

---

3. 학교생활 중 배려, 나눔, 협력, 갈등 관리 등을 실천한 사례를 들고, 그 과정을 통해 배우고 느낀 점을 기술해 주시기 바랍니다. (1000자 이내)

❶ 음악 시간 수행평가로 뮤지컬을 공연하게 되었을 때, 친구들은 늘 PD가 꿈이라고 말하고 다닌 저를 총감독으로 추천했습니다. 저는 멋진 작품을 만들고 싶다는 의욕으로 넘쳤고 친구들도 잘 협력해주어 원활하게 진행되는 듯 했습니다. 2달가량의 시간이 주어졌기에 저는 친구들에게 열흘 동안 각자 맡은 임무를 다하고, 다시 맞춰보자는 제안을 했고 친구들은 이를 수긍했습니다. 그러나 열흘이라는 시간은 갈등의 시발점이 되었습니다. 대부분의 조원은 자기 일을 미리 준비하지 않고 하루 전에 급하게 준비해왔고 심지어 자신의 역할조차 파악하지 못하기도 했습니다. 당연히 회의는 제대로 이루어지지 않았습니다. 정말 잘해보고 싶은 생각이 컸기에 저는 화가 많이 났고 친구들을 질책하고 싶었던 마음도 컸습니다. ❷ 하지만 총책임자로서 또 다른 갈등을 만들기보다 구성원들을 다독여서 위기를 헤쳐 나가는 것이 더 중요하다는 생각이 들었습니다. 겨우 감정을 조절한 후, 친구들에게 열흘이 아닌 이틀마다 만나 점검하자고 제안했습니다. 학업에 지장을 준다고 불평하는 친구도 있었지만 제가 먼저 대본 작성을 어려워하는 친구들을 도와주고 연기 연습파트너가 되어 주는 등의 솔선수범하는 자세를 보여주고자 노력했습니다. 함께 좋은 작품을 만들고 싶은 제 진심을 알아준 친구들도 이틀에 한 번씩 충실히 연습에 임하는 열정을 보여 주었습니다. 그런데 생각이 다른 친구들이 한 작품을 완성하다보니 사소한 갈등은 끊임없이 생겼습니다. 그럴 때마다 저는 타인을 존중하고 배려하는 것에 의미를 두는 성격으로 친구들의 의견을 되도록 다 수용하고자 노력했는데 그것이 더 나쁜 결과를 낳기도 했습니다. ❸ 리더가 결단력이 부족하면 오히려 일의 진행이 더딜 뿐 아니라

구성원들의 불만도 커질 수 있다는 것을 알게 되었습니다. 다수의 의견을 잘 수렴하는 것과 우유부단한 것은 분명 다르므로 총감독으로서의 책임감이 무겁다는 것을 느꼈고, 한 작품을 만드는 것은 여러 사람의 이견을 조율해나가면서 협력하는 과정이라는 것을 배울 수 있었습니다.

3번 문항 독해

❶ 자신의 희망 진로와 관련하여 3번 문항을 전개하면서 전공적합성을 높이고 있다.

❷ 갈등 상황에서는 총책임자로서 강압적인 방식이 아니라 구성원을 다독이는 방식이 우선되어야 한다는 태도와 문제 해결 과정을 서술하면서 갈등 관리 능력을 드러내고 있다.

❸ PD의 중요 덕목 중 하나인 '결단력'에 대해 깊게 깨닫는 경험을 나만의 스토리로 풀어내었다.

4. 지원하게 된 동기와 입학 후 학업 및 진로계획에 대해 기술해 주시기 바랍니다.(1000자 이내)

❶ 일본 초등학교로 전학 직후 일본어를 전혀 몰랐던 제 실수로 방송부에 들어간 것이 제가 방송 분야에 관심을 가지게 된 첫 계기입니다. 방송부 활동을 통해서 한국 문화와 한국가요를 방송할 기회를 가져 우리 문화를 외국에 알린다는 자긍심을 가질 수 있었고 낯선 일본 친구들과도 빨리 친해질 수 있었습니다. 중학교 때도 3년간 방송부원으로서 활기찬 아침을 시작하는 아침방송을 담당하였고 교내 활동을 전달하는 역할을 하면서 보람도 느낄 수 있었습니다. ❷ 그 후 고등학교에서 편집부 활동을 통해 방송, 언론 관련 분야에 대한 다양한 체험을 해보면서 '역사 다큐멘터리 PD'라는 꿈을 구체적으로 세우게 되었습니다. 그중 가장 인상 깊었던 것은 학교 진로체험시간에 이루어졌던 진로 현장형 체험수업으로 대구 TBC 방송국에 다녀온 것입니다. 현직에서 근무하고 있는 방송 PD분과의 첫 만남에서 많은 경험담을 들을 수 있었고 방송국에서 프로그램이 만들어지는 생생한 현장을 체험해 보았습니다. 또 현장 PD분들과의 면담에서 가장 보람을 느끼는 때가 공공의 알 권리를 위해 취재를 할 때와 사회 곳곳의 알려지지 않은 따뜻한 이야기를 세상에 알릴 때라는 답을 들으며 PD야말로 국민의 알 권리에 대한 신념을 가진 제가 꿈을 마음껏 펼칠 수 있는 직업이라는 확신이 들었습니다.

❸ 경북대학교 자율전공학부는 1학년 커리큘럼에 '심리학의 이해' '매스컴과 사회' '경영의 이해' 등의 교과목이 개설되어있어서 폭넓은 인문 교양을 쌓기에 충분하며, 특히 '역사 다큐멘터리 PD'가 꿈인 저에게 '한국사'는 많은 도움이 될 것으로 생각합니다. 2학년 때는 신문방송학과에 진학하여 세부 교과목 분야인 언론학에 대한 공부와 영상 실습으로 미디어에 관한 지식을 쌓아나가면서 언론고시를 위한 공부를 하고 싶습니다. 더불어 신방과 동아리인 '방송연구회'에서 다양한 사람들과 어울리며 시야를 넓힘으로써 창의적인

프로그램으로 사람들의 인식을 올바르게 이끄는 방송국 PD가 될 수 있는 발판을 탄탄히 닦을 것입니다.

4번 문항 독해

❶ 나만의 특별한 스토리를 언급해 이목을 집중시키고 신뢰도를 높이고 있다.

❷ 고등학교 편집부 활동을 통해 희망 진로와 관련된 다양한 체험을 하고, 실제 방송사를 견학하여 현장에서만 느낄 수 있는 생생한 현장감과 경험담을 습득하는 등 자기 주도적 학습 태도와 전공에 관한 열정을 드러내고 있다.

❸ 지원 대학, 학부의 커리큘럼과 동아리를 살펴보고 자신에게 해당 대학의 학부가 어떤 부분에서 적합한지 언급하면서 학업 및 진로계획뿐만 아니라 진학 의지도 열렬히 드러내고 있다.

서강대학교 물리학과

❶ 과학 교과서 '에너지와 환경' 단원은 태양에 대한 무한 가능성을 설명하는 흥미로운 내용이었습니다. 태양빛의 활용 분야를 연구하고 영어로 발표하며 심도 있게 이해하자는 의도로 ICY대회에 참가했습니다. 연구는 〈태양을 잡자〉라는 책을 탐독하면서 시작했습니다. 책엔 태양에너지의 특징, 신재생에너지, 태양전지 등이 소개됐는데, 산화환원반응을 유발한다는 언급이 무척 인상적이었습니다. 열이나 전기가 아닌 산화환원반응이라는 호기심을 바탕으로 두 부분으로 연구했습니다.

❶ 먼저 빛의 성질, 광자, 광감응물질의 광전효과를 책과 논문을 통해서 공부하고 광촉매 재료와 반응기를 형태별로 준비한 후 반응물인 비스페놀A를 분해하고 6가 크롬을 환원시키는 실험을 했습니다. 나아가 결론을 효율 증대와 적용 분야를 탐구하는 것으로 진행했습니다. 그 과정에서 ❷ 광촉매의 산화환원반응연구는 1970년대 '반도체 전극을 이용한 물분해'로 시작했지만, 40여 년이 지난 지금도 많은 적용 가능 분야에도 불구하고 실생활에서 쉽게 활용되지 않았다는 점을 알게 되었습니다. 이유는 빛 이용효율이 낮다는 것과 분말 형태의 활용 문제였습니다. 그래서 2000년대 양극산화법을 이용한 '나노튜브 티타니아 고정형' 재료로 효율 증대와 활용성을 높이려는 시도가 있었음을 확인하고 연구에 적용했습니다.

❸ 대나무 모양의 TiO_2 나노튜브 광촉매재료를 사용한 결과, 인공광원을 이용한 실내실험에 이어서 태양빛을 활용한 야외실험까지 비스페놀A의 분해와 6가 크롬의 환원을 확인했습니다. 또한, 평판반응기는 메쉬형 재료가 호일형보다 우수했고, 회전반응기에서는 메쉬 네 개를 활용한 경우 90rpm에서 전환반응이 최적임을 확인했습니다. 나아가 활용분야를 '적정기술'이나 '지속가능기술'로 확대하는 반응기 발명이나 기체 물질에 대한 탐구 욕심도 생겼습니다.

저에겐 고등학교 신입생의 두려운 기억은 없습니다. 입학 후 5개월 동안의 연구와 결과 발표를 준비하면서, 자연계열 공부의 기초를 마련했으며, 과학의 무한 가능성과 이를 실현하는 공학적 호기심을 더욱 키울 수 있었습니다.

1번 문항 독해

❶ 교과서와 책, 논문, 대회를 활용하여 흐름을 전개하면서 자기 주도적 학습 태도를 드러내고 있다.

❷ 1970년대부터 사용된 연구법이 이제는 실생활에서 쉽게 활용되지 않게 된 이유를 설명하고, 새로운 연구법을 찾아 연구에 적용하는 등 전공 심화 지식이 뛰어남을 보여주고 있다.

❸ 전공 심화 지식이 뛰어남을 보여줌과 동시에 실험과정을 구체적으로 기술하여 신뢰감과 전문성을 높이고 있다.

❶ 대한민국 학생발명전시회 참가는 저에게 광화학적 수처리를 비롯한 에너지·환경 전문가로서의 꿈을 더욱 심화시켰습니다. '태양광 음용수 살균 적정기술 장치'는 저개발 국가나 아프리카 등의 오지에서 오염된 물이 원인인 질병으로 사람이 죽어간다는 기사를 접하면서, 태양빛으로 최소한의 살균만 가능해도 혜택을 줄 수 있겠다는 아이디어로 시작하였습니다. ❷ 그래서 제작 과정에서는 태양전지에서 생산된 전기로 메쉬형 광촉매를 회전시키고 가라앉은 찌꺼기를 손쉽게 제거할 수 있는 장치를 구현하려 했습니다. 여기에는 ICY의 연구 경험과 '제로 에너지'라는 적정, 지속 가능기술을 더한 시너지 효과가 핵심이었습니다. 심사과정에서도 광화학 이론과 공학을 융합한 기술로서 비용 절감, 지속 운전이 가능하다는 활용 측면에서 큰 칭찬(장관상인 금상)을 받았습니다. 그리고 저에게는 '태양광 화학반응을 이용한 실내공기 정화장치 개발'이라는 새로운 도전의 밑거름이 되었습니다.

두 차례의 발명 도전에서 얻은 경험은 대한민국인재상과 대전인재육성장학생이라는 중간 점검으로 이어졌습니다. 저의 꾸준한 노력을 2년 간 지켜 봐 주신 선생님께서 적극 권하셨지만, 사실은 제 노력을 정리하며 검증받고 싶은 욕심이 더 컸습니다. ❸ 특히 활동을 포트폴리오로 정리하면서 부족한 부분을 반성하는 기회로 삼은 것은 효과적이었습니다. 좋아하는 수학, 과학을 단순 암기나 문제 풀이에만 매달린 것이 아니라, 관련 동아리에서 발명에 적용하고 리더로서 연구 과제를 도맡아 진행하면서 공학의 활용성까지 배웠습니다. 중학교 때 시작한 봉사를 지속하면서 제 주변을 대하는 방법도 깨달았습니다. 그런데 다양한 분야의 관심에 비해 심화된 전문성이 부족한 점을 발견했습니다. 저의 단점에도 불구하고 지역에서만은 유의미하게 인정받을 수 있었지만, 미래 사회의 인재가 되기 위해서는 지식이든 학업이든 전문성을 먼저 갖춘 후에 활용하는 것이 순리임을 깨닫는 큰 경험이었습니다.

❹ 자연계 학생으로서의 심화 수학의 도전은 교육청 수리 논·구술아카데미와 대학선이수제(UP) 미적분 수강에서 계속되었습니다. 수리논술 수업은 학교에서 선발된 소수 인원들이 답이 없는 문제를 풀고, 주어진 과제도 토론과 발표로 해결해야만 했습니다. ❺ 수학을 단순히 답을 찾아야 하는 숙제로 생각하지 않고, 왜 중요시 해야 하는지를 고민하면서 〈수학의 노벨상 필즈상 이야기(김원기)〉를 접했던 것이 큰 도움이었습니다. 특히 순수수학과 응용수학 부분은 알고 있는 이론, 법칙, 수식들이 현실과 만났을 때는 차원이 다르게 복잡해지는데, 그 과정에서 현실 상황을 수식으로 표현하고 해석하는 물리 이론들이 더해져 기존에 풀지 못했던 난제들이 풀리는 과정에 매료되었습니다. 논술아카데미에서 얻은 자신감으로 UP미적분학 수강에도 도전했습니다. 교과서에 없는 다양한

물리적, 사회적 현상을 함수로 표현하고 무한과 극한 개념을 재해석하는 법을 배웠는데, 학교 시험과 모의고사에 적용할 때면 해결 시간을 줄일 수 있었습니다. 6개월간의 심화 학습을 통해서 교과서 수학의 근본적인 원리를 다시 충실히 배웠고, 실생활 사례에서 활용되는 부분을 경험했으며, 동료들과 수학으로 소통할 수 있는 방법을 터득했습니다.

2번 문항 독해

❶ 발명 대회 참가로 인해 자신의 희망 진로를 더 확정 지을 수 있었던 것을 언급하며 전공 적합성이 돋보이는 활동임을 강조하고 있다.

❷ 제작 과정을 전공 심화 지식을 이용하여 상세하게 설명하고 있다.

❸ 단순히 수상 경력과 장학생 선발을 위해 포트폴리오를 작성한 것이 아니라 자신의 부족함을 반성하는 기회로 삼아, 다양한 분야에 관심을 가지되 심화한 전문성이 필요한 것을 깨달았던 경험을 상세하게 설명하여 나만의 스토리로 엮어내었다.

❹ 자연계 학생으로서 필요한 수학 실력의 심화를 위해 수리 논·구술아카데미와 미적분 수강을 듣는 등 자기 주도적 학습 태도를 보인다.

❺ 수학을 언어로 바라보아야 하는 과학자의 시선을 언급하고, 책을 이용하여 흐름을 전개하였다.

---

3. 학교생활 중 배려, 나눔, 협력, 갈등 관리 등을 실천한 사례를 들고, 그 과정을 통해 배우고 느낀 점을 기술해 주시기 바랍니다. (1000자 이내)

❶ 지역 아동센터의 봉사 경험에서 커다란 삶을 살아가는 방법을 배웠습니다. 처음 센터를 방문했을 때, 나이 차가 많지 않은 아이들을 가르치는 봉사활동이 부담스러웠습니다. 맞벌이 부부 가정의 아이들로 막연하게 시간을 보내기 위해서 센터를 찾는 경우가 대부분이었기 때문에 진지함이 부족했습니다. 보조 교사 선생님들의 도움으로 결연 수업을 했지만, 수업 내용을 잘 이해하는지도 궁금했습니다. 아무리 방학과 주말을 통한 봉사지만 누구를 가르치기 위해서 공들이는 시간은 두 배 이상 투자했는데, 늦게 오거나 집중하지 않는 아이들이 원망스러웠습니다.

❶ 그런데 센터 친구들과의 관계는 우연한 기회에 개선되었습니다. 센터 체험활동으로 인근 ETRI연구소를 함께 견학했는데, 디지털 그래피티 캔버스, 골도 전화기와 같은 첨단 기기 앞에서 아이들이 주눅이 들었습니다. 방문 경험이 있던 저는 기억을 살려 하나씩 설명해주고 체험도 함께 했습니다. 우리는 급격하게 친해졌습니다. 출구 앞, 디지털 초상화 제작 시스템 앞에서는 '형', '선생님'의 호칭 속에 초상화를 같이 찍어달라고 아우성이었습니다. 순식간에 돈독한 사이가 된 우리는 이후 효과 만점의 공부가 가능해졌습니다.

저는 상대의 호기심을 해결해주며 얻은 야외 체험의 교감과정에서 많은 점을 배웠습니다. 어린아이가 아닌 누구든지, 함께 하려면 상대의 고민이나 관심사를 공유할 때 효과적이며, 특히 수업을 위해서 만나는 경우라면 ❷ 양방향 소통이 가능한 관계를 먼저 형성하는 것이 필요하다는 것을 깨달았습니다. 상대의 관심사에 귀 기울이는 습관은 이후 저의 장점이 되었습니다. 지속적인 교육봉사와 환경정화봉사로 제 능력을 주위와 공유하는 일도 잊지 않았고, 수학멘토 활동에 적극 나섰으며, 발명 경험을 동료들에게 강연한 적도 있습니다. 고등학교 동아리활동에서도 연구와 발명 활동을 할 때면, 내가 아닌 우리의 고민을 먼저 살폈습니다. 서로의 지식으로 해결이 안 되면, 함께 책을 찾아 읽거나 연구소를 직접 방문하고, 보고 배운 점을 나누면서 학문으로 소통하는 방법도 익히고 해결도 하였습니다. 덕분에, 책임감을 느끼면서 동아리의 크고 작은 일을 도맡아 추진하는 일도 경험했습니다. 사랑과 소통으로 함께 사는 법을 더욱 터득한 셈입니다.

3번 문항 독해

❶ 봉사활동 초기에는 어려움을 겪었지만, 본인의 전공 관련 지식과 노력으로 어려움을 극복해낸 사례를 상세하게 설명하여 나만의 스토리로 엮어내었다.

❷ 대인관계에서 소통이 중요함을 깨달은 후, 지속적인 교육 봉사와 환경정화봉사에서 이를 행동으로 나타내려 노력한 모습에서 3번 문항의 배려, 나눔, 협력, 갈등 관리라는 키워드를 적절히 소화하였음을 알 수 있다.

인하대 유기응용재료공학과

1. 고등학교 재학기간 중 학업에 기울인 노력과 학습 경험에 대해, 배우고 느낀 점을 중심으로 기술해 주시기 바랍니다. (1000자 이내)

❶ '多 학문 융합의 중심, 화학'

❷ 허기진 배를 움켜쥐고 급식실로 향하면 새로 설치된 옆 벽면에서 나는 시멘트 냄새 때문에 불쾌했습니다. 보통 냄새는 유기화합물과 후각 수용체의 상호작용으로 생기는데 주성분이 석회석(무기화합물)인 시멘트에서 왜 이런 냄새가 나는지 궁금했습니다.

그래서 시멘트의 모든 구성성분을 검색해보았고, 낮은 비율이지만 점토, 규석질, 철질, 폐기물 원료 등이 포함된다는 것을 알 수 있었습니다. 이 성분 중 폐타이어와 폐고무 등에서 얻는 폐기물 원료에서 유독가스인 VOCs(휘발성 유기화합물)가 나온다는 사실과 포름알데히드, 벤젠 등의 발암물질을 포함하는 VOCs가 신경계 이상을 유발해 새집증후군을 일으킨다는 것도 알게 되었습니다. ❸ 이 내용을 토대로 '발암물질에 지속적으로 노출될 시, 암 발생 확률이 증가한다.'는 생명과학 내용과 연관 지어 예술제(교내축제)에서 과학 동아리가 발행하는 과학신문을 통해 그 위험성을 친구들에게도 알렸습니다.

거기서 그치지 않고 새집증후군 예방법도 찾아보았습니다. 'Bio 바인더 기술'을 도입한 피톤치드 스프레이를 집안에 살포하는 간접적인 대책을 알게 되었지만, 유독가스를 방출하는 원인물질의 제거나 친환경 대체물질 사용 등 보다 더 직접적인 대책이 필요하다는 생각이 들었습니다. ❹ 그래서 화학 2 교과서를 열심히 파헤쳤고 녹색 화학 단원의 귀퉁이에서 건축용 합판에 사용되는 친환경 유기재료로써 기존의 접착제보다 더 큰 효율을 내는 '콩을 원료로 만든 수지, 콩 접착제(soy glue)'를 발견할 수 있었습니다.

콩이라는 작물을 건축에 필요한 유기재료로 사용하려는 발상은, 유기재료의 개발 범위를 유기화합물의 첨가로만 한정 지었던 제게 신선하게 다가왔습니다. 이때부터 건축, 공업, 의료 등에 적용되며 우리 생활과도 밀접한 화학이 多 학문 융합의 중심에 놓여있다는 점을 인지하게 되었습니다. 사소한 궁금증에서 시작된 탐구는 화학 공부에 더욱 매진할 수 있게 해주었고, 화학연구원으로서의 과학 기초소양을 쌓는 데 도움을 주었습니다.

1번 문항 독해

❶ 두괄식 글쓰기로 에피소드의 주제를 명확히 드러내고 있다.

❷ 일상에서 느낄 수 있는 궁금증을 쉽게 넘어가지 않고 전공과 관련하여 생각하고 탐구하는 모습에서 자기 주도적 학습 태도와 전공 적합성을 보여주고 있다.

❸ 탐구 과정에서 알게 된 위험성을 교내 신문을 통해 알림으로써 공공성에 기여하는 모습을 볼 수 있다.

❹ 교과서를 통해 해답을 발견하는 모습을 통해 학교수업에 충실하다는 인상을 주고 있다.

❶ '화학으로 소통하는 즐거움, 자율동아리'

❷ 함께 대화하며 문제를 풀고 다른 접근법들을 공유하는 자율동아리활동 중, 저는 산과 염기 문제를 풀다 이상한 점을 발견했습니다. 문항마다 지문 끝에 '단, 혼합 용액 부피는 혼합 전 각 용액의 부피의 합과 같다.'라는 부피 변화를 통제하는 단서가 있는데, 이는 '중화반응 시 부피는 증가한다.'는 원리와 모순되기 때문입니다. 우리는 토의를 통해 이 단서는 계산이 지나치게 어려워지는 것을 막으려는 조치이고, 실제 부피증가의 원인은 '중화열에 의한 열팽창'이 아닐까 하고 추측해 보았습니다. 하지만 관련 도서를 찾아보니, 부피증가의 지배적 요인은 중화반응 시, H^+이온과 OH^-이온이 결합하여 물 분자가 될 때 두 이온의 이온반경보다 물 분자의 반경이 더 크기 때문이었습니다. 이를 통해, 단 하나의 단서라도 놓치지 않는 꼼꼼한 문제분석의 중요성을 인식했으며 화학연구원으로서 갖춰야 할 세심한 관찰력을 키울 수 있었습니다.

❶ '학문의 융합, 공동연구프로젝트'

❸ 3학년이 된 후, 과학 동아리에서 타전공과의 융합을 통해 전공지식을 확장하고자 공동연구프로젝트를 진행했습니다. 화학 및 화학공학에 관심이 많은 저는 항공 우주물리학을 전공하려는 부원과 팀이 되었고, 과학 잡지를 읽으며 탐구주제의 연결고리를 찾고자 노력했습니다. 그 결과, 원자의 오비탈 구조를 행성계 및 인공위성 궤도와 연관 지어 고찰하는 것에 의견이 모였습니다. 원자핵을 태양, 전자를 행성에 비유해 질량분포양상과 궤도에 미치는 힘의 세기를 집중적으로 탐구해 나갔습니다. 발표를 준비하며 추가로 에어컨의 원리를 탐구하여 ❸ '에너지 전환과 냉매제'라는 주제로 융합을 시도해보기도 했습니다. 저는 오존층파괴의 원인물질인 CFC(프레온가스)의 대체 냉매제로 쓰이는 HFC(수소불화탄소)를 알리며 환경보존의 중요성도 강조했습니다. ❸ 이를 통해, 다른 학문과 화학이 융합되었을 때 새로운 시각에서 개념이 재구성되는 것은 물론 물질의 속성을 더 깊이 이해할 수 있다는 것을 경험했습니다.

❶ '作詩成班, 선행연구탐구대회'

❹ 생애 처음으로 작성했던 소논문은 '음극화 보호법'에 대한 단순 탐구에 그쳐 아쉬움이 많았습니다. 올해는 선행연구탐구대회에 참가하여 음극화보호법에서 희생 양극(Mg, Zn) 주기적 교체의 단점 보완에 관한 세 가지 가능성을 논리적으로 고찰했습니다. 먼저, 희생 양극에 자체충전기를 달아주는 방안은, 무게증가와 더불어 영구적이지 않다는 문제가 있었습니다. 둘째로는, 금속의 부식속도를 늦추는 것은 부촉매의 활용과 온도 등 여러 변인을 함께 고려해야 하는 어려움이 있었습니다. 마지막으로 희생 양극 대신 불용성 양극(Pt, Pb)을 이용해 선체 외판에 +전류를 흘려주는 외부전원식 방법은 활용 가능 분야의 축소가 문제였습니다. 이런 사고의 흐름을 바탕으로 '음극화보호법의 단점 개선에 관한 가능성 고찰' 계획서를 제출했습니다. ❹ 이 경험을 통해, 연구의 기본은 올바른 가설

설정과 논리적 고찰에 있다는 것과 논리적인 연구계획서는 논문작성에서 가장 중요한 시작이 된다는 걸 알게 되었습니다.

2번 문항 독해

❶ 두괄적 글쓰기 방법으로 긴 분량을 적절히 나누고 에피소드의 주제를 명확히 드러내고 있다.

❷ 자율동아리활동으로 흐름을 전개하고 있다. 문항마다 나오는 단서 조건을 당연하게 생각하고 넘어가는 것이 아니라 의문을 가지고 조사함으로써 화학연구원으로서 갖춰야 할 덕목인 세심한 관찰력을 키울 수 있었음을 서술하면서 자기 주도적 학습 태도와 전공 적합성을 드러내고 있다.

❸ 과학 동아리를 통해 관심 분야인 화학만 탐구하는 것이 아니라 다른 학문과 융합하여 탐구하는 모습을 통해 자기 주도적 학습 태도와 전공 적합성, 융합적 사고력을 엿볼 수 있다.

❹ 처음 작성했던 소논문에서 단순 탐구에 그쳐 아쉬웠던 점을 보완하기 위해 선행연구탐구대회에 참가하였으며 그로 인해 연구의 기본은 올바른 가설설정과 논리적 고찰, 논리적인 연구계획서에서 비롯된다는 것을 알게 되었다고 서술하면서 자기 주도적 학습 태도와 전공 적합성을 드러내고 있다. 또한, 연구 과정에서 전공 심화 지식을 상세히 서술하고 있다.

---

3. 학교생활 중 배려, 나눔, 협력, 갈등 관리 등을 실천한 사례를 들고, 그 과정을 통해 배우고 느낀 점을 기술해 주시기 바랍니다. (1000자 이내)

'나눔의 확장, 그리고 가치의 성장'

❶ 과학 동아리에서 매월 1회씩 중학생을 대상으로 실시하는 과학교육 재능기부활동인 '신나는 과학교실'에 1학년 때부터 꾸준히 참여해 왔습니다. 다양한 주제의 실험을 하고 그 안의 과학적 원리를 알아가는 활동은, 화학 멘토링보다 훨씬 더 긴 준비를 해야 했습니다. 이론조사 및 실험재료준비, 보고서 제작과 발표 리허설 등 쉽지 않은 과정이었지만 부원들과 적극적으로 협력한 결과, 회가 거듭될수록 학생들의 만족도는 높아졌습니다. 특히 제가 발표자로 활동했던 증기 보트 수업은, 각자 만든 보트의 성능을 시험하는 시합을 진행한 결과 연말 설문조사에서 가장 유익했던 수업으로 뽑히기도 했습니다.

❶ 지식 나눔의 기쁨을 확장해 나가고자 청소년 지역사회참여 프로젝트인 '나비효과'에 반딧불이 팀으로 참여했습니다. 교육적으로 소외된 지역 아이들에게 매주 토요일 영어, 수학 위주의 멘토링을 실시했고, 교육 재능기부활동의 경험이 있는 제가 적극적으로 활동을 이끌었습니다. 하지만 활동 중 멘토링 방식을 놓고 의견충돌이 발생했습니다. 수학을 수준 차에 따라 상하 두 팀으로 나눠 실시하자는 의견과 서열을 나누는 것은 프로젝트의 본 취지와 어긋난다는 의견이 팽팽히 맞섰습니다. ❷ 저는 모두의 의견을 수용하면서 조금씩 양보할 수 있는 방안을 고민했고, 수학의 공통 원리 전달은 함께 하되 문제풀

이 때 수준이 낮은 아이들에게는 티 나지 않게 추가설명을 더 해주자는 해결책을 제시했습니다. 이후, 단 1명의 아이들도 빠지지 않고 활동은 잘 마무리되었습니다.

두 경험을 통해 알게 된 나눔의 기쁨은, 3학년 때도 꾸준히 과학교육 재능기부활동을 이어나간 원동력이 되어주었습니다. ❸ 나눔과 봉사의 기쁨은 성적향상을 통한 성취감보다 더 크게 느껴졌으며, 혼자만의 성공이 아닌 모두의 성장을 꿈꾸는 제 인생의 중요한 가치로 자리 잡게 되었습니다. 또한, 경제적 이익만을 좇는 연구가 아닌, 사람을 최우선으로 생각하고 나아가 인류의 복지를 증진하는 화학연구원으로서의 이상향도 품게 되었습니다.

3번 문항 독해

❶ 전공과 관련된 봉사활동을 하여 전공 적합성을 드러내고 있으며 동시에 지속적인 봉사활동을 해왔음을 강조하고 있다.

❷ 독단적인 방식이 아니라 서로 협력하고 타협 가능한 의견을 제시하여 갈등 관리 과정을 극복해낸 사례를 제시하여 3번 문항의 키워드에 충실하였다.

❸ 봉사활동을 통해 모두의 성장을 꿈꾸는 인생의 가치관을 얻게 되었으며, 더 나아가 희망 진로인 화학연구원으로서의 이상향으로 연결 지어 생각함으로써 봉사활동의 순기능을 극대화하였다.

4. 희망전공에 대한 지원동기와 향후 진로계획에 대해 기술해 주시기 바랍니다. (1000자 이내)

'녹색 화학으로 꿈꾸는 유기응용재료공학 연구원'

석유와 석탄의 에너지자원뿐 아니라, 천연섬유와 목재 등의 유기자원 절대량도 부족한 우리나라의 미래 국가경쟁력은 화학 합성기술과 화학공업의 성장을 통한 유기화합물 확보에 달려있다고 생각했습니다. ❶ '우리나라 공학 산업의 혁신은 유기 전자소재 및 바이오산업에서 비롯될 것이다.'라는 신문기사 내용은 그런 제 생각에 힘을 보태주었고, 자연과학의 유기화학과 응용과학의 화학공학에 대한 관심을 꾸준히 키워 나갔습니다. 두 근간에는 '화학'이 있기에 교과학습에 힘쓰며 지적 호기심을 해결해 나가던 중 친환경 건축소재로 활용되는 콩 접착제를 접하게 되었습니다. ❷ 新(새로울 신)의 의미를 전에 없던 것이라는 데만 초점 맞춘 탓에, 간과했던 기존의 물질 특성을 새로운 분야에 적용하는 유기재료의 개발방식은 매우 흥미로웠습니다. 그리고 유기재료를 근간으로 나노, 바이오, 전자정보 등을 포괄한 유기응용재료공학을 전공하며, 친환경적이고 경제성까지 갖춘 유기응용재료를 개발하는 연구원이 되고 싶다는 바람이 생겼습니다. 이를 위해, 시대변화에 적응하고 글로벌 시대를 선도할 인재를 양성하는 인하대학교 유기응용재료공학과에 지원하고자 합니다.

　제 꿈을 이루기 위해서 궁금증이 생길 때마다 ❸ 관련 도서를 찾아 읽고 대학 수준의 일반화학 관련 책 읽기를 시도하면서 두 가지 필요성을 느끼게 되었습니다. 첫째, 기초 과학 분야의 공용어로 쓰이는 수학의 정확한 이해였습니다. 미적분, 기하와 벡터 등의 교과에도 꾸준히 힘쓰며 수식의 의미와 활용분야를 하나씩 파악해 나갔습니다. ❸ 둘째, 공학의 기초학문이지만 교육 과정상 배울 수 없었던 물리에 대한 보완이었습니다. 힘과 에너지의 역학 부문은 스스로 조금씩 학습하고 전자기 부분은 과학 동아리의 도움을 받아 '트랜지스터로 만든 세상', '전반사'에 관한 내용은 '광섬유 분수 만들기'에 접목해 즐겁게 학습해 나가고 있습니다. 이런 노력은 화학연구원으로서 갖춰야 할 과학 기초소양 쌓기와 유기응용재료공학 전공을 학습할 때 중요한 밑거름이 될 것이라 믿습니다.

4번 문항 독해

❶ 신문기사를 이용하여 자신의 주장에 신뢰감을 더하고 있다.

❷ 유기재료의 개발방식을 통해 '새롭다'의 의미를 재정립하였으며, 유기응용재료공학에 관심을 두게 된 이유와 해당 학교, 학과에 지원하는 이유를 이해 가능하게 설명하였다.

❸ 전공 관련 도서를 찾아 읽으며 전공을 정확히 이해하기 위해 자신에게 어떠한 능력이 필요한 지 알아보는 모습을 서술하면서 전공에 대한 열정과 자기 주도적 학습 태도를 보여주고 있다.

인하대학교 화학공학과

1. 고등학교 재학기간 중 학업에 기울인 노력과 학습 경험에 대해, 배우고 느낀 점을 중심으로 기술해 주시기 바랍니다. (1000자 이내)

❶ 화학 교과의 '산화 환원' 단원 내용 중 금속의 이온화 경향성 차이를 이용하여 철의 부식을 막을 수 있다는 부분이 흥미로웠습니다. 음극화 보호법이 실제로 철의 부식을 막는 데 도움이 되는지와 현재 어떤 분야에서 활용되는지 깊이 있는 연구를 해보고 싶어 소논문 쓰기 대회에 참가했습니다.

❷ '아연 같은 금속을 철과 연결하면 철의 부식을 막을 수 있을까'라는 궁금증을 안고 실험을 했습니다. 이 궁금증을 풀기 위해 철과 아연을 비커에 넣고 부식을 촉진하기 위해 묽은 염산을 넣었습니다. 그 결과 아연이 철의 부식을 막아 철이 산화되지는 않는다는 것을 확인할 수 있었지만, 수소기체가 발생했습니다.

❷ '그렇다면 발생한 수소기체가 철에 미치는 영향은 없을까?'라는 생각이 들어 산화환원반응에 대한 조사를 하게 되었습니다. 그 과정에서 수소가 금속 안에 흡수되어 기계적 성질을 약화해 쉽게 부스러지게 되는 수소약화라는 부작용이 있다는 사실을 알게 되었습니다. 겉으로 보면 문제점이 없어 보이던 방법도 속을 깊게 들여다보면 문제점이 있을 수 있다는 것을 깨닫게 되었습니다.

그리고 음극화 보호법이 현재 어떤 분야에 활용되는지 조사해 보던 중 선박 바닥의 철의 부식을 막을 때는 아연을, 석유 탱크의 철의 부식을 막을 때는 마그네슘을 사용하는 것을 알게 되었습니다. ❷ 그런데 왜 철의 부식을 막는 같은 역할을 위해서 다른 금속을 쓰는지 궁금증이 들었습니다. 인터넷과 전공 서적에서 그 이유를 찾아본 결과 마그네슘과 같은 알칼리토금속은 물과 반응해 수소를 발생시키고 발열반응을 일으키면서 녹을 수 있어 선박 바닥에 부착시킬 수 없다는 사실을 알게 되었습니다.

❸ 실험을 통해 스스로 궁금증을 해결하는 재미를 느낄 수 있었습니다. 또 그 과정에서 음극화 보호법에도 부작용이 있어 피해가 생길 수 있다는 사실에 부작용 없이 전자의 이동을 최소화하는 등의 철의 부식을 막는 기술에 대한 탐구욕심이 생기게 되었습니다. 이 활동을 통해 화학을 깊게 이해할 수 있었고 더 큰 흥미를 느끼게 되었고 성적향상을 끌어낼 수 있었습니다.

1번 문항 독해

❶ 희망 전공 관련 교과서인 화학 교과서를 공부하면서 흥미를 느끼고 소논문 쓰기 대회에 참가하는 모습을 통해 전공 적합성과 자기 주도적 학습 태도를 보여주고 있다.

❷ 교과 과정상 분산된 개념들에 꼬리에 꼬리를 무는 형식으로 의문감을 느끼고 조사, 연구하는 모습을 통해 지적 호기심과 자기 주도적 탐구 능력이 뛰어나다는 것을 보여주고 있다.

❸ 이과 연구의 기본인 실험을 토대로 궁금증을 해결하는 태도와 그로 인해 화학 과목을 깊게 이

해하고 성적이 향상된 모습을 서술함으로써 자기 주도적 학습 태도와 전공 적합성, 전공 학업 능력 향상을 드러내고 있다.

2. 고등학교 재학기간 중 본인이 의미를 두고 노력했던 교내 활동을 배우고 느낀 점을 중심으로 3개 이내로 기술해 주시기 바랍니다. 단, 교외 활동 중 학교장의 허락을 받고 참여한 활동은 포함됩니다. (1500자 이내)

❶ "가르침으로 깨달은 진정한 내 것으로 만들기"

배우는 것에서 그치는 것이 아니라 진정한 내 것으로 만드는 것이 참된 공부라는 생각을 하고 있었습니다. 이것을 행동으로 옮긴 것이 또래 멘토링활동이었습니다.

1학년 때 수학 멘토를 하면서 '내가 아는 대로만 설명해주면 되겠지'라는 마음으로 설명했지만, 친구들은 이해하지 못했습니다. 원인을 분석해보니 문제를 푸는 공식만을 알려주는 방식이 문제였다는 것을 깨달았습니다. 이를 보완하기 위해 저부터 문제를 읽고 구해야 하는 것과 주어진 조건은 무엇인지, 공식의 유도과정과 언제 이 공식을 써야 하는지 등을 분석하는 연습을 했습니다. 인수분해를 가르쳐줄 때 문제를 읽고 2차 방정식을 세우는 법과 식을 인수분해하고 답을 구하는 과정을 가르쳐주니 친구들이 잘 따라왔습니다.

이 활동을 통해 문제의 출제의도와 유도과정을 분석하는 능력을 기를 수 있었고, 배우는 것에 그치지 않고 누군가를 가르치면서 진정한 내 것으로 만듦으로써 목표를 이뤘다는 성취감을 얻을 수 있었습니다.

❶ "협력을 통해 두려움을 극복하다"

2학년 때에는 멘토링활동과 더불어 ❷ 저의 단점인 누군가의 앞에 나서는 일을 두려워하는 것을 고치고 깊이 있는 공부를 하기 위해 과학학습동아리 발표대회에 나갔습니다. 화학을 배우면서 단순한 조합배열로 서로 다른 특징을 가지는 동소체에 궁금증을 품고 있어 동소체를 주제를 잡았습니다.

멘토링활동을 하는 친구들과 서로의 생각을 주고받으며 자료를 수집하였습니다. 자료를 수집하면서 산소의 동소체 중에서 오존이 푸른색을 띠며 특이한 자극성 냄새가 난다는 등의 사실을 알아가는 일에 재미를 느꼈습니다. 자료수집과 발표준비를 여럿이 함께 하니 속도와 재미는 배가되었습니다.

❷ 저의 두려움을 알고 있던 친구들의 격려에 힘입어 산소의 동소체 중에서 오존과 산소의 원소배열을 모형으로 보여주는 발표를 성공적으로 마무리할 수 있었습니다. 혼자라면 도전조차 하지 못했을 일을 친구들의 격려에 힘입어 두려움을 극복할 수 있었습니다. 발표대회를 통해 두려움에 도전하고자 하는 용기를 키울 수 있었습니다.

❶ "단 한 번으로 완벽을 추구할 순 없다."

3학년 때 ❸ 화학 2에서 배운 이상기체방정식을 활용해 뷰테인의 질량, 부피 등을 식에 대입하여 분자량을 구하는 실험을 했습니다. 선생님께서 교과서에 기재되어있는 분자량과 차이가 날것이라고 말씀하셨습니다. 그 말에 오기가 생겨 오차를 내지 않겠다는 생각으로 실험조건을 꼼꼼히 따져보았지만 오차가 났습니다.

　오차가 생긴 원인을 분석하고자 주위 온도를 다시 측정하여 대기압과 수증기압을 바꿔가며 대입하였지만 오차는 줄어들지 않고 혼란만 커졌습니다. ❹ 여러 번의 실패 끝에 질량을 소수점 둘째 자리까지 측정하여 계산해보니 오차가 줄어들어 질량의 오차가 분자량 값의 오차의 원인이란 것을 알 수 있었습니다. 오차의 원인을 분석하고 그 진위를 따지기 위해 탐구하면서 실패해도 포기하지 않고 끈기 있게 탐구하는 자세를 기를 수 있었습니다. 이 자세를 바탕으로 중화적정실험을 할 때 인내심을 가지고 중화적정시기를 알맞게 찾을 수 있었습니다.

2번 문항 독해

❶ 분량이 많은 2번 문항에서 두괄식 글쓰기 방법을 사용하여 에피소드를 적절히 나누고 읽는 이로 하여금 흥미를 끌게 하였다.

❷ 동아리활동을 통해 희망 전공 관련 활동을 함으로써 전공 적합성을 드러내며, 동시에 자신의 단점을 극복하내는 과정을 구체적으로 서술하여 나만의 스토리로 만들어 내었다.

❸ 학교수업에서 배운 전공 관련 지식을 활용해 실험함으로써 전공 적합성, 자기 주도적 학습 태도를 나타내고 있다.

❹ 미세한 차이어 의해 결과가 크게 달라지는 화학공학의 특징을 잘 파악하고 있으며, 실패하더라도 끊임없이 도전하는 태도를 보여주고 있다.

---

3. 학교생활 중 배려, 나눔, 협력, 갈등 관리 등을 실천한 사례를 들고, 그 과정을 통해 배우고 느낀 점을 기술해 주시기 바랍니다. (1000자 이내)

❶ 학교에 입학했을 때 우리 학교는 흡연, 지각 등의 문제가 있고 교내 분위기가 좋지 않았습니다. 교내 분위기를 바로잡는 데 도움이 되고 싶어 바른생활부에 들어갔습니다. 우선 학생들이 느끼는 가장 큰 문제부터 바꾸기 위해 전교생을 대상으로 설문조사를 했고 그 결과 교내의 담배 연기가 1순위로 뽑혔습니다.

　❶ 이를 해결하기 위해 회의를 진행했고 저는 흡연을 줄이는 것도 중요하지만, 흡연의 시작을 막는 것도 중요하다는 생각에 흡연의 시작이 많은 ❷ 1학년을 중심으로는 흡연의 시작을 억제하는 캠페인을, 또 이미 흡연을 시작한 학생들을 대상으로는 1대1 전담마크 프로그램을 진행하였습니다. 저는 각자가 전담한 흡연자 친구에게 꾸준한 격려와 응원을 하자고 제안하였습니다. 흡연자들은 꾸준한 격려에도 금연을 시작하고 일정 기간이 지나면 포기했습니다. 그 원인을 분석해보니 니코틴의 의존성 때문이라는 사실을 알게 되어 ❷ 금연 패치와 같은 금연보조제의 필요성에 관해 주장해 금연 패치가 도입되었고 흡연자의 금연 기간이 조금이나마 길어져 담배 연기가 줄어들어 다른 학생들에게 '덕분에

담배 연기가 줄어서 고맙다.'라는 말을 들어 뿌듯함을 느꼈고 그 노력을 인정받아 바른생활부의 차장이 되었습니다.

❷ 또, 무질서한 급식질서를 바로잡기 위해 급식질서지도를 점심시간마다 하였습니다. 평소엔 급식질서에 큰 문제가 없었지만, 교내행사가 있는 날에는 행사를 빌미로 급식을 먼저 먹고 행사를 준비해야 한다는 거짓말을 하며 급식실로 들어가는 학생들과 갈등이 생겼습니다. ❷ 이를 해결하기 위한 방법을 모색하기 위해 회의가 열렸고 저는 다른 학교에서 실행 중인 급식우선권 체재로 이 문제를 해결하자고 제안했습니다. 그 결과 급식질서가 보다 안정되었습니다.

이러한 노력으로 학교의 분위기는 점차 좋아졌습니다. 1대1 전담마크 프로그램을 진행하면서 서로에게 힘이 되어주는 방법을 배웠습니다. 또 여럿이 의견을 내고 힘을 합치면 더 수월하다는 것도 배웠습니다. 학교의 분위기를 바꾸는 것은 꾸준한 관심과 노력으로 이룰 수 있다는 해답을 찾아낼 수 있었습니다.

3번 문항 독해

❶ 교내 분위기를 바로잡겠다는 목적의식을 가지고 바른생활부에 들어가고, 설문조사와 회의를 진행하는 모습을 통해 자기 주도성을 나타내고 있다.

❷ 문제 해결을 위해 실행한 구체적인 방안을 서술함으로써 신뢰감을 높이고 있으며 일회성의 봉사활동이 아니라 지속적인 봉사활동이었음을 나타내고 있다. 또한, 바른생활부라는 임원 활동으로 해당 학생이 공공성을 우선으로 삼아 학교생활을 해왔음을 보여주고 있다.

---

4. 희망전공에 대한 지원동기와 향후 진로계획에 대해 기술해 주시기 바랍니다 (1000자 이내)

출제자의 의도를 파악하고 공식을 활용하여 정답을 찾아내는 수학에 매력을 느껴 '수학 교사'라는 꿈을 품은 적이 있었습니다. 그래서 자연계열로 진학을 결정했고, 화학을 배우면서 나트륨과 같은 알칼리금속이 물과 반응하면 격렬히 반응한다는 내용을 실제 실험을 통해 확인하는 과정에 흥미가 생기게 되었습니다.

❶ 그 후 과학학습동아리 발표대회참가를 위해 탄소 동소체를 조사하던 중 K 석유화학 기업에서 '탄소나노튜브에 대해 연구를 하고 있으며 이윤을 극대화하고 가능성이 크기 때문에 미래 성장동력으로 삼고 있다.'는 기사를 접하게 되었고, 이러한 고밀도화 기술로 분산 효과를 제공하면서 분진을 최소화해 환경오염을 줄일 수 있다는 사실을 알게 되면서 석유화학에 대한 관심이 생기게 되었습니다. 또 〈살아있는 112가지 원소에 얽힌 재미있는 화학 상식〉이라는 책을 통해 석유의 다양한 활용도에 대해 알게 되면서 석유화학에 대한 관심이 증폭되어 석유화학공업을 배울 수 있는 인하대학교 화학공학과에 지원하게

되었습니다.

저는 쉬는 시간마다 친구들과 풀이방법이 여러 가지인 문제를 가지고 가장 효율적인 풀이방법이 무엇인지 고민해보는 시간을 가졌습니다. 또, ❷ 이를 체계적으로 연구해보기 위해 수학연구소동아리에 들어가 미적분2단원의 여러 가지 풀이방법을 연구해보며 도전정신과 문제해결능력을 키울 수 있었습니다.

또, 저는 ❸ 고등학교 재학기간에 교육 과정상 배우지 못한 물리에 대한 지식을 보완하기 위해 기초적인 물리 지식을 쌓고자 〈상위 5퍼센트로 가는 물리 교실 1〉, 〈물리화학〉 등의 책을 읽었습니다. 이를 통해 열역학 법칙, 적분형 반응 속도식 등을 접할 수 있었고, 특히 적분형 반응 속도식을 접하면서 수학과 화학 그리고 물리의 융합으로 구하기 힘든 것을 구하는 방식이 인상 깊게 남았습니다.

4번 문항 독해

❶ 신문기사와 전공 관련 책을 통해 전공에 관심을 두게 되는 과정을 구체적으로 기술하여 희망 전공에 대한 지원동기를 효과적으로 서술하였다.

❷ 동아리활동으로 전공 관련 교과에 관한 이해력을 높였음을 서술하여 전공 관련 학업 능력이 향상되었음을 알리고 있다.

❸ 학교수업에서 배우지 못하는 물리 지식을 보완하기 위해 전공 관련 책을 읽어보는 노력을 하는 모습에서 자기 주도적 학습 태도와 전공 심화 지식에 대한 열정을 보여주고 있다.

광운대학교 건축공학과

> **1. 고등학교 재학기간 중 학업에 기울인 노력과 학습 경험에 대해, 배우고 느낀 점을 중심으로 기술해 주시기 바랍니다. (1000자 이내)**

❶ 고등학교 진학 후 동아리를 알아볼 때 유일한 과학동아리인 EOS가 눈에 들어왔습니다. EOS는 다양한 활동을 했지만 가장 중심이 되는 활동으로 중학생을 대상으로 과학실험 수업을 해주는 '신나는 과학교실'이라는 지역연계 봉사가 있었습니다. 완벽한 수업 준비를 위한 방법을 생각하다가, 조원 3명 중 한 명은 모의 발표를 하고 나머지 두 명은 발표를 듣는 방식을 제안하였고 조원들의 동의하에 이 방식이 채택되었습니다. 스스로 선생님이 되어 친구들에게 설명하다 보면 어느 순간 막히게 되고, 거기서 본인의 미흡함을 알게 됩니다. 반면에 학생의 입장으로 발표를 들으면 '이렇게 설명하는 것이 더 좋겠다, 이 부분은 나도 이렇게 설명해야겠다.'는 생각을 하고, 잘못 알고 있는 부분을 깨닫기도 합니다. 저는 동아리 수업 준비를 통해 발표식 공부법을 터득하게 되었고 마음이 맞았던 조원들에게 평소에도 이러한 방식으로 공부하자고 제안하여 받아들여졌습니다. 저희는 대부분 수학 과목을 공부했습니다. 저는 이차곡선 부분에 발표를 맡게 되었는데 먼저 개념을 설명하고 난 뒤, ❷ 학교 선생님들께서 개념과 관련된 실생활의 예를 설명해주시듯 이차곡선이 실생활의 건축물에서 많이 활용되고 있다는 사실을 설명했습니다. 한 초점의 위치에서 내는 소리가 타원의 성질에 의해 천장에 반사된 후 다시 초점에 모이는 성질을 이용한 건축물로 영국 성 바오로 대성당, 미국 국회의사당 등이 있다는 사실을 예를 들어 설명했습니다. 뒤를 이어 다른 친구가 삼각함수를 설명했습니다. 저는 평소에 그래프를 이용하여 삼각함수 문제를 풀었지만, 친구는 그 방법도 좋지만 단위원을 이용하는 것이 더 좋을 때도 있다는 의견을 제시했습니다. 이와 같이 설명을 직접 해보거나 들어보는 두 가지 방법으로 공부했더니 효과도 두 배인 것처럼 느껴졌습니다. 이처럼 유연한 사고로 공부에 임한다면 대학에 진학해서도 좋은 성과를 낼 수 있으리라 확신합니다.

1번 문항 독해

❶ 전공 관련 동아리활동을 흐름으로 전개하고 있으며 동아리 내에서 의사 결정 방식이 개인의 독단적 결정이 아니라 협의를 통한 결정임을 서술하며 전공 적합성과 갈등 관리 해결 능력을 보여주고 있다.

❷ 수학 개념을 설명할 때도 건축물을 예로 들어 설명하는 등 지원 학과와의 융합적 사고를 발휘하여 전공 적합성을 높이고 있다.

2. 고등학교 재학기간 중 본인이 의미를 두고 노력했던 교내 활동을 배우고 느낀 점을 중심으로 3개 이내로 기술해 주시기 바랍니다. 단, 교외 활동 중 학교장의 허락을 받고 참여한 활동은 포함됩니다. (1500자 이내)

❶ 1학년 때부터 3학년까지 저는 리더로서 나눔과 배려, 소통의 학교문화 풍토 조성을 위한 다양한 캠페인 활동을 해왔습니다. 그중 가장 기억에 남는 활동은 'Blue Ribbon' 활동입니다. 'Blue Ribbon'이란 자신의 모든 긍정적인 마음을 담아 상대방에게 달아주는 것인데 미국에서 한 학생의 자살을 막는 계기로 책에 실리고 유명해졌습니다. 이 사례와 마찬가지로 청소년들의 자살예방과 교내 왕따 문제를 예방하고자 우리 학교에서도 실시하면 좋을 것 같아, 학생회 회의 시간에 의견을 내서 계획을 구체적으로 세우고 캠페인으로 준비했습니다. 캠페인 활동은 점심시간에 급식실 앞에서 'Blue Ribbon'의 유래를 설명하고 리본을 나눠주면서 시작되었습니다. 저는 누구에게 달아줄지 고민을 하다가 보이지 않는 곳에서도 학교를 위해 열심히 노력해주시는 청소부 할머니께 달아드리기로 했고 할머니께 가서 따뜻한 말 한마디와 함께 리본을 달아 드렸습니다. 그러자 할머니께서는 눈물을 흘리시며 저를 따뜻하게 안아주셨습니다. 그리고 그날 몇몇 학생이 SNS를 통해 익명으로 "선배님 덕분에 사이가 틀어졌던 친구와 다시 좋은 관계가 되었습니다. 감사합니다", "블루리본 덕분에 친구와의 사이가 더 좋아졌습니다." 등 고마운 문자를 몇 통 받았습니다. 평소 쑥스러워 표현하지 못했던 마음을 마음껏 표현할 수 있는 분위기를 조성하면서 캠페인을 성공적으로 마무리하였습니다. 이날 저는 누군가를 감동하게 하거나 행복하게 해주었을 때 오히려 내가 더 기쁘다는 것을 느꼈으며, 작은 행동이지만 어떤 이에게는 큰 의미이며 도움이 되었다는 것을 느끼게 되었습니다.

우리 학교는 교과교실제 수업을 하고 있었습니다. 그런데 대의원 회의를 할 때마다 쓰레기 문제와 교내 분실 문제 등을 이유로 교과교실제를 폐지하자는 건의가 수없이 나왔습니다. 하지만 교장 선생님께서는 학생들의 의견에도 불구하고 안 된다고만 하셨습니다. ❷ 그러나 저는 포기하지 않고 구체적 해결방안을 세웠습니다. 새로운 교장 선생님이 오셨을 때 인사를 드리며 교과교실제의 문제에 대해 말씀드렸고, 다행히 새로 부임한 교장 선생님께서는 교과교실제 폐지를 생각하고 있었다며, 교과교실제를 폐지하면 생기는 빈 교실을 활용할 방안의 아이디어를 달라고 하셨습니다. ❸ 빈 교실 3개와 복도에 있는 캐비닛이 교실로 들어가게 되어 복도에 공간이 생겼습니다. 학생들을 대상으로 설문 조사한 내용을 바탕으로 피로에 지친 학생들을 위한 휴식공간과 교사와 학생들이 운동할 수 있는 헬스케어 공간, 교내 댄스동아리를 위한 장판이 깔리고 벽 전체에 거울을 부착된 공간을 만들자고 말씀드렸습니다. 그리고 캐비닛이 빠진 복도 공간은 학생들의 미술 작품을 전시할 수 있는 전시공간을 활용하는 것이 좋겠다고 말씀드렸습니다. 이렇게 저는 학생들의 원활한 학교생활과 더 나은 학교를 만들기 위해 노력했으며, 빈 공간을 보다 효율적으로 사용하는 법을 알았고 공간을 꾸미는 재미를 알게 되었습니다.

1번 문항 독해

❶ 캠페인활동에 대한 설명과 캠페인을 진행하는 목적을 구체적으로 설명하여 나눔과 배려, 소통 문화를 위해 힘쓰는 리더십에 대한 부가적인 설명을 하고 있다.

❷ 쉽게 포기하지 않고 구체적 해결방안을 세워 다시 한번 도전하는 모습을 보이며 리더가 지녀야 할 자질을 드러내고 있다.

❸ 교과교실제를 폐지하면서 생긴 빈 공간을 학생들이 의미 있게 쓸 수 있는 공간으로 재창조하는 사례를 통해 건축공학도로서의 자질을 드러내며, 전공 적합성, 자기 주도성을 볼 수 있다.

---

3. 학교생활 중 배려, 나눔, 협력, 갈등 관리 등을 실천한 사례를 들고, 그 과정을 통해 배우고 느낀 점을 기술해 주시기 바랍니다. (1000자 이내)

1학년 때부터 저희 반에는 장애를 가진 4명의 도움반 친구들이 있었고, 저는 매년 그 친구들의 학교생활을 도와주는 도우미 역할을 해왔습니다. 그중 A는 비교적 의사소통이 가능했지만, 분노를 조절하지 못해 겉으로 표출하며 과잉반응하기도 했습니다. 이런 A를 나쁜 친구들이 자주 괴롭혔는데, 열심히 말려 보아도 순간일 뿐 제가 보지 못하는 곳에서는 소용이 없었습니다. 더는 A가 괴롭힘당하지 않게 하려고 A에게 이 상황에 관해 설명해 주었습니다. "너를 괴롭히고 놀리는 것은 너의 반응이 재밌어서 더 놀리는 거야. 앞으로 애들이 너를 괴롭혔을 때 네가 반응을 하지 않는다면 더는 너를 놀리지 않을 거야"라고 말해주었습니다. 그리고 A가 이해했는지 알아보기 위해 쉬는 시간에 A를 몰래 지켜보았지만, A는 전과 같은 반응을 했습니다. ❶ 저 혼자만의 힘으로 이 상황을 해결하기에는 한계가 있는 것 같아, 도움반 선생님께 찾아가 현재 상황을 설명해 드렸습니다. 선생님께서도 도움반 밖에서 일은 잘 알지 못하셔서 놀라셨지만 대책을 마련하겠다고 하셨고, 창체 시간에 전교생을 대상으로 장애 이해 교육을 했습니다. 동영상 시청에 이어서 저는 친구들에게 도움반 친구들의 특징을 한 명씩 설명해주고 그들과 친구가 되어 주자고 호소하며 마무리했습니다. 그 뒤로 많은 학생이 도움반 친구들을 대하는 태도가 달라졌으며 학교생활에 불편함이 없도록 도움을 주었습니다. 또한, 도움반 친구들이 급식을 먹기 위해 줄을 서면 일반인 학생들이 급식을 빨리 먹기 위해 새치기를 하는 모습이 보였고 이러한 문제도 해결해야겠다는 생각이 들었습니다. ❷ 그래서 급식실 한쪽에 도움반 학생들만 다닐 수 있는 통로를 만들어 쉽게 들어갈 수 있게 하고, 급식실 내부에는 배식과 잔반 처리하는 곳에서 가장 가까운 곳에 도움반 학생들의 예약석을 만들자고 학교에 건의했고 받아들여지게 되었습니다. 이를 본 선생님들께서도 저에게 칭찬을 아끼지 않으셨고 점점 웃음이 늘어나는 도움반 친구들을 보니 뿌듯했으며 장애에 대해 다시 이해하게 되었습니다.

3번 문항 독해

❶ 개인의 힘으로 문제 해결이 어렵다는 것을 인식하여 선생님께 조언을 구하고, 친구들에게 자신의 주장을 호소하는 등 문제를 함께 해결해가려고 노력하는 모습을 통해 갈등 관리 능력을 알 수 있다.

❷ 사회적 약자를 배려하는 공간을 창출하는 역할을 함으로써 건축공학도로서 자질을 보여주며 공공성과 전공 적합성을 동시에 드러내고 있다.

---

4. 본교에 지원하게 된 동기와 입학 후 학업계획 및 향후 진로계획에 대하여 구체적으로 기술해 주시기 바랍니다 (1000자 이내)

❶ 고등학교에 올라오기 전까진 건축에 대한 부정적인 시선이 있었습니다. 건축가이신 아버지를 따라 건축 현장에 가면 노동으로 힘들어하는 사람들의 모습을 자주 보며 건축을 하지 않겠단 생각이 들었기 때문입니다. 하지만 고등학교 2학년 때 '우리 문화 세계 알리기 대회'를 준비하면서, 건축이란 노동이 전부가 아니며, 예술적이고 과학적이며 아름다움을 복합적으로 표현하는 행위라는 것을 알게 되었습니다. 대회를 준비하던 중 ❷ '한옥에 대한 세간의 관심은 최근에 부쩍 달아오르고 있다.'는 내용의 기사를 보고 한옥에 대한 관심이 생겼고, 한옥에 대한 정보를 알기 위해 〈우리가 정말 알아야 할 우리 한옥 (신영훈)〉을 읽으며 대회를 준비했습니다. 한옥 처마의 길이는 우리나라 위도에서의 계절에 따른 태양의 고도 변화를 이용한 자연채광 시스템이라서, 동지에는 햇볕이 건물 안까지 비치게 하고 하지에는 건물 안으로 들어오지 않게 설계하여 여름에는 시원하고 겨울에는 따뜻하다는 사실과 함께 온돌의 우수성을 발표하였습니다. 그 후 저는 건축의 매력에 빠지게 되었고, 교내의 여러 대회에 건축을 주제로 참가하면서 건축가라는 꿈에 확신을 가졌습니다.

입학 후 저는 학교에서 정해진 커리큘럼 과정에 따라 성실하게 학습할 것입니다. ❸ 특히 건설 경영 분야가 특성화되어 있는 것 같다고 느꼈는데 이를 심도 있게 배워보고 싶습니다. 또한, 최근 주목받고 있는 IOT 기술을 더 다양한 방면으로 건축과 연관 짓고 싶습니다. 그리고 저는 머지않아 북한과 통일이 될 거라고 생각합니다. ❸ 건축 관련 자료수집 중 특성화된 전공 관련 통일 기술 동아리를 만드는 일, 그중 우리나라에서는 건축과 학생들이 집을 지어주는 봉사활동이 활발하게 벌어지고 있다는 것을 알게 되었습니다. 고등학교 때 동아리 창립 경험을 바탕으로 건축공학과 학생들과 건축 관련 동아리를 만들어 북한뿐만 아니라 세계 각국의 도움이 필요한 곳이라면 어디든 가서 그들에게 세계에서 가장 편안한 집을 지어주고 싶습니다. 저는 제 미래의 한 발짝을 광운대학교에서 시작하고 싶습니다.

4번 문항 독해

❶ 1, 2학년 희망 진로와 3학년 희망 진로가 다른 이유를 가정환경과 대회 준비라는 사례를 통해 설명하고 이해를 돕고 있다.

❷ 신문기사와 책을 이용하여 얻은 전공 심화 지식을 기재하여 전공 적합성을 드러내고 있다.

❸ 대학, 학과의 커리큘럼과 전공 트렌드를 분석하여 지원동기와 입학 후 학업 및 진로계획에 관하여 구체적으로 서술하고 있다.

자기소개서 독해법의 예제였으므로 분석은 생략합니다.

1. 고등학교 재학기간 중 학업에 기울인 노력과 학습 경험에 대해, 배우고 느낀 점을 중심으로 기술해 주시기 바랍니다. (1000자 이내)

컴퓨터 프로그래머가 되겠다는 꿈을 갖고 대부분 시간을 컴퓨터 공부에만 열중하였습니다. 그 결과 저는 사람과의 대화보다 컴퓨터와의 대화가 쉽게 느껴지게 되었습니다. 그런 저에게 학교의 직업인 초청 특강을 위해 방문하신 IT업계 종사자분은 프로그래머라는 직업이 다른 분야의 사람과 소통을 해야 하는 직업이라는 것을 일깨워주셨습니다. 이런 이야기를 듣고 저는 사람들과 의견을 나눌 줄 아는 프로그래머가 되기 위해 소통능력 향상의 필요성을 느꼈습니다. 말의 토대가 되는 것은 글이므로 글의 완성도가 높아지게 되면 사람들과의 의사소통 능력도 함께 자라날 것이라는 생각에 글쓰기를 시작했습니다.

우선 글쓰기에 앞서 다른 사람들의 생각을 읽으며 다양한 생각 방식을 알아보고 싶었습니다. 우리 학교는 매주 화, 목요일 아침 현관에 일간지가 놓여있습니다. 등굣길에 한 부씩 가져와 점심시간마다 오피니언 면을 주의 깊게 살피며 기자들의 생각을 읽어보고 신문 한구석에 제 생각도 짧게나마 남겨 보았습니다. 처음 며칠간은 몇 개의 단어를 이어 놓는 것도 힘들었지만, 금세 단어가 하나둘씩 늘어나 점차 문장의 형태를 이뤄가는 것을 보며 뿌듯함을 느꼈습니다. 짧게 적어두던 글에 살이 붙어 문단의 모습이 갖춰질 때쯤 신문의 모든 면을 읽고 그날의 화두를 주제로 하여 노트 한 페이지분량의 생각을 써보기 시작했습니다. 꾸준히 글을 쓰며 쌓이는 경험이 글쓰기의 가이드라인이 되어 저의 글과 말을 더욱 매끄럽게 만들어 주자 친구들과 의견을 나누는 데에도 어려움이 없어졌습니다. 게다가 글쓰기는 컴퓨터 공부에도 도움을 주었습니다. 한 가지 문제를 가지고 논리적으로 생각하며 글 쓰는 연습은 다양한 방면으로 생각하는 법을 길러주어 최적의 알고리즘을 찾는데 에도 도움이 되었습니다. 꾸준하게 써온 글이 불러온 커다란 나비효과를 느끼며 프로그래머에게도 인문학적 소양이 필요하다는 것을 알게 되었습니다. 단순히 시험을 잘 보기 위해 노력한 것이 아니라 제 꿈을 이루기 위해 열정을 갖고 꾸준히 노력 때문에 이러한 결과를 얻을 수 있었다고 생각합니다.

2. 고등학교 재학기간 중 본인이 의미를 두고 노력했던 교내 활동을 배우고 느낀 점을 중심으로 3개 이내로 기술해 주시기 바랍니다. 단, 교외 활동 중 학교장의 허락을 받고 참여한 활동은 포함됩니다. (1500자 이내)

많은 학생과 과학적 생각을 나눠보고자 평소 마음이 통하는 친구들과 함께 '공공데이터'라는 주제의 교내 과학탐구토론대회에 참가했습니다. 공공데이터에 대한 논문을 작성하기 위해선 먼저 이들을 검토해봐야 한다는 생각이 들어 국내외 공공기관에서 제공하는 자료들을 내려받아 보았습니다. 여러 자료를 검토해본 결과 국내의 공공데이터는 시각화

되어 배포되는 외국의 자료와는 다르게 전문성 없이는 이해하기 힘든 문서의 형태를 나타내고 있었습니다. 이들은 다른 공공물과 같이 대중이 쉽게 접할 수 있어야 하지만 실망스럽게도 그렇지 못한 모습을 보였습니다.

그래서 저희는 '사용자의 접근성'에 중점을 두고 해외의 사례를 밴치마킹 하여 누구나 쉽게 이해할 수 있는 형태로 변환시키기로 했습니다. 우선 시각화를 할 공공데이터로 한국 석유공사가 제공하는 국내 유가 정보를 내려 받아 통계 언어인 R을 이용한 전처리 과정을 통해 컴퓨터가 쉽게 처리할 수 있는 자료로 변환하였습니다. 그 후 그래프를 작성하기 위해 R의 barplot 함수를 이용하여 간단한 시각화를 진행해 보았습니다. 그러자 이들은 대부분의 쉽게 이해할 수 있는 수준의 형태로 단순해져 '사용자의 접근성'이 뛰어난 자료가 되었습니다. 저희 논문은 여러 평가 항목 중 주제에 대한 충실성에서 최고점을 받아 괜찮은 성적을 거둘 수 있었습니다. 이러한 과정을 통해 성공적인 다양한 사례를 분석하고 이를 적절히 밴치마킹하는 것은 중요하다는 걸 깨달았습니다.

2학년 1학기의 영어수업에서 '사형제도가 왜 시행되어야 하는가'를 저만의 논리로 연설하여 청중으로부터 좋은 호응을 받았을 때 큰 성취감을 느꼈습니다. 고등학교 입학 초까지만 해도 단순한 말하기에도 어려움을 느꼈던 제가 여러 사람 앞에서 말로써 제 논리를 펴고 공감을 얻었던 것은 저에게 즐거운 충격으로 다가왔고 저의 가능성을 발견하는 기회가 되었습니다. 저는 이것을 발판으로 친구들과 함께 교내 모의법정 대회에 도전하기로 하였습니다. 모의법정 대회를 준비하는 동안에는 영어수업에서의 성공적인 발표의 요인을 다시 생각해 봤습니다. 사전에 빈틈없이 완벽하게 준비해놓은 대본과 이를 숙지하여 나오게 되는 자신감 있는 모습이 청중들에게 좋은 인상을 남길 수 있었다고 생각합니다.

저희 팀의 주제인 '스토킹 피해자의 정당방위 여부'에서 우선 저는 정당방위와 과잉방위의 성립 조건을 찾아보고 비슷한 실제 판례를 읽어본 후, 이를 바탕으로 역할을 맡은 친구들 개개인의 특징을 살려 모의법정 대본을 만들었습니다. 대회가 시작되자 많은 학생이 지켜보는 자리에서 모두 처음엔 조금 떨리는 모습을 보였지만 이내 모두 안정을 되찾고 사전에 약속된 몸짓과 대본에 충실히 하여 완벽에 가까운 모습을 보여주었습니다. 마지막으로 선생님의 '절창'과 '자창'이 무엇이냐는 질문에 준비한 내용을 막힘없이 대답하며 모의법정을 마쳤습니다. 최선을 다한 결과로 저희는 최우수상을 받았습니다. 이 경험을 통해서 한 번의 성공이 다른 도전의 자신감으로 이어지고 이런 것들이 저를 더욱 성장시키는 계기가 된다는 것을 알았습니다.

3. 학교생활 중 배려, 나눔, 협력, 갈등 관리 등을 실천한 사례를 들고, 그 과정을 통해 배우고 느낀 점을 기술해 주시기 바랍니다. (1000자 이내)

저는 'Pew a Pew'라는 진로진학 동아리를 만들어, 꿈이 없거나 진로에 대한 자세한 계획이 없는 친구들과 함께 각자 한가지 직업을 조사하고 발표하는 시간을 가졌습니다. 30분 동안 자신이 조사한 직업에 대해 발표하기 때문에 사전에 발표 자료를 준비하 는것이 매우 중요했습니다. 하지만 친구들의 발표가 시작되자, 발표 내용이 갈피를 잡지 못하며 어수선한 모습을 보였고, 자신이 발표하고자 했던 내용을 확실히 발표하지 못하였습니다. 그래서 저는 동아리 시간 전마다 발표에 어려움을 느끼는 친구와 함께 발표 자료를 다듬으며 간략한 대본을 만들었습니다. 비록 파워포인트를 만들며 많은 시간을 보내기도 하고 힘들었지만, 발표 자료를 완성한 후 매끄럽게 진행되는 발표를 보면서 뿌듯함을 느끼기도 하였습니다. 이를 통해 배려가 나의 시간을 잠시 빌려주는 것으로도 실천할 수 있다는 것을 알게 되었습니다. 그 후 '작은 것부터 배려하는 사람이 되자'는 다짐을 하게 되었습니다.

1학년이 끝나갈 때 쯤, 반 친구들과의 추억을 남기기 위해 학급문집을 만들게 되었고, 예산 등을 정하기 위해 학급 회의를 열었습니다. 하지만 좋은 추억을 남기고 싶어 하는 아이들과 돈을 적게 내고 싶어 하는 아이들과의 의견이 조율되지 않았습니다. 결국, 서로 타협하지 못한 채 회의가 끝났습니다. 저는 모두가 함께 만족할만한 방안을 찾기 위해, 학급문집을 만들어본 선생님들께 조언을 구하고, 을지로 4가의 인쇄소골목을 뛰어다니며 가격조사를 했습니다. 조사한 내용을 학급회의에서 발표하며 '돈을 적게 내고 싶어 하는 마음은 이해하지만, 좋은 추억을 오래 간직하자는 마음으로 기분 좋게 만들자.'는 의견을 제시하였습니다. 그 후 회의를 통해 반 친구들 간의 의견을 이해하고, 적정한 이견을 조율할 수 있었습니다. 학급문집 시안을 만들며 힘이 들었지만, 모두 힘을 합쳐 학급문집에 들어갈 내용을 준비하는 모습을 보고 뿌듯함을 느낄 수 있었습니다. 또한, 이 경험을 통해 평소 알지 못했던 능동적이고 주체적인 저의 모습을 발견할 수 있었습니다.

4. 전공 지원동기와 고등학교 재학 기간 중 지원 분야의 진로탐색을 위해 도전한 경험에 대해 기술해 주시기 바랍니다.(1000자 이내)

외동으로 자라온 저에게 항상 친구처럼 함께해주었던 것은 레고와 컴퓨터였습니다. 초등학교에 입학할 때쯤 접하게 된 레고 마인드스톰은 RobotC라는 언어를 통해 프로그래밍이 가능한 레고 로봇이었습니다. 어린 학생이 다루기 쉬운 언어는 아니었지만, 카메라가 흔들리지 않게 도와주는 도구를 만들겠다는 목표를 갖고 1년여간의 짧지 않은 시간을 들여 레고를 이용한 스테빌라이져를 만들었습니다. 이때 처음 접해본 프로그래밍언어는 어렵게 느껴지기보다는 제가 생각을 얼마든 나타낼 수 있는 훌륭한 도구로 느껴졌습니다. 저는 이러한 프로그래밍 언어를 공부해 사람들의 삶을 더욱 편하게 해주는 소프트웨어를 만드는 프로그래머가 되기로 마음먹었습니다.

고등학교 진학 후에는 다양한 프로그램을 구상하고 만들어왔습니다. 사람들의 의견을 물어보는 소셜 네트워크 서비스인 'Check List', 학생들의 편의를 도와주는 'S Manager'등 여러 가지를 만들어왔지만, 교내 과학탐구 대회를 준비하며 떠오른 아이디어로 기획했던 'Data Hub'는 저에게 특별한 기회를 주었습니다. 'Data Hub'는 데이터 시각화 및 공유 사이트로, 개인이나 기관이 직접 축적한 데이터를 업로드하거나 이들에나 시각화를 진행하여 판매하는 사이트입니다. 대략적인 인터페이스와 컨셉은 구상했지만, 전문적인 능력을 요하는 일부 기술적인 부분은 구현하지 못했습니다. 혼자 작업하는 데 한계를 느껴 도움 받을 곳을 찾던 중 올해 4월에 한국에 설립된 구글 캠퍼스에서 입주할 스타트업을 구한다는 소식을 접했습니다. 곧바로 구글 창업지원부서에 연락하여 캠퍼스 'Data Hub'의 사업계획서를 제출하고 서류전형에 신청하였습니다. 몇 주가 지나자 구글로부터 서류전형 합격연락을 받게 되었습니다. 그 후 캠퍼스에 다니며 다른 스타트업 사람들과 생각을 나누거나 구글러들로부터 도움을 받기도 하고, 여러 유명 인사들의 강연을 들으며 저의 능력과 경험을 키워갔습니다.

양질의 합격자 자기소개서를 보고 나니 어떠신가요? 물론 제가 분석해 놓은 것이 정답은 아니며 실제 작성자의 의도와 다를 수 있습니다. 하지만 전공 심화 지식을 자세하게 기재하거나, 자기 주도적 학습 태도와 전공 적합성을 강조하거나, 본인만의 스토리로 녹여냈다는 점이 공통으로 드러나는 것은 확실합니다.

여러분들이 최대한 합격자의 글 패턴과 비슷하게 쓸 수 있도록 도와주려 많은 고민을 했습니다. 이제 여러분의 차례입니다. 위와 같은 자기소개서를 써서 합격의 기쁨을 누리고, 여러분의 자기소개서가 학생부종합전형 관련 도서에 실리는 경험을 해보세요. 최선을 다해 최상의 결과를 얻길 바랍니다.

끝으로 이 자기소개서들을 쓸 수 있도록 허락해준 친구들과 저의 제자 겸 후배들에게 깊은 감사의 말씀을 전합니다.

불합격자 자기소개서 분석

합격자 자기소개서를 분석했다면 불합격자 자기소개서도 분석해 보아야겠죠? '굳이 불합격자 자기소개서를 분석할 필요가 있을까?'하는 의문이 들 수도 있겠지만, 불합격자 자기소개서에서도 배울 점은 있습니다. '이렇게 쓰면 반드시 탈락하겠구나.'라고 대번에 느낄 수 있습니다. 책의 흐름을 성실히 따라온 학생이라면 더욱더 적나라하게 느껴질 겁니다.

불합격자 자기소개서의 예시는 부끄럽게도 제가 고3 때 학생부종합전형에 제출한 자기소개서입니다. 책에서 강조해왔던 '전공 적합성을 고려하라.', '융합적 사고를 발휘하라.' 등의 기본적인 원칙조차 지켜지지 않은 것을 볼 수 있습니다. 이 자기소개서처럼 쓰면 안 되겠다고 생각해야 합니다. 해당 자기소개서는 A 대학교의 '전기전자컴퓨터공학과'를 포함한 다른 학교, 학과에 제출하였습니다.

수학은 한 문제씩 풀 때마다 경험치가 쌓이고 그걸 바탕으로 더 강한 문제와 싸우는 게임 같았습니다. 수학 공부를 할 때는 시간이 빨리 지나고 즐거웠기 때문에 자연스럽게 수학에 투자하는 시간이 늘어났습니다. 아는 것이 많아질수록 수학이 재미있어졌고 수학에 대해 더욱 알고 싶어졌습니다. 그래서 일학년 겨울방학 때는 과천과학관에서 열리는 수학 캠프에 참여하기도 했습니다. 그런데 그곳에서는 제가 생각했던 수학과 다른 수학의 세계가 펼쳐져 있었습니다. 그곳에서의 수학은 단순히 문제를 풀기보다 오류 없는 증명과 합리적이고 논리적으로 유추하는 과정을 더 중요시했습니다. 빠른 계산으로 답을 찾으면 수학을 잘하는 것이라고 믿었던 제 생각이 잘못되었단 것을 깨달았고 수학을 더욱 깊이 알아보고 싶어졌습니다. 그래서 〈페르마의 마지막 정리〉라는 책을 읽게 되었습니다. 이 책을 읽고서 그렇게 어렵기로 유명한 증명도 원래 있던 수학의 개념을 활용해서 마치 퍼즐 맞추듯이 하나하나 유기적으로 끼워 맞추어가는 것일 뿐이라는 걸 깨달았습니다. 이후로 저는 수학 공부의 방향을 잡을 수 있었습니다. 수학 개념을 공부할 때 단원의 흐름대로 논리를 이어나갔고, 공식이나 정리를 단순히 아는 것에 그치지 않고 이걸 도구로 어디에 어떻게 사용할 수 있을지에 대해 끊임없이 생각했습니다. 수학 문제를 풀 때는 단서를 통해 연결고리를 찾으려고 노력했고 그것을 실마리로 한 문제를 다양한 방법으로 풀어나가는 연습도 했습니다. 또, 페르마의 마지막 정리를 풀기 위해 일생을 바친 수학자들이 비록 정리는 풀지를 못했지만, 그 과정에서 중요한 개념들을 발견한 것을 알게 되어 답을 찾지 못하더라도 그 과정에서 얻을 점이 많다는 것을 깨달을 수 있었습니다. 그래서 저는 공부를 하다가 막히면 답지를 참고하는 습관을 버리고 오랜 시간을 씨름해보기로 마음먹었습니다. 그렇게 했더니 영원히 해결할 수 없을 것만 같았던 문제들도 점차 풀리기 시작했습니다. 끝내 풀지 못했더라도 단서들을 하나씩 찾아놓아 분석하니 나중에 봤을 때 부족한 부분을 쉽게 알아차리고 정확히 고칠 수 있었습니다. 또한, 다른 과목 공부를 할 때에도, 이런 습관을 갖게 되어 쉽게 포기하지 않게 되었습니다.

이 책을 꼼꼼하게 읽었다면 제가 어떤 실수를 했는지 금방 눈치챘겠죠? 저는 정말 단순했습니다. 학업에 기울인 노력과 학습 경험에 대해 배우고 느낀 점을 쓰라고 해서 정말 공부법을 바탕으로 기술했습니다. 지원한 전기전자컴퓨터공학과는 전공 적합성을 느껴볼 수 없는 자기소개서를 쓴 것이죠.

또한, 합격자 자기소개서를 보지 않았습니다. 합격자 자기소개서를 보면 유사한 자기소개서를 쓰기 쉬우니 완성한 후에 보라는 선생님의 말씀을 철석같이 믿었습니다. 다 쓰고 나서는 선생님들께 학교에서 가장 잘 쓴 자기소개서라는 칭찬을 받았기 때문에 합격자 자기소개서를 볼 생각도 하지 않았습니다. 어리석은 자신감에 차 있었던 것입니다.

2. 고등학교 재학기간 중 본인이 의미를 두고 노력했던 교내 활동을 배우고 느낀 점을 중심으로 3개 이내로 기술해 주시기 바랍니다. 단, 교외 활동 중 학교장의 허락을 받고 참여한 활동은 포함됩니다. (1500자 이내)

공부에 어려움을 느끼는 친구를 도와주고 싶어서 멘토링 활동을 시작했습니다. 하지만 활동을 하다 보니 제가 안다고 확신했던 부분을 정확하게 설명하지 못한다는 것을 깨달았습니다. 분명히 머리로는 아는데 입으로 설명할 수 없을 때마다 몹시 당황스러웠고 저 자신이 부족하다고 느껴졌습니다. 그래서 저는 멘토 활동을 할 때마다 사전 준비를 철저히 하기로 마음먹었습니다. 꼭 말해주고 싶은 부분과 중요한 부분을 미리 B4 용지에 적어 정리한 후 친구들에게 설명할 때 사용하고, 멘토 활동이 끝날 때마다 친구들에게 나누어주며 복습할 수 있도록 하였습니다. 또 친구들이 헷갈릴만한 개념을 미리 물어보는 질문지를 만들어서 친구들이 답해보게 했습니다. 그러다 보니 아는 개념인데도 설명을 제대로 하지 못했던 저 자신도 변화하게 되었고 친구들도 저를 더 신뢰하게 되었습니다. 친구들이 저한테 배우고 실력이 늘어가는 것을 보면서 뿌듯하고 기쁨이 되어 돌아왔습니다.

영어 청해 클러스터는 저에게 큰 용기를 주었습니다. 2학년 때 저는 영어를 깊이 있게 공부하고 싶어서 영어 청해 과목을 수강했습니다. 그런데 이 수업은 일반적인 수업과 달리 무척 활동적인 수업이었기 때문에 처음에 큰 충격을 받았습니다. 친구들과 협동해서 영어뉴스 만들기, 이태원 거리에서 원어민과 대화하기, 영어로 과제물 발표하기, 영어 골든벨 등 생각지도 못한 방법으로 영어를 접하게 되었기 때문입니다. 처음엔 잘 적응되지 않았지만 점차 배움의 재미를 느낄 수 있는 시간이 되었습니다. 이후 제게 영어는 친밀한 과목이 되어 영어에 대한 거부감도 약해졌습니다. 친구들과 같이 클러스터 시간에 TED 강의를 보기도 하고, 영어로 토론도 하는 등 다양한 활동에 적극적으로 참여할 수 있었습니다. 또한 원어민 선생님의 도움으로 외국인에 대한 두려움을 많이 해소하게 되어 원어민을 만나도 피하기만 하는 것이 아니라 오히려 그에게 도움을 줄 수도 있겠다는 생각을 하게 만들어 주었습니다.

프로젝트 학습동아리 '구주이배'는 수학 과목을 즐길 수 있는 원동력이 되었습니다. 고등학교 3학년 때 '수학이 실생활에 어떻게 이용되고 있을까?'라는 궁금증이 생겨 직접 프로젝트 학습동아리를 만들게 되었습니다. 동아리에서 동아리원과 저는 지금까지 배운 수학의 모든 개념을 정리하고, 그 개념들을 생활에 적용하는 활동을 하였습니다. 예를 들어 기하와 벡터에선 이차곡선, 벡터의 합치나 내적 등의 개념을 정리하여 실생활에서 어떻게 쓰이는지 찾아보았습니다. 벡터는 태풍의 위험반원과 안전 반원을 판단하는 것에 사용되고 이 경로는 포물선으로 계산되고 있다는 것을 알게 되었습니다. 또 행렬의 개념을 정리한 후 이용되는 예를 찾아보았더니 인구의 이동을 파악하는데 용이하게 쓰이며 엑셀에도 활용되고 있다는 것을 알게 되었습니다. 이렇듯 실생활에서 수학이 어떻게 활용되는지 알게 되면서 수학에 대해 흥미가 더욱 높아졌고 동아리 부원들이 수학에 대한 새롭고 재미있는 활동들을 해나갈 원동력이 되었습니다.

---

3. 학교생활 중 배려, 나눔, 협력, 갈등 관리 등을 실천한 사례를 들고, 그 과정을 통해 배우고 느낀 점을 기술해 주시기 바랍니다. (1000자 이내)

2학년 때 '우공이산'이라는 동아리의 회장이 되었습니다. 회장이 된 만큼 우리 동아리를 최고의 동아리로 만들고 싶다는 욕심을 가지게 되었고, 부원이었을 때는 보이지 않았던 여러 가지 문제점들이 보이기 시작했습니다. 우리 동아리는 명목상으론 수학동아리지만 관련 활동을 왕성하게 하지 않고 있다는 생각이 들었습니다. 그래서 동아리원들에게 이러한 문제점을 이야기했습니다. 수학동아리의 성격을 버리자는 주장과 수학동아리로 유지해야 한다고 주장하는 의견으로 나누어졌습니다. 두 의견을 절충하기 위해 오랜 시간 회의를 거쳐 의견을 나누었고 여러 가지 대책을 마련했습니다. 첫 번째로 수학동아리 타이틀은 버리지 않되 다른 활동을 곁들여서 하는 종합 동아리의 성격을 가지자는 것이었습니다. 두 번째로는 선배와 후배 간 1대1 멘토링 활동을 이끌어나가 후배들이 어려워하는 수학을 도와주자는 것이었습니다. 서로에게 도움이 되면서 동아리의 취지도 살릴 수 있지 않겠냐는 공통된 의견이었습니다.

그 후 저는 동아리원과 함께 여러 가지 활동을 계획하고 실행하였습니다. 프랙털 만들기, 수학 창의력 문제 풀기 등 수학에 관련된 활동을 바탕으로 하면서 과학탐구토론, 사회문제토론, 동아리 문집 편찬, 후배 상담 등 여러 활동을 하였습니다. 여러 활동을 하다보니 동아리 회장으로서 스트레스도 많이 받고 버겁기도 했지만, 활동을 하나하나 끝내가 나면 새로운 것을 또 하나 해내었다는 성취감을 동아리원들과 공유할 수 있었습니다. 또한, 후배들을 위한 지속적인 멘토링활동을 실행하여 후배들이 수학을 어렵지 않고 쉽게 생각할 수 있도록 도와주었습니다. 이러다 보니 선후배 간 유대관계가 더욱 깊어졌고 1년 동안 선후배 갈등이 한 번도 없는 동아리가 될 수 있었습니다. 처음과는 다른 분위기가 만들어졌고 친구들은 동아리활동을 더욱 잘 참여하게 되어 동아리 회장으로서 뿌듯함을 느낄 수 있었습니다.

다시 한 번 말하지만 지원한 전공은 '전기전자컴퓨터공학과'입니다. 지원 전공과 관련된 내용이라곤 눈곱만큼도 살펴볼 수 없으며 전공을 고려하지 않았기 때문에 당연히 융합적 사고는 찾아볼 수 없습니다. 이 자기소개서처럼 자기소개서 문

항을 문장 그대로 읽으면 안 됩니다. 자기소개서의 목적은 국어 능력을 평가하는 것이 아니라 대학에 입학하기 위해 입학사정관에게 나를 전략적으로 홍보하는 것입니다. 지금까지 제가 당부해 왔던 사항을 본인의 자기소개서에 반드시 적용시켜야 합니다.

이 자기소개서를 낸 곳 중에 단 한 군데 합격한 곳이 있습니다. '교과 70%+ 비교과 30%(자소서·면접)'의 '수학교육과'였습니다. 합격 이유를 예상해 보자면 첫 번째 이유는 '교과형 종합전형'이라는 점입니다. 교과 성적이 70%이기 때문에 지원한 학생에 비해 높았던 저의 교과 성적이 득이 됐을 수도 있습니다. 하지만 교과형 종합전형도 내신 성적 외 다른 부분으로 갈릴 수 있으므로 내신 성적이 절대적인 이유는 될 수 없습니다.

두 번째 이유가 더 결정적인 이유라고 생각하는데요. '수학교육과'에 지원했다는 점입니다. 우 자소서는 수학교육과와는 분명히 연관성이 있습니다. 1번 문항도 수학과 관련된 공부법을 서술했고, 나머지 문항에서도 수학 동아리, 멘토링 등 관련 활동을 꾸준히 이야기하고 있으니까요. 전공 적합성이 얼마나 중요한지 알 수 있는 부분입니다. 위 자기소개서의 사례를 보고 여러분은 이와 같은 실수를 하지 말아야 합니다. 꼭 모든 질문에 '전공과 관련하여'라는 말이 숨겨져 있다는 것을 명심하세요.

성공적인 면접을 위한 팁

면접을 준비하는 자세 / 면접 당일 주의할 점 / 면접 예상 질문지 작성하기 / 면접 후기 작성하기

수시지원도 전략이다 내게 맞는 학생부전형은?

학생부교과전형 지원 전략 / 학생부종합전형 지원 전략

PART 3

"막판 스퍼트!
학종 FINAL"

제1장
성공적인 면접을 위한 팁

면접을 준비하는 자세

⫶1 지원대학의 홈페이지와 작년도 합격자를 확인하자.

대다수 대학교 입학처 홈페이지나 입시 자료집에는 면접에서 중요하게 보는 점을 기재해두는 경우가 많습니다. 인성 위주로 보겠다든지 생활기록부의 내용을 위주로 물어보겠다든지 제시문을 활용한 면접을 하겠다는 가이드라인을 제시해 놓으니 이에 맞추어 면접을 준비하면 됩니다. 또한, 여러 인터넷사이트에서 작년도 합격자들의 후기를 통해 질문과 대답을 참고하면서 나라면 어떻게 대처했을지 생각하며 시뮬레이션 해보아야 합니다.

일반적으로 교과전형의 면접은 생활기록부에 기재된 사항이나 인성에 대해 가볍게 물어보는 경향이 있지만, 종합전형은 교과전형에 비해 활동에 대해 깊게 물어봅니다. 너무나도 당연한 말이지만, 서류전형에 합격했다고 최종합격한 마냥 안이하게 굴지 말고 면접 예상 질문지를 작성하여 훈련해야 합니다.

⫶2 셀프 모니터링을 통해 점검하자.

나의 생활기록부 활동과 자기소개서를 바탕으로 만든 면접 예상 질문지를 친구나 선생님에게 드린 후 촬영해 보세요. 면접은 10분 내외로 짧게 끝나기 때문에 단시간에 좋은 이미지를 만드는 것이 중요합니다. 면접 질문에 무리 없이 대답하는 것은 기본입니다. 올바른 자세와 자연스럽게 웃는 얼굴, 적절한 목소리의 톤을 익히기 위해 수정해나가는 과정이 필요합니다. 촬영한 영상을 바탕으로 친구나 선생님에게 무엇이 문제였는지 피드백을 받고 고쳐나가세요.

᠄3 강렬한 인상을 남기자.

"마지막으로 하고 싶은 말이 있습니까?"

일반적으로 면접을 끝마치기 전에 마지막으로 하고 싶은 말을 하는 기회가 주어집니다. 만약 면접관이 주지 않는다면 학생이 용기 내어 마지막으로 하고 싶은 말이 있다고 해도 됩니다. 지원하는 학교나 학과의 특성에 맞추어 평소 자신의 신념이나 포부를 준비해가세요.

좀 더 강렬한 인상을 남기고 싶다면 본인 이름이나 지망한 학교 이름으로 삼행시를 짓는 방법도 있습니다. 본인을 잘 드러내거나 지망 학교와 본인이 잘 맞을 것이라는 포부를 드러내면 됩니다.

인 : 인간으로 태어나 남들에게 지식과 사랑을 베푸는 것은

하 : 하늘이 제게 내리신 천명이라고 생각합니다.

대 : 대학교는 많고도 많지만, 항상 제가 꿈꿔왔던 인하대학교에서 교사로서의 첫 발자국을 내디디고 싶습니다.

한 학생은 유명한 시를 지망한 학교와 학과의 특성에 맞추어 바꾼 후 낭독하기도 했습니다. 조금 부끄러울 수도 있지만 '이 학교에 꼭 붙고 싶다.'는 마음을 간절하게 드러내는 것으로 생각하고 용기를 내야 합니다. 무엇이라도 열심히 해보려 하는 자세는 누구에게든 호감이기 마련입니다.

또한, 대학의 인재상과 학과 커리큘럼을 분석한 후 인용하는 방법도 있습니다.

" ○○대학교의 인재상처럼 '실천하는 리더'가 되기 위해서 학우들을 위해 봉사하는 총학생회 임원이 되고 싶습니다. '봉사하는 지식인'이 되기 위해 열심히 공부하여 문학과 사랑이라는 과목에서 A+를 받아 전공 멘토로 활동하고 싶습니다."

무작정 "저를 뽑아주시면 무엇이든지 열심히 해보이겠습니다."식의 근거 없고

믿을 수 없는 자신감을 드러내는 것보다 훨씬 경쟁력 있어 보입니다.

⇉4 당황하지 말고 대답하자.

면접을 보고 온 학생들의 후기를 들으면서 가장 안타까운 경우는 "당황했더니 머릿속이 하애져서 아무 말도 못 하고 와버렸어요."라고 말하는 학생입니다. 긴장을 줄이기 위해 청심환이나 초콜릿을 먹는 방법도 있지만 결국 마인드 컨트롤이 가장 중요합니다.

항상 '나는 할 수 있다.'고 마음속으로 되뇌거나 거울을 보면 직접 말하세요. 만약 당황해서 질문을 제대로 하지 못했더라도 이전 질문은 과감하게 버리고 다음 질문을 준비해야 합니다. 시험 문제를 풀다가 모르는 문제가 나오면 제쳐두고 다음 문제를 먼저 잘 풀어두어야겠다고 생각하듯이 면접에 임하세요.

"지금 그 부분에 대해선 잘 생각이 나지 않습니다. 조금만 더 시간을 주실 수 있겠습니까?", "지금 그 부분에 대해선 잘 생각이 나지 않으니 다음 질문에 답한 뒤 생각이 났을 때 대답을 드려도 되겠습니까?"라고 정중하게 요청하신다면 그 질문에 대해 시간을 벌거나 잊고 넘어가도록 유도할 수도 있습니다. 대신 나머지 질문에선 당황한 기운을 없애고 집중하여 대답해야 합니다.

혹여나 너무나 예상에서 벗어난 질문이 나오거나 어려운 전공 지식을 물어볼 때는 "이 부분에 대해선 잘 모르겠습니다. 하지만 꼭 생각해볼 문제인 것 같으니 이후에 꼭 공부하겠습니다."라고 당황하지 말고 솔직하게 말하는 것이 좋습니다.

면접 당일 주의할 점

서류전형에 합격한 후 면접을 보러 갈 때, 기본적인 사항을 숙지하지 못하고 가는 경우가 생각보다 많습니다. 면접 당일 아래의 사항을 꼭 주의하세요.

1. 단정한 복장 착용하기

2. 면접 시간보다 1시간 여유 있게 도착하기

3. 대기시간에 생활기록부와 면접 예상 질문을 검토할 수 있도록 정리해오기

많은 학생이 면접에서 어떤 옷을 입어야 할지 고민합니다. 가장 무난한 복장은 교복입니다. 학생을 가장 학생답게 보여주는 옷이니까요. 평소 교복이 불편했거나 피치 못할 사정으로 입고 갈 수 없다면 '단정한' 사복을 입어도 됩니다. 편한 느낌을 주는 옷보다는 신경 써서 입었다는 생각이 들도록 입는 것이 좋습니다.

굳이 1시간이나 일찍 도착해야 하나 싶겠지만, 초행길의 경우 예상치 못한 일이 일어나기 쉽습니다. 아슬아슬하게 도착하고 심장을 졸여서 면접에 지장을 주느니 일찍 도착해서 학교를 둘러보며 준비하는 것이 좋겠죠? 간혹 면접관이 학교에 대한 인상을 물어보는 경우도 있습니다.

면접 전에 충분히 숙지했겠지만, 대기시간이 길어질 수 있으니 생활기록부와 면접 예상 질문을 한 번 더 검토할 수 있도록 정리해 오세요.

면접 예상 질문지 작성하기

'적을 알고 나를 알면 백전백승'이라는 말이 있습니다. 나의 생활기록부와 지원 학교·학과에 대한 분석, 합격자 후기를 바탕으로 파악한 학교의 면접 성향에 맞추어 본인의 기본정보나 생활기록부, 자기소개서에서 물어볼 만한 것들을 질문으로 만들어 대답을 준비해야 합니다. 그리고 그 자료를 친구나 선생님과 공유하고 본인에게 질문하도록 부탁하여 완벽하게 대답하도록 연습해야 합니다. 비슷한 전공을 지망하는 친구들과 함께 예상 질문을 돌려보아 대답을 미리 작성해 놓는 것도 좋습니다.

다음은 평소에 기본적으로 준비해 두어야 할 질문입니다. 자기소개서와 마찬가지로 되도록 전공과 연관하여 대답하는 것이 좋으며 답변에 대한 이유는 상세할수록 좋습니다.

- 간단하게 자기소개 해주세요.

- 우리 학과에 지원하게 된 동기가 무엇인가요?

- 우리 학과는 무엇을 하는 곳일까요?

- 우리 학과에서 공부하기 위해 필요한 자질이 무엇이라고 생각하나요?

- ○○학과에 오기위해 어떤 능력을 학창시절에 길러두었나요?

- 왜 고교 시절 우리 학과와 관련 있는 탐구활동(사탐, 과탐)을 선택하지 않았나요?

- 다른 대학교에도 같은 학과가 있는데 꼭 우리 학교에 진학하고 싶은 이유가 있나요?

- 우리 학교에서 본인을 뽑아야 하는 이유가 무엇인가요?

- 진학 후 학업계획이나 진로계획이 무엇인가요?

- ○○(생활기록부와 자기소개서에 기재한 학습 활동)를 공부했다고 했는데 어떤 방식으로 공부했나요?

- ○○에 대한 소논문을 작성했다고 했는데 구체적으로 어떤 내용인가요?

- ○○대회에 참가하여 수상했다고 했는데 본인이 수상한 이유는 무엇일까요?

- ○○(생활기록부와 자기소개서에 기재한 학습 활동)와 관련하여 가장 인상 깊었던 점은 무엇인가요?

- 가장 좋아하는 과목은 무엇인가요?

- 가장 기억에 남는 봉사활동은 무엇인가요?

- 학교에 다니면서 고통스럽거나 힘들었던 경험이 있나요?

- 장래희망을 갖게 된 계기는 무엇인가요?

- 가장 기억에 남는 활동은 무엇인가요?

- 동아리에서 어떤 역할을 했나요?

- 동아리에서 가장 중점을 두고 한 활동은 무엇인가요?

- 본인이 생각하기에 리더십이란 무엇인가요?

- ○○에 다녀왔다고 생활기록부에 적혀있는데 어떤 걸 경험했나요?

- ○○ 지역에서 오셨다고 했는데 그 곳에서 우리학교에 대한 인식은?

- ○○ 지역의 고등학교를 졸업했는데 그래서 가지는 본인만의 장점이 있을까요?

- 별명이 ○○이라고 하셨는데 그 별명이 생긴 이유가 무엇인가요?

- 학교폭력에 대해 어떻게 생각하나요?

- 대학을 졸업해서 사회를 위해 하고 싶은 일이 무엇인가요?

- 현재 복지의 장점과 단점을 생각해 보신 적 있으면 말해주세요

- 임원활동을 하면서 힘들었던 점이 있다면 무엇인가요?

- 임원활동을 하셨는데 친구들이 본인을 지지해준 이유는 무엇이라고 생각하나요?

- 자신만의 스트레스 해소법이 있나요?

- 무인도에 10일 동안 표류하게 되면 꼭 가져가고 싶은 3가지는 무엇인가요?

- 최근 본 책이나 드라마 중 가장 인상 깊게 본 작품이 있다면 그 이유가 무엇인가요?

- 무료 기술공개에 대해 어떻게 생각하나요?

- ○○ 분야와 관련하여 XX과목과 ★★과목 중 더 중요한 과목이 뭐라고 생각하나요?

- 공무원 채용과 대학입학에서 소수집단우대정책이 가속화 되고 있는데 이에 대한 본인의 의견은 어떤가요?

- 고등학교의 ○○과목이 더 어려워 져야 한다고 생각하나요, 쉬워져야 한다고 생각하나요?

- 올바른 한글사용을 위해 통신언어의 사용을 금지해야할까요?

- 위험하지만 빠른 발전을 할 수 있도록 도전을 추구하는 사람과 미약한 발전을 계속해 나가 안정을 추구하는 사람 중 어떤 사람이 되고 싶은가요?

- 평소에 부지런한 편인가요?

- 마지막으로 하고 싶은 말이 있나요?

- 이외 본인 전공과 관련된 질문 (본인의 생활기록부와 인터넷 자료를 바탕으로 전공과 관련된 질문을 30가지 이상 만들어서 면접 예상 질문지를 작성하고 연습합니다.)

면접 후기 작성하기 ⭐

면접은 시작 전에 철저하게 준비하는 것도 중요하지만 끝난 후에 잘했던 점과 부족했던 점을 기록하는 것도 다음 면접을 위해 곡 필요한 과정입니다. 아래는 광운대학교 건축공학과 합격생이 면접 후 작성한 후기이니 참고하여 작성하세요.

<table>
<tr><th colspan="4">2017학년도 대입 면접 후기</th></tr>
<tr><td colspan="2">대학명</td><td>광운대학교</td><td>최종 합불현황</td><td>최초합</td></tr>
</table>

대학명		광운대학교	최종 합불현황	최초합
학과명		건축공학과	추가합격인 경우 최초예비번호	
전형명		광운참빛인재		
전형유형		1. 서류종합평가 2. 1단계 60%+ 면접40%		
면접 형식	면접시간	약 10분		
	면접위원 수	3명		
	면접절차	대기실에서 대기후 면접실에서 10분 대기후 면접		
	유의사항	• 광운대학교는 자기소개를 많이 시킨다고 하니 자기소개서에서 강렬한 인상을 줄 수 있도록 준비하자. • 자기소개서와 생활기록부를 중점으로 물어보니 분석을 철저히 하자.		
자신이 생각했을 때 합격한(혹은 불합격한) 이유는?		• 자기소개서와 생활기록부에 관한 질문에 막힘없이 답변을 할 수 있었다. • 웃음을 잃지 않고 자신감 있게 큰 목소리로 대답했다.		
다시 면접을 볼 수 있게 된다면 좀 더 준비하고 싶은 것은?		• 자기소개서와 생활기록부를 좀 더 자세히 분석하여 임하고 싶다.		

질문 및 답변내용	**• 자기소개 해주세요 :** 안녕하십니까! 광운대학교 건축공학과 17학번이 되고 싶은 ○○○입니다. ❶ 저는 제 영어 이니셜 KTK로 자기소개를 해보겠습니다. K는 kind 친절하고 배려가 넘치는 사람, T는 try 항상 도전하는 자세를 갖추고 있는 사람, 마지막 K는 king 학생회장을 통해 리더의 역할을 경험한 사람, 즉 친절하고 배려가 넘치는 리더로 항상 도전하는 자세를 갖추고 있는 인재입니다. **• 학생회장으로 활동했는데 학생회장은 어떤 역할이라고 생각하나요?** 학생들이 학교생활을 하는 데 있어서 보다 편한 학교생활을 할 수 있도록 도와주고 학교 발전을 위해 노력하는 역할이라고 생각합니다. **• 어떤 편리함을 주었나요?** 우리 학교는 장애인 친구들과 함께 수업하는 통합학급입니다. 장애인 친구들은 점심시간이 되면 급식받을 줄을 기다리는 데 어려움이 있었습니다. 그래서 반대쪽에 장애인 친구들이 들어갈 수 있도록 ❷안전바를 설치했습니다. 그리고 급식실 안에서 친구들이 배식하거나 잔반을 처리하기 쉽도록 가까운 자리에 예약석을 만들었습니다. **• 또 없나요?** 제 선거공약이었던 교과교실제를 폐지를 이루었습니다. 처음에는 개인 사물함이 크게 있어서 멋있어 보였지만 짧게 쉬는 시간에 복도에 가서 다음 시간 과목으로 책을 바꾸고 과목 교실로 이동하다 보니 쉬는 시간에 마음 편히 쉬지도 못하고 부족한 공부를 채우는 데에도 어려움이 있었습니다. 그래서 교과교실제를 폐지했고, 홈 베이스에 있던 사물함을 교실로 들이면서 생긴 ❷ 공간을 아름답게 바꾸었습니다. 2층은 SuJu Atelier로 미술 시간에 학생들이 만든 작품을 전시하면서 학생들과 소통할 수 있는 공간으로 바꾸었고, 3층은 학생들의 휴식공간으로 만들었으며, 4층은 교내 댄스 동아리를 위해 춤을 연습할 수 있는 공간으로 만들었습니다. **• 학생들에게 인기가 많았겠어요?** 네. 친구를 생각하는 저의 마음이 통했던 것 같습니다. 그리고 학생들뿐만 아니라 선생님들과도 더 친근하게 지낼 수 있는 계기가 되었습니다. **• 자기소개서에서 언급한 IOT 기술은 지금도 이용되고 있는데 건축에 어떻게 이용될 것 같나요?**

❸ 인터넷을 이용하여 주거시설을 편하고 안전하게 해 줄 수 있습니다. 지진과 같은 자연재해를 예방하기 위해 건물에 IOT 기술을 이용하여 자연재해 발생 시 알람이 울리는 식으로 해서 미리 예방하면 좋을 것 같습니다.

• 자기소개서에 통일에 대해 쓰여 있는데 어떻게 생각하세요?
과거 공산주의 국가의 대표였던 소련은 붕괴하고 민주주의화 됐습니다. 그리고 중국 또한 민주주의화되고 있습니다. 이 상황에서 북한은 고립되어 있다고 생각합니다. ❹ 북한은 결국 붕괴하여 남한과 통일될 것입니다. 통일된다면 북한에 가서 불모지에 복지 시설을 짓는 등 저의 전공을 바탕삼아 도와주고 싶습니다.

• 취미가 악기 연주라고 기재되어 있는데 어떤 악기를 연주할 수 있나요?
피아노와 기타입니다. 피아노는 조금만 노력한다면 어떤 악보든 연주할 수 있고, 기타는 1년 정도 배웠기 때문에 아직 미숙하지만, 점차 실력을 늘려나갈 것입니다.

❺마지막으로 하고 싶은 말이 있습니다. Impossible에서 땀 한 방울만 흘리면 I'm possible이 됩니다. 저는 항상 땀 흘리고 노력하며 광운대학교에서 성공해 보이겠습니다. 감사합니다.

답변 내용을 분석해 봅시다.

❶은 대학의 인재상(사회관계 역량, 글로벌 역량, 도전정신)을 반영해서 자신의 이니셜로 삼행시를 지어 자기소개하는 모습을 통해 강렬한 인상과 의지를 보여주고 있습니다. ❷는 안전바를 설치하거나 공간을 아름답고 효율적으로 바꾸는 등 평소에도 건축과 밀접한 활동을 하였음을 보여주면서 학생의 전공 적합성을 드러내고 있습니다. ❸을 보면 전공 트렌드를 정확히 알고 어떻게 활용하는 것이 적절할지 자신의 의견을 명확히 드러내고 있습니다. ❹는 미래지향적 인재라는 인재상을 반영하면서 자기소개서 4번 문항을 답변에 잘 녹여냈습니다. 마지막으로 ❺는 면접관이 물어보지 않았음에도 학생 스스로 용기를 내 자신의 포부를 드러냈습니다.

이런 식으로 면접 후기를 작성한 후 자신이 잘한 점, 또는 부족했던 점을 분석한다면 첫 번째 면접에서 실수했더라도 다음 면접에서 똑같은 부분에서 실수할 확률을 줄일 수 있습니다.

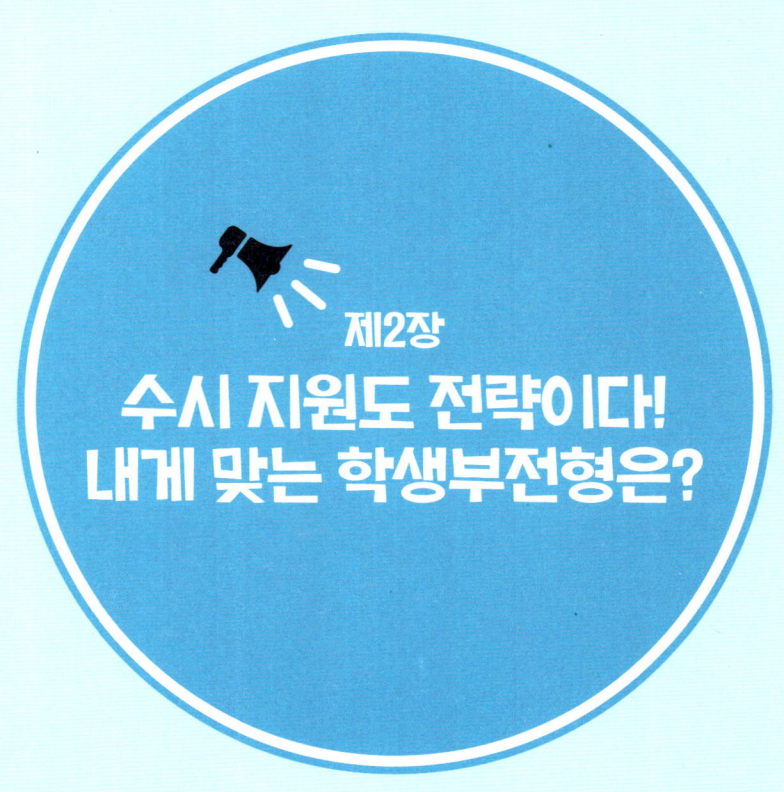

제2장
수시 지원도 전략이다!
내게 맞는 학생부전형은?

학생부교과전형 지원 전략 ⭐

학생부교과전형 수시 지원 전략을 짜기 위해선 희망하는 학교의 수능 최저등급 유무나 교과 성적 반영비율을 정확하게 파악해야 합니다. 우선 학생부교과전형이 어떻게 유형화되어 있는지 알 필요가 있습니다.

학생부교과전형은 크게 다음의 네 가지 유형으로 분류할 수 있습니다.

1. 내신 성적 100%

2. 내신 성적 70%+면접 30%

3. 내신 성적 70%+(비교과활동+면접) 30%

4. 내신 성적+수능최저등급

(학교장추천전형이나 세부전형사항은 제외하였습니다.)

이제부터 각 유형별 특징과 그에 대한 지원 전략을 알아보겠습니다. 각자 자신이 어떤 유형에 적합한지 판단해 보시기 바랍니다.

∹1 내신 성적 100%

말 그대로 내신 성적만 보는 경우입니다. 다른 비교과나 자기소개서, 면접을 제외한 오로지 내신 성적으로만 학생을 선발하기 때문에 합격 커트라인이 매우 높은 편입니다. 예시로 한양대의 학생부교과전형 커트라인을 살펴보겠습니다.

[**2014-2016학년도 한양대학교 학생부교과전형 최종등록자 학생부 등급**]

학과	2014	2015	2016
간호학전공(자연)	1.13	1.27	1.07
건설환경공학과	1.35	1.32	1.2
건축공학부	1.42	1.27	1.17
건축학부(자연)	1.22	1.3	1.16
기계공학부	1.1	1.14	1.09
물리학과	1.23	1.34	1.17
생명과학과	1.05	1.08	1.08
수학과	1.25	1.17	1.1
화학과	1.08	1.07	1.06
경영학부	1.1	1.15	1.06
경제금융학부	1.09	1.18	1.07
국어교육과	1.09	1.08	1.03
영어교육과	1.13	1.1	1.12
사회학과	1.05	1.15	1.07
정치외교학과	1.02	1.03	1.24
국어국문학과	1.1	1.36	1.13
사학과	1.25	1.05	1.14
영어영문학과	1.17	1.14	1.17

자료:『수박 먹고 대학 간다(2018)』

1.0~1.5등급 정도의 높은 내신 성적을 가져야만 합격할 수 있습니다. 한양대와 비슷한 조건의 타 대학교도 다른 전형에 비해 높은 내신 성적을 요구하고 있습니다. 따라서 각 학교의 내신 TOP 30의 학생들이 노려볼만한 전형이라고 생각하면 됩니다. 전년도, 지지난해 합격자의 성적과 비슷한 성적이라면 합격 가능성이 높으니 예상 가능한 전형이라고 볼 수 있겠죠.

2 내신 성적 70%+면접 30%

이 전형은 일반적으로 1단계에서 내신 성적 100%로 모집 인원의 3배수나 5배수를 선발하고 2단계에서 1단계 성적 70%+면접 30% 비율로 선발합니다.

내신 성적이 좋으면서 면접에서 강점을 보일 수 있는 학생이나 내신 성적 100% 전형에 지원하기에는 불안한 학생들이 지원하는 것이 유리합니다. 실제 한 학생이 내신 성적 70%+면접 30% 전형으로 인하대학교 경영학과에 지원했는데 1단계에서는 중하위권의 성적으로 합격했지만 2단계 면접에서 좋은 성과를 거두어 최초합격을 할 수 있었습니다. 내신의 불리함을 면접으로 극복하게 해 주는 유형입니다.

3 내신 성적 70%+(비교과활동+면접) 30%

학생부종합전형과 얼핏 비슷해 보이는 전형입니다. 내신 성적이 높으면서 비교과활동과 면접에도 자신이 있는 학생이 지원하면 좋습니다. 2번째 전형은 비교과와 관계없이 면접만 30% 반영됐지만, 3번째 전형은 비교과활동이 포함되기 때문에 지원하는 전공과 직간접적으로 관련된 비교과활동이 없다면 지원하지 않는 것이 좋습니다.

일반적으로 1단계에서 모집 인원의 3배수나 5배수를 선발하기 때문에 내신 성적은 크게 차이가 나지 않습니다. 그러므로 비교과활동이나 면접에서 차별점을 보여줘야 하며 첫 번째 유형의 교과전형보다 합격 가능성을 점치기 어렵습니다. 실제로 경희대 수학과에 3번째 유형 교과전형으로 지원했던 학생이 모의지원에서는 높은 내신 성적으로 최상위권에 속했으나 실제 결과는 예비 5번을 받는 쓸쓸한 사례도 있었습니다.

⤴4 내신 성적+수능 최저등급

4번째 유형은 수능 최저등급이라는 변수가 있으므로 가장 결과를 예측할 수 없는 전형입니다. 1단계에서 합격하더라도 수능 최저등급 조건을 만족하지 못하면 탈락하기 때문이죠. 첫 번째 유형으로 지원하기에는 내신 성적이 낮지만, 모의고사에서 높은 성적을 받는 학생에게 유리합니다.

수능 최저등급이란 내신 성적으로 1단계에서 합격한 학생들에게 요구하는 일부 수능 성적을 말하며, 학교의 레벨이 높을수록 기준 등급도 높아지는 것이 일반적입니다. 최근에는 성적보다는 전공에 대한 열정을 보자는 분위기인지라 수능 최저등급이 폐지되는 추세이나 아직도 상위권 대학 몇 군데에서는 요구하고 있습니다. 그렇다면 이 수능 최저등급의 위력은 어느 정도일까요?

일반적으로 건국대와 홍익대의 정시전형 합격자 수능 평균 등급은 비슷한 편입니다. 하지만 2017학년도 학생부교과전형의 합격자 평균 등급은 건국대의 경우 평균 1점대 중반이지만 홍익대는 2점대를 넘깁니다. 홍익대 교과전형에만 유독 성적이 낮은 학생들이 지원하는 것일까요? 그럴 리가요. 수능 최저등급 때문입니다.

건국대는 수능 최저등급이 없는 내신 성적 100% 전형이었지만 홍익대는 2개 합 4등급의 수능 최저등급을 요구했습니다. 홍익대의 경우는 높은 내신 성적으로 1단계에 합격했더라도 수능 최저등급을 맞추지 못해 떨어지는 학생이 많았기 때문에 커트라인이 낮아졌던 것이죠. 그러므로 다소 낮은 내신 성적을 보완하기 위해 수능준비를 성실히 하여 수능 최저등급을 맞춘다면 합격 가능성이 높아지는 전형입니다.

5 합격자 평균 등급 분석하기

교과전형은 종합전형과 달리 3개년 합격자 평균 등급을 참고하면 어느 정도 합격 불합격을 예상할 수 있는 전형입니다. 그러나 합격자 평균 등급을 눈에 보이는 대로 받아들이면 안 됩니다.

몇 개년 정도 합격자 평균 등급을 분석하다 보면 전년도 평균 등급과 전전년도 평균 등급의 차이가 큰 경우가 있습니다. 여러 심리적인 이유도 있겠지만, 핵심적인 이유는 모집인원입니다. 예를 들어 모집인원이 10명이었던 전년도 합격자 평균 등급이 1.5등급이었고, 모집인원이 20명이었던 전전년도 합격자 평균 등급은 2.0등급이었다면 15명을 모집하는 올해의 경우 1. 75등급일 것으로 유추할 수 있습니다.

또는 1번 유형에서 3번 유형으로 바뀌었다거나 4번 유형에서 2번 유형으로 바뀌면 내신 성적의 반영 비율이 달라지거나 수능 최저등급이라는 조건이 추가되기 때문에 합격자 평균 등급이 확연히 달라집니다.

입시는 전략입니다. 여러 가지 정보를 분석한 후 지원해야 합니다. 학생부교과 전형은 상위권 학생들이 놓쳐서는 안 되는 특권입니다. 경쟁률이 다른 전형에 비해 낮고 대략적인 합격 불합격 여부를 예상할 수 있으므로 조금이라도 가능성이 있다면 지원하는 것이 좋습니다.

학생부종합전형 지원 전략

학생이 스스로의 생활기록부와 자기소개서를 객관적으로 분석하는 것은 한계가 있습니다. 그래서 어느 대학에 지원해야 할지 갈피를 못 잡는 학생들이 많습니다. 이러한 이유로 학생부종합전형 입시컨설턴트라는 직업이 생기고 몇십, 몇 백만 원의 컨설팅 프로그램이 생겨난 것이겠죠. 하지만 그럴 필요까지 있을까 싶은 게 개인적인 의견입니다.

제가 생각하는 학종 지원기준은 '전년도 합격자의 생활기록부 및 활동사항'입니다. 전년도 합격자와 본인의 생활기록부 및 활동사항을 비교해 보세요. 학교 선배들, 학종 관련 도서, 인터넷까지 여러분의 선배들은 합격자 자기소개서와 생활기록부 내역을 충분히 뿌려놓았습니다. 마음만 먹으면 얼마든지 찾아서 확인해 볼 수 있습니다. 이를 바탕으로 본인이 해당 대학에 지원할 수 있을지 없을지 객관적으로 판단하면 됩니다. 객관성을 잃어버리지 않기 위해 실제 학종으로 합격한 선배나, 학종에 대해 해박한 지식을 가지고 계신 선생님과 상의를 해야 합니다.

또한, 각 대학의 홈페이지에 특이사항이 있는지 꼭 확인해야 합니다. 어떤 대학은 추천서를 보기도 하고 어떤 대학은 포트폴리오를 요구하기도 합니다. 자기소개서 4번 항목의 유무도 확인하세요. 담임선생님과 선배와 충분한 상의를 거친 후 본인이 어떤 대학교를 지원하는 것이 가장 유리할지 판단해야 합니다.

마지막으로 주의할 점은 학생부종합전형은 절대 정량적인 내신 성적만으로 판단하는 전형이 아니라는 것입니다. '전년도 합격자의 평균 등급이 2.0등급이니 1.5

등급인 나는 합격 가능성이 높겠지?'라고 생각하지 마세요. 탈락할 가능성이 높습니다. 학종에서 내신 성적은 학업 성취를 판단하는 하나의 기준일 뿐입니다. 내신 성적을 위주로 보는 것은 교과전형입니다. 7등급임에도 불구하고 서울 소재 대학에 합격한 학생이 존재하고, 내신 3등급의 일반고 학생이 서울대학교 입학처 홈페이지에 학생부종합전형 우수 사례로 소개되는 이유를 생각해 보세요. 내신 성적이라는 하나의 기준을 최상위 고려 대상으로 일반화하는 오류를 범하여 자신만만하거나 기가 죽거나 할 필요 없습니다. 질릴 정도로 반복하여 강조하는 이유는 편견이란 무섭기 때문입니다. 제가 고등학교 때 경험했던 것처럼 말입니다.

TIP! 수시 박람회에서 직접 상담을 받아보는 것도 좋은 방법입니다. 대표적으로 올해 2017년 7월 27일부터 30일까지 코엑스에서 열리는 한국대학교육협의 주관 수시 대입정보박람회가 있습니다. 대교협 수시 박람회는 지난해 140개교가 참가했으며 매년 참가 학교는 매해 늘어나고 있습니다. 대학별 부스 상담과 함께 대교협 상담교사와의 1대 1 상담도 진행되니 꼭 가보세요. 이외에도 지역별로 설명회가 개최될 예정이니 해당 지역의 설명회 일정을 알아본 후 참가하시기 바랍니다.

실패한 선배가 후배들에게

학생부종합전형에 실패하고 제대로 공부하기 시작한 후에야 학생부종합전형이 정말 멋있는 전형이라는 것을 알게 됐습니다. 이 책의 목적이 학생부종합전형으로 대학에 합격하는 것이라 입시에 관련된 이야기만 했지만, 사실 학생부종합전형은 여러분의 고등학교 생활의 열정과 노력으로 만드는 종합예술입니다. 관심 있는 분야를 치열하게 탐독하고 선생님, 친구들과 협력하여 여러분의 인생에서 가장 열정적인 시절을 몇 장의 서류에 담아내니까요.

또한, 학생부종합전형은 인생의 거대한 판단 실수를 줄여주는 지도와 같습니다. 점수에 맞춰 대학에 들어온 친구들의 경우 학교에 다니다가 전공과 맞지 않아 힘들어하는 경우가 생각보다 많습니다. 하지만 학생부종합전형으로 대학에 입학한 친구들의 경우 전공에 대한 열정이 뛰어나기 때문에 학교생활에 비교적 쉽게 적응하고 즐겁게 보냅니다.

학생부종합전형을 준비하는 여러분, 부담감을 버리고 즐기세요. 진심으로 전공을 사랑하고 즐기면 합격이라는 결과물은 여러분 손에 쥐어져 있을 겁니다. 그리고 고등학교 시절이 그리워질 것입니다. 지금도 학생부종합전형을 함께 준비했던 친구들과 만나면 무모하면서도 열정적이었던 때를 추억으로 떠올립니다. 마지막으로, 나이 차이도 얼마 나지 않는 선배인 저를 믿어주신 여러분께 감사의 인사를 드리며 마칩니다.